rororo

ZU DIESEM BUCH

Diplomatie – ein Relikt aus alten Zeiten? Ganz im Gegenteil. Wenn zu viele Rambos auf dem gesellschaftlichen Parkett einander die Waffen aus der Hand schlagen, bricht die Stunde der entwaffnenden Freundlichkeit an. Ob beruflich oder privat, wer sich um jeden Preis durchsetzen will, erzeugt nur Gegenwehr, denn noch immer gilt, dass nicht die Krieger auf den Schlachtfeldern, sondern die Diplomaten die Früchte der Siege einsammeln.

Die Kunst der Diplomatie, die die sanften Sieger bis in die Fingerspitzen beherrschen, findet kreative Umwege, ungewöhnliche Lösungen in festgefahrenen Konflikten und verhilft mitmenschlicher Gemeinsamkeit zum «Sieg» über individuelle Gegensätze.

Diplomatisches Geschick kann jeder erwerben. Es ist keine Naturgabe, die eine gute Fee nur wenigen Auserwählten in die Wiege gelegt hat. Sie brauchen nur zwanzig Gesetze zu befolgen, mit denen Sie Mitmenschen, Mitarbeiter und Gegner für sich gewinnen. Nun können Sie Ihre Ziele durchsetzen mit Unterstützung der anderen und nicht gegen sie.

Frank Naumann, geboren 1956 in Leipzig, 1977 bis 1982 Studium der Philosophie, Psychologie und Biologie an der Humboldt-Universität zu Berlin. 1984 Dissertation, 1989 Habilitation zu philosophischen Themen der Naturwissenschaften. Von 1989 bis 1998 arbeitete er als Kommunikationspsychologe an der Humboldt-Universität zu Berlin. Seitdem ist er freier Autor. Frank Naumann ist Autor der rororo Sachbücher «Die Kunst des Smalltalk» (60847) und «Miteinander streiten» (19795).

Frank Naumann

DIE KUNST DER DIPLOMATIE

20 GESETZE FÜR SANFTE SIEGER

Rowohlt Taschenbuch Verlag

Redaktion Wolfgang Müller

3. Auflage Februar 2006

Originalausgabe
Veröffentlicht im Rowohlt Taschenbuch Verlag,
Reinbek bei Hamburg, September 2003

Umschlaggestaltung Britta Lembke
(Foto: Photonica/Brian Lang)
Gesetzt aus der Sabon PostScript bei
Pinkuin Satz und Datentechnik, Berlin
Druck und Bindung Druckerei C. H. Beck, Nördlingen
Printed in Germany
ISBN 3 499 61570 3

INHALT

DIPLOMATISCHES GESCHICK – GEFRAGT WIE NIE!

In einer internationalen Diplomatenschule traten die Studenten des letzten Semesters zur Abschlussprüfung an. Alle waren hervorragend vorbereitet – wie es sich gehört für künftige Staatsdiener, die nach den höchsten Ämtern streben. Sie bewiesen ihren Lerneifer durch korrekte Antworten auf Fragen nach exotischen Regierungsformen, staatsrechtlichen Problemen und konsularischen Pflichten. Doch am Ende brachte der Professor die Kandidaten mit folgender Frage in Verlegenheit:

«Stellen Sie sich vor, Sie kommen zu später Stunde in Ihr Hotel zurück, nachdem Sie mit Ihrem Gesprächspartner kräftig gebechert haben – im Auftrag Ihrer Regierung, versteht sich. Versehentlich steigen Sie ein Stockwerk zu früh aus dem Fahrstuhl, ohne Ihren Irrtum zu bemerken. Komisch, Ihr Zimmer ist nicht abgeschlossen, doch schon sind Sie über die Schwelle getreten. Genau vor Ihnen erblicken Sie eine entzückende junge Dame, die gerade aus dem Bad tritt, mit schreckgeweiteten Augen und nichts anderem bekleidet als ihren Haaren. Was sagen Sie, bevor sie anfängt loszuschreien? Wie ziehen Sie sich elegant aus der Affäre?»

Der englische Prüfling: «Für mich als Gentleman ist Diskretion oberstes Gebot. Wo man nicht gewinnen kann, ist ein schneller Rückzug keine Schande. Ich murmele ein knappes ‹Excuse me› und bin in null Komma nichts wieder draußen – bevor sie sich von ihrer Überraschung erholt hat.»

Der französische Kandidat setzte auf Charme und Delikatesse. Er entschärft die Situation mit einem Trommelfeuer von

Komplimenten: «O là là! Madame sind die schaumgeborene Venus in Person. Entzückend! Wie glücklich preise ich mich wegen meiner kleinen Verwechslung der Zimmertür. Erlauben Sie mir, Sie mit dem Ausdruck größter Bewunderung zu einem Glas Champagner einzuladen?»

Beide Antworten wurden von der Prüfungskommission mit beifälligem Gemurmel aufgenommen. Die beste Note erhielt jedoch ein Student aus einem entlegenen Kleinstaat. Sein Vorschlag:

«Ich lasse meine Augen etwas unstet durch den Raum wandern und sage dann so emotionslos wie möglich: ‹Ist hier jemand? Verzeihen Sie, würden Sie mich zu meinem Zimmer bringen? Ich bin nämlich blind.›»

Die Wiedergeburt gewinnender Menschenführung

Diese Geschichte geht auf ein altes Chanson zurück, das ich im Radio gehört habe, als ich selbst noch Student war. Sie spielt in einer Zeit, als diplomatisches Talent in hohem Ansehen stand. Als kluges Taktieren hinter den Kulissen die einzige Waffe der Schwächeren war, um sich gegen die Machtgelüste der Großen und Mächtigen zu behaupten.

Von Alexander dem Großen über Napoleon bis Hitler – so schnell, wie die unersättlichen Kriegsherren ihre Riesenreiche zusammengeräubert hatten, zerfielen sie wieder. Alexander raffte nach seinem Indienfeldzug ein Fieber dahin. Hitler flüchtete vor der Rache seiner Opfer in den Selbstmord. Napoleon erwischten sie lebend. Sie schickten ihn in die Verbannung auf die karge Insel Sankt Helena, und Diplomaten verteilten die Beute auf dem Wiener Kongress bei Tanz und Festgelagen.

Im 20. Jahrhundert verlor diplomatische Gewandtheit zeitweise an Bedeutung. Völkerrecht und Bündnisverträge traten an ihre Stelle. Seitdem regiert bei internationalen Kontakten das Protokoll. Es schreibt Staatsmännern und ihren Botschaftern jeden Schritt bis ins kleinste Detail vor. Es schützt sie vor internationalen Eklats – und verwandelt Staatsempfänge in eine langweilige Angelegenheit.

Seit einigen Jahren erleben wir eine Trendwende, genannt «public diplomacy» («öffentliche Diplomatie»). Die Damen und Herren Botschafter verlassen die Geborgenheit ihrer stark bewachten Festungen und präsentieren sich dem Publikum ihres Gastlands. Sie organisieren Events und treten vor die Kameras. Sie werben um Touristen und Investoren. Vorbei die Zeit der Geheimverhandlungen, schwarzen Koffer und brisanten Akten in dreifach gesicherten Tresoren. Nicht mehr das Sammeln vertraulicher Informationen, sondern die Imagepflege ihres Landes ist ihr Hauptgeschäft geworden.

Mit ihren neuen Aufgaben erlebt die alte Kunst der gewinnenden Menschenführung eine Wiedergeburt. Aber nicht nur dort! Überall, wo unterschiedliche Interessen aufeinander stoßen und Menschen um Unterstützung werben, hat die Nase vorn, wer über Gewandtheit und Finesse verfügt.

In diesem Buch möchte ich Sie in die Geheimnisse einer wieder aufblühenden Kunst einweihen: in den erfolgreichen Umgang mit Ihren Mitmenschen. Werden Sie Diplomat! Mit dem Wort «Diplomat» bezeichne ich keinen Beruf, sondern jede Frau und jeden Mann, der mit Geschick die 20 Gesetze der sanften Sieger anwendet.

Durchsetzungsstark und beliebt zugleich

Stellen Sie sich folgende alltägliche Situation vor: Es ist ein schöner Sommertag. Sie und Ihr Partner haben frei. Sie haben Lust, sich aufs Fahrrad zu schwingen und mit ihm zum nächsten See zu radeln, um ein paar Stunden lang in der Sonne zu liegen und zu schwimmen. Er aber will zu Hause bleiben und ein «wichtiges» Fußballspiel sehen, das am frühen Nachmittag live im Fernsehen übertragen wird.

Wie kommen Sie zu Ihrem Ausflug, ohne dass er sauer reagiert? Wie setzen Sie sich durch und festigen zugleich das Band zwischen Ihnen, statt es sich mit ihm zu verscherzen?

Ob im Job, in der Familie oder unter Freunden und Bekannten: Wer die Kunst der Diplomatie beherrscht, findet eine Lösung, weil er sich an eines (oder mehrere) der folgenden Gesetze erinnert. Und die Übrigen?

1. Sie schimpfen, argumentieren oder reagieren eingeschnappt. Die vergiftete Atmosphäre nach dem Machtkampf sorgt dafür, dass der Gewinner nicht viel Freude an seinem Sieg haben wird.
2. Sie folgen der Empfehlung des englischen Kandidaten aus der Diplomatenprüfung und machen einen schnellen Rückzieher. Lieber verzichten sie auf ihre Chancen, als Sympathien aufs Spiel zu setzen.
3. Sie versuchen es wie der Franzose mit Schmeichelei und gutem Zureden. Im Einzelfall werden sie damit vielleicht durchkommen. Auf Dauer erwerben sie sich den Ruf eines Schleimers. Sympathie verwandelt sich nach und nach in Misstrauen, und die Taktik wirkt nicht mehr.

Die hohe Kunst der Diplomatie greift zu klügeren Mitteln. Der Student aus dem Kleinstaat fand einen Weg, wie er und die junge Frau ihr Gesicht wahren konnten: indem er die Situation so umdefinierte, dass sie ihre Peinlichkeit verlor.

Alte Adelsfamilien behaupteten einst, diese Gewandtheit sei ihr natürliches Erbteil. Wer nicht mit vornehmem Stammbaum geboren sei, könne sie nie erwerben. Das ist natürlich genauso unsinnig wie die Legende vom blauen Blut. Es handelt sich lediglich um eine eifersüchtig gehütete Tradition, erfunden, um Privilegien zu rechtfertigen. Sie scheuten keine Kosten, damit ihre Nachkommen sie von frühester Kindheit an, quasi mit der Muttermilch, in sich aufsogen – durch das Vorbild ihrer Eltern, durch Hauslehrer und auf Elite-Internaten.

Schauen Sie mit mir hinter die Kulissen! Lassen wir uns nicht länger vom Nimbus des Rätselhaften und der adligen Gene den Blick vernebeln! Ich habe für Sie historische Aufzeichnungen und die Erkenntnisse von Kommunikationspsychologen durchforstet, die sich bemühten, hinter die Geheimnisse der Genies des gesellschaftlichen Parketts zu kommen. Dabei fand ich zwei Dinge:

1. In welchem Lebensbereich man sich auch umschaut – gelungenes diplomatisches Verhalten folgt stets denselben zwanzig Gesetzen.
2. Die Kenntnis und Anwendung dieser Gesetze trennt Erfolgreiche von Erfolglosen. Zwar können Sie – falls Sie über ein herausragendes Talent und Fleiß verfügen – mit etwas Glück sich auch so als Shooting Star nach oben katapultieren. Aber Sie werden genauso fix wieder in der Versenkung verschwinden, wenn Sie nicht über diplomatisches Geschick verfügen, mit dem Sie Ihre Stellung festigen.

Finesse statt Rambo-Manieren

Wir leben in einer Wettbewerbsgesellschaft. Täglich streben wir danach, uns gegenüber unseren Mitmenschen auszuzeichnen. Unsere Stärken – Begabungen, charakterliche Qualitäten, bisherige Erfolge – bilden eine wesentliche Quelle unserer Selbstachtung.

Doch wie erringen Sie Anerkennung? Arbeiten bis zum Umfallen? Mit Geld, Status und Macht auftrumpfen? Jeder, der über etwas Lebenserfahrung verfügt, weiß, dass offen zur Schau getragene Ellenbogenmentalität in eine Sackgasse führt. Wer sich allzu ungeniert vordrängelt, macht sich unbeliebt. Er weckt keine Bewunderung, sondern Abneigung oder Neid. Doch es gibt einen Ausweg. Wo zu viele Rambos einander die Waffen aus der Hand schlagen, bricht die Stunde der entwaffnenden Freundlichkeit an.

Wenn Sie sich in den Chefetagen deutscher Unternehmen umschauen, werden Sie viele tüchtige und durchsetzungsfähige Vorgesetzte finden. Sie werden respektiert – aber beliebt sind die wenigsten. Manche berichten sogar voller Stolz, dass ihre Mitarbeiter sie fürchten. Ihre Angestellten ducken sich, weil sie Angst haben, vom Chef vor versammelter Mannschaft angebrüllt oder hinausgeworfen zu werden. Wie gut würden sie arbeiten, wären sie motiviert!

Im Privatleben sieht es nicht anders aus. Keine Partnerschaft ohne Machtkämpfe. Manche streiten offen, wer das Sagen hat – in der Kindererziehung, im Haushalt, bei Zukunftsentscheidungen und bei sexuellen Vorlieben und Tabus. Andere breiten einen Mantel demonstrativer Harmonie darüber. Unter der Oberfläche gärt es, bis sich der angestaute Ärger eines Tages in einem Superkrach entlädt. Wie schön, wenn man aufziehende Gewitterwolken rechtzeitig mit diplomatischer Eleganz entschärfen könnte!

Auch unter Freunden, im Kontakt mit Behörden, Verkäufern oder schwierigen Verwandten zeigt sich: Besänftigende Cleverness erleichtert das Leben enorm. Nicht nur, weil sie Ihnen viel Ärger und Stress erspart, sie führt auch eher zum Ziel als Standpauken, Drohgebärden und der Ruf nach dem Anwalt. Sie vermeidet alles, was Gegenwehr provoziert. Denn die Erfahrung lehrt: Der Aufwand für solche Kämpfe steht in keinem Verhältnis zu ihrem Ergebnis. Die meisten Gerichtsverfahren enden mit einem Vergleich, der beide Kontrahenten als Verlierer dastehen lässt. Gewinner sind die Anwälte, die hohe Honorare einstreichen.

Diplomatie vermeidet die direkte Konfrontation ebenso wie die dick aufgetragene, lügnerische Schmeichelei. Zwar finden sich in der Geschichte auch Beispiele für diese Verhaltensweisen. Aber sie stellen immer ein Risiko dar. Sie bieten Angriffspunkte, die ein kluger Gegner für sich nutzen kann. Er lässt den Angreifer ins Leere laufen, indem er ihm applaudiert, statt zurückzuschlagen. Den Schmeichler stellt er auf die Probe: Wirst du mich auch noch loben, wenn ich dich unter Druck setze? Die Kunst der Diplomatie verlässt sich deshalb auf andere Strategien: das Finden kreativer Umwege; den Neuanfang jenseits festgefahrener Konflikte; den Appell an mitmenschliche Gemeinsamkeit trotz aller Gegensätze. Sie betrachtet Wut und kategorische Verweigerung nicht als Sackgasse, sondern als Labyrinth, das garantiert einen Ausgang besitzt.

Dieses Buch verrät Ihnen die erfolgreich erprobten Routen zu diesem Ausgang. Wenn Sie gerade in einem zwischenmenschlichen Dilemma festsitzen, finden Sie vielleicht schon beim Durchlesen eine neue Idee für einen Befreiungsschlag. Suchen Sie dagegen langfristig nach neuen Strategien, um an Durchsetzungskraft und Beliebtheit zugleich zu gewinnen, picken Sie sich einzelne Gesetze heraus, und probieren Sie aus, wie Ihre Mitmenschen darauf reagieren. Jedes von ihnen enthält für sich genommen schon ein hohes Erfolgspotenzial.

In ihrer Kombination verstärken die Gesetze einander. Die großen Könner wie Napoleons Außenminister Talleyrand und sein österreichischer Gegenspieler Metternich beherrschten das gesamte Repertoire. Ihnen und ihren gewandtesten Kollegen werden Sie in diesem Buch noch öfter begegnen. Sie werden erstaunt sein, wie viel wir heute noch von ihrer praktischen Klugheit lernen können. Nicht umsonst wird Diplomatie von alters her als eine Kunst betrachtet – eine Meisterschaft im Umgang mit den Empfindlichkeiten, Vorlieben und Sehnsüchten anderer Menschen. Es ist natürlich viel leichter, seine Mitmenschen vor den Kopf zu stoßen. Dafür genügt es, stets einer momentanen Laune zu folgen und alle Signale des Gegenüber konsequent zu missachten. Wenn Sie jedoch den zwanzig Gesetzen des sanften Sieges folgen, werden sich Gegner und gleichgültige Ignoranten in Ihrer Umgebung in Ihre Verbündeten verwandeln. Und Sie entwickeln jene Leichtigkeit und Eleganz, mit der Sie auf dem glatten gesellschaftlichen Parkett nicht mehr ausrutschen, sondern mühelos ins Ziel gleiten werden.

GESETZ 1
ZEIGEN SIE SICH NACHGIEBIG IM STIL, ABER HART IN DER SACHE

Sind auf dem Gebiet der Diplomatie überhaupt noch irgendwelche Geheimnisse zu entdecken? Überlegen Sie, welche Eigenschaften Sie spontan mit dem Begriff «diplomatisches Verhalten» verbinden. Fallen Ihnen da Wörter ein wie

- höflich,
- elegant,
- unverbindlich,
- verschwommen,
- verlogen,
- intrigant,
- schönfärberisch?

Die meisten von uns denken bei «diplomatisch» sofort an eine Art verlogener Freundlichkeit. Schon im 18. Jahrhundert formulierte der französische Dichter Beaumarchais in seinem Erfolgsstück «Figaros Hochzeit» – der Vorlage für Mozarts gleichnamige Oper – den gleichen Gedanken: «Dort Unkenntnis vortäuschen, wo alle genau Bescheid wissen, sich wissend stellen, wo alle im Dunkeln tappen; vorgeben, nicht vernommen zu haben, was alle gehört haben, vor allem aber so tun, als könne man Unmögliches vollbringen; sich den Anschein des Tiefsinns geben, wenn man bloß hohl und leer ist.»

Also alles nur eine große Mogelei?

Stabil ist nur der Wandel

Ein solches Täuschen und Taktieren kann langfristig nicht sonderlich erfolgreich sein. Im ersten Moment – kurz nach dem Kennenlernen – lassen wir uns unter Umständen von aufgesetzter Herzlichkeit täuschen. Angenehme Umgangsformen wecken zunächst unsere Sympathie. Aber mit der Zeit wächst der Ärger. Wie viel von dem, was diese Person da sagt, ist ehrlich gemeint, und wie viel ist nur höfliche Fassade? Wir fangen an, in Gedanken das schmückende Beiwerk abzuziehen, um den aufrichtig gemeinten Rest herauszuschälen. Freilich wissen wir nie genau, wie groß dieser ehrliche Kern ist. Daher kann es passieren, dass wir am Ende einer Person, die nur nett sein wollte, mit mehr Misstrauen begegnen, als sie verdient hat.

Von Frankreichs erfolgreichstem Diplomaten Talleyrand stammt der Satz, «dass dem Menschen die Sprache gegeben ist, um seine Gedanken zu verbergen». Also ist Diplomatie nicht mehr als unverbindliches Geschwätz? Vorsicht! Talleyrand war ein Könner seines Faches. Seine Behauptung gilt nicht nur für die Sätze anderer, sondern auch für seinen eigenen Satz. Mit ihm verschleierte er seine wahren Gedanken über die Geheimnisse der Diplomatie. Hinter seiner glatten Oberfläche wollte er ein solides Wissen über Menschenführung verbergen.

Mehr als Glätte und Eleganz. Die Illusion, Diplomatie sei nicht mehr als Charme und Höflichkeit, ist ihre stärkste Waffe. Wer diese Legende glaubt, verzichtet darauf, hinter ihre Kulissen zu blicken. Dabei genügen drei einfache Überlegungen, um die Täuschung zu durchschauen.

1. Eine habe ich schon genannt: Unverbindliches Gerede verliert mit der Zeit seine Wirkung und kehrt sie sogar in ihr Gegenteil um.
2. Eine elegante Oberfläche hatten viele Hobby- und Berufsdiplomaten zu bieten. Aber nur wenige erzielten sensationel-

le Erfolge. Hinter dem Verhalten der Sieger muss also mehr stecken als nur tadellose Umgangsformen.

3. Die berühmtesten Diplomaten der Weltgeschichte benahmen sich oft daneben. Churchill stieß Freunde und Gegner mit aufbrausenden Auftritten und ungeschickten Initiativen vor den Kopf. Bismarck weckte Empörung mit seinen provokanten Reden, die von Eisen und Blut nur so strotzten. Metternich begegnete Personen, die er nicht mochte, mit kalter Arroganz. Kardinal Richelieu verfeindete sich zuerst mit seinem künftigen Brotgeber Ludwig XIII. und später mit dem gesamten Hochadel Frankreichs.

Richelieus Nachfolger Jules Mazarin setzte fast ausschließlich auf geschicktes Lavieren. Deswegen blieb er trotz aller Erfolge an Bedeutung weit hinter seinem Vorgänger zurück und spielte im Schatten des Sonnenkönigs Ludwig XIV. nur eine untergeordnete Rolle. Richelieu dagegen überstrahlte dessen Vater Ludwig XIII. an Ruhm. Sein Geheimnis: Er besaß viele Facetten. Am Anfang seiner Laufbahn schuf er sich in seiner Diözese in der tiefsten Provinz einen Ruf als armer, frommer Seelsorger. Kaum an den Königshof gelangt, verwandelte er sich in einen eleganten Grandseigneur. Er bewies Verhandlungsgeschick, konnte sich aber auch blitzartig zu entschlossenem Durchgreifen entschließen, wenn alle Seiten in Untätigkeit verharrten. Die einen rühmten ihn als glühenden Katholiken, die anderen als toleranten Staatsmann von Welt.

Was zeichnete Richelieu aus? Seine Flexibilität. Eine Wandelbarkeit, die es seinen Zeitgenossen schwer machte, ihn mit einem Etikett zu versehen und in eine Schublade einzuordnen. Gerade hatten sie geglaubt zu wissen, mit wem sie es zu tun hatten, da warf er durch einen unerwarteten Schachzug ihre Einschätzung wieder über den Haufen.

Vom Verhalten zum Charakter. Wir Menschen neigen dazu, in ähnlichen Situationen immer wieder mit den gleichen

Verhaltensweisen zu reagieren. Wenn ich einmal Erfolg damit hatte, bei Widerspruch auf den Tisch zu hauen, werde ich auch in Zukunft versuchen, mit dieser Taktik durchzukommen. Damit handle ich mir den Ruf ein, «aufbrausend» zu sein. Ein anderer macht bessere Erfahrungen, wenn er die Gemüter mit einem Vorschlag zur Güte beruhigt. Je öfter er eine Einigung in der Mitte vorschlägt, desto mehr beurteilen ihn seine Kollegen und Freunde als «kompromissbereit» oder als «Opportunist» – je nach Sympathie.

Kurz, die Summe unserer bevorzugten Verhaltensweisen ergibt das, was unsere Mitmenschen unseren «Charakter» nennen. Er macht uns berechenbar. Wenn mein Nachbar weiß, dass ich zu jeder Tages- und Nachtzeit auf seine Bitte um Hilfe positiv reagiere, wird er mich nicht nur als «hilfsbereit» einschätzen, sondern auch bei mir klingeln, wenn er eine zweite Person benötigt, die beim Möbeltransport mit anpackt. Und nicht bei der Familie gegenüber, die alle Bittsteller mit ihrer aggressiven Bulldogge auf Distanz hält.

Berechenbarkeit ist allerdings der Tod des diplomatischen Erfolgs. Es ist wie im Schachspiel. Sobald Sie die nächsten Züge Ihres Gegners vorhersagen können, sind Sie auf der Siegerstraße. Wechselt er aber unerwartet seine Taktik, müssen Sie Ihren schönen Plan, wie Sie ihn nach und nach in die Enge treiben wollten, aufgeben.

Spiele der Berechenbarkeit. Einem typischen Beispiel für diese Falle begegnen wir bei Preisverhandlungen. Nehmen wir an, Sie haben auf dem Trödelmarkt eine hübsche Antiquität gefunden und bieten 100 Euro. Der Verkäufer verlangt 200. Wenn Sie jetzt 110 bieten und er kommt Ihnen bis 190 entgegen, ist der Ausgang vorhersehbar. Sie werden sich bei 150 treffen.

Da der Verkäufer kein Dummkopf ist, kann er einfach 300 Euro verlangen. Wenn Sie nun nach der gleichen Taktik verhandeln – Sie bieten 110, er verlangt 290, zahlen Sie am Ende 200, also seinen tatsächlichen Preis.

Da Sie ebenfalls nicht auf den Kopf gefallen sind, halten Sie dagegen, indem Sie bei einem niedrigeren Preis beginnen oder versuchen, ihm in kleineren Schritten entgegenzukommen. Trotzdem schränkt die Berechenbarkeit Ihren Spielraum ein. Bei diesem Spiel gewinnt, wer die größere Erfahrung und die besseren Kenntnisse über den wahren Wert der Ware in die Waagschale werfen kann – in der Regel ist das der Verkäufer. Die Tatsache, dass er nicht längst pleite ist, beweist Ihnen, dass er gewöhnt ist, bei diesem Spiel auf seine Kosten zu kommen.

Nach der Lektüre dieses Buches werden Sie anders vorgehen. Sie steigen erst gar nicht in das Spiel «Treffen wir uns in der Mitte» ein. Sondern Sie verbessern Ihre Position, indem Sie zu anderen Kampfvarianten wechseln, zum Beispiel:

- Sie sagen: «Schade, das Ding da würde sich gut auf meiner Kommode machen, aber leider ist es viel zu teuer», und schicken sich an weiterzugehen. Erst wenn der Verkäufer, der ja verkaufen will, mit seinem Anfangsgebot so weit heruntergeht, dass Sie stehen bleiben, kehren Sie zurück und setzen Ihr Anfangsgebot dagegen.
- Sie sagen: «Ich glaube, ich habe bei Ihrem Kollegen da hinten etwas Ähnliches, weniger Kostspieliges gesehen.»
- Sie deuten an, dass Sie bei einem stärkeren Entgegenkommen eventuell bereit wären, noch einen oder zwei weitere Gegenstände zu erwerben. Wenn Sie ihn mit dieser Aussicht auf einen Zusatzverkauf weit genug heruntergehandelt haben, sagen Sie: «Leider habe ich nun doch mehr bezahlt, als ich wollte. Daher kann ich keinen zweiten Gegenstand mehr kaufen.»

Stehen Sie auf der Verkäuferseite – wollen also selbst eine Antiquität meistbietend an den Mann oder die Frau bringen –, stehen Ihnen ebenfalls verschiedene Ausweichvarianten zur Verfügung:

- Sie sagen: «Tut mir Leid, ich habe dieses seltene Stück einem anderen Kunden bis elf Uhr zurückgelegt. Er hatte die 200 Euro nicht bar dabei ... Wie viel, sagten Sie, würden Sie sofort in bar bezahlen?»
- Sie zeigen sich als Experte und «beweisen» dem Kunden, dass selbst 300 Euro ein günstiger Preis ist. Diese Taktik ist umso wirksamer, je weniger Sie versuchen, ihn mit einem Wortschwall zu erschlagen, sondern in beiläufigem Understatement ein paar beeindruckende Fakten über Ihre Rarität nennen.
- Sie engagieren einen guten Freund als «zufällig» vorbeikommenden Interessenten, der mit Ihrem Kunden um die Wette bietet und so den Preis hochtreibt.

Weitere Varianten werden Sie im Laufe dieses Buches kennen lernen – eine davon noch in diesem Kapitel.

Rammbock oder Wasser sein. Flexibilität und überraschende Verhaltensänderungen sind nicht zu verwechseln mit Charakterlosigkeit. Die Biographen sind sich einig, dass die Könner der Diplomatie von Richelieu bis Churchill sich vielmehr durch ausgeprägte, eigenwillige Charaktere auszeichneten. Aber ihre Stabilität betraf nicht ihre Mittel – da waren sie äußerst flexibel –, sondern ihre Ziele und Werte. Und das unterschied sie von der Masse der weniger Erfolgreichen.

Sie verfolgten zunächst das persönliche Ziel, aus dem verarmten Adel, aus dem sie stammten, zu Reichtum und Ruhm aufzusteigen. Dazu kamen ihre beruflichen Ziele. Richelieu wollte ein geeintes, starkes Frankreich schaffen, das die Vorherrschaft der spanisch-österreichischen Monarchie beendete. Talleyrand bemühte sich, Frankreich durch Revolutionswirren und Napoleonische Kriege möglichst unbeschadet in die bürgerliche Neuzeit zu leiten. Metternich ging es um ein Gleichgewicht der Kräfte in einem friedlichen Europa. Bismarck schließlich strebte nach einem vereinigten Deutschland unter preußischer Führung.

Dafür griffen sie zu den unterschiedlichsten Mitteln – je nach Situation. Talleyrand beispielsweise arbeitete nacheinander für die Monarchie, die Revolutionsregierung, Napoleon, die Restauration der alten Monarchie und schließlich für den Bürgerkönig Louis Philippe, der nach der Julirevolution von 1830 an die Macht kam. Ein Zeichen für Prinzipienlosigkeit? Talleyrand sagte von sich: «Ich habe unter allen Regimen nur Frankreich gedient.» Er trug dazu bei, dass sein Vaterland aus jedem Machtwechsel gestärkt hervorging. Der russische Zar Nikolaus I. meinte: «Wenn sich auch immer Herr von Talleyrand an eine neue französische Regierung bindet, muss diese Regierung notwendigerweise Chancen der Dauer haben.»

Wieso nahmen sie diesen Mann immer wieder in ihre Dienste? Spätestens Napoleon muss doch geahnt haben, dass Talleyrand ihn im Stich lassen würde, sobald eine neue Macht am Horizont auftauchte! Nun, Talleyrand machte aus seinem Ziel eines starken Frankreich unter einer stabilen Regierung kein Geheimnis. Er verkündete es öffentlich. Und zwar ohne Risiko, denn natürlich bildete sich jeder neue Staatsführer ein, dass ausgerechnet er auf Dauer diese Macht verkörpern würde.

Napoleon wurde von seiner Niederlage 1813 ebenso überrascht wie 24 Jahre vor ihm die alte Königsmacht. Nur Talleyrand sah schon fünf Jahre vorher das Ende seines Kaisers kommen und legte rechtzeitig sein Ministeramt nieder. Er wusste: Dauerhaft ist nur der Wandel. Als hervorragender Menschenkenner merkte er, dass die meisten Menschen keine klaren Ziele verfolgen. Sie neigen dazu, die Dinge auf sich zukommen zu lassen. Oder sich wie Napoleon in immer neue Abenteuer zu stürzen, ohne die langfristigen Folgen zu bedenken. Wenn es aber um die Mittel geht – die Art und Weise ihres Handelns –, reagieren sie ausgesprochen störrisch. Sobald sie Widerstand spüren, wollen sie mit dem Kopf durch die Wand. Statt einen anderen Weg auszuprobieren. Wie oft haben Sie schon Sätze gehört wie:

- Das lasse ich mit mir nicht machen!
- So nicht! Erst entschuldigst du dich, und dann reden wir weiter.
- Mir geht es ums Prinzip.
- Wir werden ja sehen, wer am Ende Recht behält.

Ein Diplomat fragt sich: «Warum soll ich mit dem Kopf durch die Wand, wenn ich nur ein Stück zur Seite zu treten brauche, um eine offene Tür zu finden?» Hinter seinem Charme verbirgt sich ein eiserner Wille, der äußerst erfinderisch ist, wenn es darum geht, Widerstände zu umgehen. Die Rolle des Felsens in der Brandung überlässt er anderen. Er weiß, dass es nur eine Frage der Zeit ist, bis selbst der härteste Stein von den Wellen abgeschliffen ist. Sein Vorbild ist der Grashalm, der biegsam dem Sturm trotzt, aber fest im Boden verwurzelt bleibt.

Um das erste Gesetz der Diplomatie anzuwenden, gehen Sie zwei Schritte.

Schritt 1: **Definieren Sie klare Ziele!**

Beschränken Sie sich auf zwei bis drei grundlegende Ziele. Ihre Erfolgschancen sinken, wenn Sie sich verzetteln. Dagegen ergaben Befragungen von Absolventen amerikanischer Eliteuniversitäten wie Harvard und Yale, dass die drei Prozent, die sich in der Jugend klare Ziele setzten, später nicht nur ein höheres Einkommen erzielten, sondern auch gesünder und glücklicher verheiratet waren. Bestimmen Sie daher

1. Ihr persönliches Hauptziel (Charakterentwicklung, Fähigkeiten, Fitness);
2. Ihr privates Hauptziel (Liebe, Beziehung, Familie);
3. Ihr berufliches Hauptziel (Karriere, Qualifikationen, Einkommen).

Die Zielkurs-Formel. Aus ihr leiten Sie Ihre Etappenziele ab, mit denen Sie Schritt für Schritt Ihre Lebensziele verwirklichen. Die psychologische Forschung hat herausgefunden, dass Sie sich auf einen sicheren Zielkurs begeben, wenn Sie sich von vornherein Klarheit über acht Eigenschaften Ihrer Vorhaben verschaffen. Ich habe diese acht Punkte für Sie so geordnet, dass jeder mit einem Buchstaben des Wortes ZIELKURS beginnt.

ZEITRAHMEN. Bis wann wollen Sie Ihr Ziel erreicht haben? Wie viel Zeit wollen Sie täglich oder wöchentlich dafür aufwenden? Legen Sie einen Stichtag fest – und ein Zeitfenster in Ihrem Tagesablauf. Beispiel: 31.12. nächstes Jahr – Montag, Mittwoch und Freitag 17.30 bis 18.00. Eine solche Planung fällt leicht, wenn Sie im Alleingang ein Musikinstrument oder eine Fremdsprache erlernen. Wenn Sie sich aber zum Abteilungsleiter hocharbeiten oder Ihrer Beziehung neuen Schwung verleihen wollen? Also in Ihren Terminen von anderen abhängig sind? Auch dann planen Sie jede Woche Zeitspannen ein, die Sie ausschließlich der Verbesserung des zwischenmenschlichen Klimas widmen.

INVESTITION. Wie viel Geld und materielle Güter können Sie in die Waagschale werfen? Wenn Sie an Ihrer Karriere arbeiten und dafür die Unterstützung von Kollegen, Vorgesetzten und Kunden benötigen, werden Sie Geld in Kleidung, Feiern, Einladungen, Geschenke und private Fahrtkosten investieren. Indem Sie langfristig ein Budget festlegen, schützen Sie sich vor plötzlichen Engpässen. Und können von Anfang an nach intelligenten Ersatzvarianten Ausschau halten, wenn Sie wissen, dass Sie finanziell mit Ihren Konkurrenten nicht mithalten können.

ENTBEHRUNGEN. Worauf sind Sie bereit, zugunsten Ihres großen Zieles zu verzichten? Ob Diät oder Spitzenjob – viele starten mit Begeisterung, aber nur wenige gelangen über die Ziellinie. Nicht weil es ihnen an Fähigkeiten fehlt, sondern weil sie sich vorher nicht klar gemacht haben, welche Opfer sie bringen müssen. Schreiben Sie genau auf, was an Härten auf Sie zukommen wird. Einschränkungen, auf die Sie vorbereitet sind, verlieren ihren Schrecken.

LAGE. In welcher Ausgangslage befinden Sie sich? Vergleichen Sie Ihre jetzige Situation mit der Position, die Sie haben werden, sobald Sie am Ziel angekommen sind. Wie groß ist der Abstand zwischen Ihrem Ist- und Ihrem Sollzustand? Wenn er Ihnen riesig erscheint, ist es sinnvoll, erst einmal ein Teilziel anzustreben.

KONKRETHEIT. Formulieren Sie Ihr Ziel so genau wie möglich. «Reich werden» ist ein Traum, eine Wunschvorstellung – kein Ziel. «Finanzielle Kompetenz erwerben, um Millionär zu werden» ist ein Ziel, aber zu allgemein, um daraus einen Erfolg versprechenden Weg abzuleiten. Mit «Einen Finanzberater konsultieren und einen Sparplan aufstellen» sind Sie schon einen Schritt weiter. Konkret ist Ihr Ziel erst, wenn Sie wissen, welchen Experten Sie ins Auge fassen und welche Summe Sie bis wann zusammenbringen wollen. Je genauer das Ziel formuliert ist, desto leichter fällt es, die geeigneten Mittel für seine Realisierung zu finden. Eine konkrete Zielbeschreibung erfordert in aller Regel, sich vorab zusätzliche Informationen über Möglichkeiten und Hindernisse zu beschaffen.

UNABHÄNGIGKEIT. Ob Sie Ihr Ziel erreichen, sollte möglichst nur von Ihnen abhängen. Zu viele Fremdeinflüsse verwandeln Ihr Vorhaben in eine Lotterie, wie in folgendem Beispiel: «In vier Jahren werde ich es zum Chefeinkäufer bringen, falls der jetzige Stelleninhaber wie geplant in die Zentrale wechselt und ich das Personalbüro überzeugen kann, seine Stelle nicht öffentlich auszuschreiben.» Was wird aus Ihrem Ziel, wenn das Personalbüro anders entscheidet? Sie dürfen durchaus auf den Erfolg Ihrer diplomatischen Fähigkeiten setzen, um Mitmenschen in Ihrem Sinne zu beeinflussen. Aber fahren Sie nicht nur auf einem Gleis. Planen Sie mehrere Alternativen zum Zielbahnhof, zum Beispiel Kontakte zu anderen Firmen, die Sie für sich interessieren könnten.

REALISMUS. Die meisten Leute, die unterwegs aufgeben, setzen auf Hauruck-Aktionen. Sie wollen möglichst schnell ans Ziel kommen. Sobald Fortschritte auf sich warten lassen, verlieren sie alle Lust. Tausende begabte Jugendliche nehmen ihre tatsächlichen Chancen nicht wahr, weil sie hoffen, von einem Oberboss der Mode- oder Medienbranche entdeckt und dann von heute auf morgen ohne eigenes Zutun zu einem Star aufgebaut zu werden. Von dem Erfolgstrainer Alexander Christiani stammt der Satz: «Die meisten überschätzen, was man in einem Jahr schaffen kann, und unterschätzen, was man in zehn Jahren erreichen kann.» Große Ziele, die Ihr Leben verändern, werden Sie kaum in einem Sprung erreichen. Lassen Sie in Ihrer Planung keine Etappe aus: Training, Ausbildung, als Amateur oder in Praktika Erfahrungen sammeln, ein Netzwerk an Kontakten aufbauen.

SPEZIFIZIERUNG. Überlegen Sie, ob Ihr Ziel zu Ihnen passt. Entspricht es wirklich Ihren Begabungen, oder wollen Sie es erreichen, weil es gerade «in» ist? Zum Beispiel das Berufsziel Model: Wenn Sie zwar gut aussehen, aber nicht extrem jung, dünn und lang sind, steht Ihnen eine Serie von Enttäuschungen bevor. Wenn Sie gut formulieren können und schlagfertig sind, aber öfter unter Schüchternheit leiden, werden Sie kaum Chancen als TV-Moderator haben – wohl aber als Autor, der die Texte für die Darsteller vor der Kamera schreibt. Welches sind also Ihre Stärken, welches Ihre Handikaps? Haben Sie für Ihr Profil das optimale Ziel gefunden?

Schritt 2: **Finden Sie kreative Wege!**

Wenn Sie Ihr Ziel nach diesen acht Regeln festgelegt haben, verfügen Sie bereits über eine Reihe von Hinweisen, wie Sie am besten vom Ausgangs- zum Endpunkt gelangen. Ein Diplomat sagt nie: «Dieser Weg kommt für mich unter keinen Umständen infrage.» Im Gegenteil, er versucht immer, sein Repertoire um neue Varianten zu erweitern. Und keine einzelne Methode so überzustrapazieren, dass sie ihre Wirkung verliert. Ein Beispiel aus der Geschichte: Wenn es hart auf hart kam, reichte Richelieu bei Ludwig XIII. seinen Rücktritt ein. Der König, der ohne seinen findigen Minister den aufmüpfigen Adel nicht in Schach halten konnte, beschwor ihn dann zu bleiben und gab allen seinen Forderungen nach.

Von diesem Mittel machte der Kardinal nur wenige Male und in großen Abständen Gebrauch. Der Vater von Winston Churchill, Randolph Churchill, der es als Politiker Ende des 19. Jahrhunderts bis zum britischen Schatzkanzler – der Nummer zwei der britischen Regierung gleich nach dem Premierminister – brachte, wollte Richelieus Erfolgsrezept nachahmen. Leider zu oft und zu schnell hintereinander. Zweimal drohte er erfolgreich, das Handtuch zu werfen. Wie erwartet, beschworen ihn seine Kollegen, zu bleiben. Doch beim dritten Mal nahm der Premierminister Salisbury zu seinem Entsetzen sein Rücktrittsangebot an. Das bedeutete das Aus für seine Karriere. Dabei hatte schon vor ihm Talleyrand schlechte Erfahrungen mit Richelieus Methode gemacht. Er hatte 1815 König Ludwig XVIII. seinen Rücktritt angeboten für den Fall, dass seine Reformvorschläge abgelehnt werden. Seine Majestät ließ den Minister gehen. Doch als politisches Genie verstand es Talleyrand, seine Niederlage in einen Sieg zu verwandeln. Er schloss sich der liberalen Opposition an und entwickelte sich zu ihrem Wortführer. Als sie 1830 nach der Julirevolution an die Macht kam, kehrte Talleyrand in Amt und Würden zurück.

Zu den bewährten Mitteln der klassischen Diplomatie gehören unter anderem:

Geschliffene Umgangsformen. Sie liefern ein Gerüst

von Verhaltensregeln, die es ermöglichen, selbst mit einem erbitterten Gegner ein zivilisiertes Gespräch zu führen.

Bündnisse schließen. Jeder Partner, der mit Ihnen an einem Strang zieht, verdoppelt Ihre Kräfte.

Verhandeln. Während offene Kämpfe das Risiko einschließen, dass am Ende beide verlieren, bieten Streitgespräche über die Durchsetzung gegensätzlicher Interessen die Chance, eine Lösung zu finden, die beiden Parteien nützt.

Plötzlicher Wechsel der Bündnispartner. Wer ist der Verräter – der das alte Bündnis verlässt oder der Betrogene, der durch sein verändertes Verhalten den Bruch provoziert? Ob es sich um eine Ehescheidung wegen einer neuen Liebe, den Wechsel zu einer anderen Firma oder um das Koalieren mit dem früheren politischen Gegner handelt – Interessenlagen ändern sich. Gewiefte Diplomaten reagieren frühzeitig, sobald der Wind anfängt sich zu drehen.

Gegenseitige Verpflichtungen. Versprechen können gebrochen werden – wechselseitige Abhängigkeiten schaffen ein festeres Band. Ist nämlich der andere darauf angewiesen, dass ich eine Verpflichtung einhalte, wird auch er darauf achten, seine Versprechen zu halten – mag er sonst auch noch so unzuverlässig sein.

Komplimente. Der erfahrene Verführer Casanova schrieb in der Geschichte seines Lebens: «Man mag noch so klug sein und Misstrauen gegen die Schmeichler haben, sie werden stets offene Ohren finden.» Selbst wenn ein Kompliment nicht ganz aufrichtig gemeint sein sollte – es zeigt Ihnen, dass Sie für die Person, die es ausspricht, wichtig sind. Diplomaten beherrschen die Gratwanderung zwischen ehrlicher Anerkennung und verlogener Lobhudelei.

Nebeltaktik. Diplomaten legen sich nicht gern fest. Sie versuchen, sich möglichst viele Optionen offen zu halten. Manche Völker betrachten es generell als unhöflich, jemanden mit einem klaren «Nein» zu brüskieren. Sie sagen lieber «Vielleicht» oder «Ich werde sehen, was ich tun kann». Damit bleiben sie im Kontakt und planen einen möglichen Meinungsumschwung mit ein. Bei uns gelten unklare Antworten dagegen als Ausflüchte und rufen Ärger hervor. Dennoch gibt es auch bei uns Fälle, wie wir noch sehen werden, wo Sie langfristig besser fahren, wenn Sie auf vorläufige Lösungen setzen.

Bürgschaften. Ein typisches Beispiel liefert die Heiratspolitik der früheren Fürstenhäuser. Als Napoleon in Mitteleuropa ein Land nach dem anderen besetzte, sicherte Metternich die Weiterexistenz Österreichs, indem er dem französischen Botschafter vorschlug, Napoleon möge die Erzherzogin Marie Louise heiraten. Der Franzosenkaiser stimmte zu in der Hoffnung, so Wien an seine Seite zu ziehen. Doch zu seinem Entsetzen gab Österreich nach Napoleons Niederlage vor Moskau trotz der Heirat seine Neutralität auf und besiegelte an der Seite Preußens und Russlands den Untergang der französischen Armee in der Völkerschlacht bei Leipzig.

Gezielte Provokationen. Dieses Mittel stand Pate bei der Gründung des deutschen Einheitsstaates von 1871. Bismarck kürzte den Text einer Depesche seines Königs Wilhelm I. aus dem Kurort Bad Ems in einer Weise, dass sie für Frankreich beleidigend wirkte, und veröffentlichte sie. Postwendend erklärte Napoleon III. Preußen den Krieg. Darauf hatte Bismarck nur gewartet. In allen deutschen Kleinstaaten erwachte der Patriotismus gegen den «Erbfeind». Ein vereintes deutsches Heer unter preußischer Führung schlug die Franzosen entscheidend. Unter dem Eindruck des deutschnationalen Siegestaumels konnte Bismarck die deutschen Fürsten in Versailles zur Einigung des Reichs bewegen. Wilhelm I. wurde Kaiser und Berlin neue Reichshauptstadt.

«Bewährte» Mittel haben einen Vorteil, der zugleich ein Nachteil ist: Sie sind bekannt und erprobt. Sie werden mit ihnen Erfolge erzielen, solange Ihre Gegenpartei mit diesen Methoden weniger vertraut ist als Sie. Was aber, wenn zwei Könner aufeinander treffen? Die Genies der Diplomatie verlassen sich nicht auf erprobte Wege. Sie wandeln vielmehr das bekannte Repertoire an Methoden kreativ ab und erfinden neue Wege.

Erinnern wir uns an die Antiquität auf dem Trödelmarkt, für die der Händler gern 200 Euro kassieren wollte. Wenn ein erfahrener Verkäufer auf einen gewieften Kunden trifft, dann werden sie beide auch auf die Ersatzspiele – der «zufällig» vorbeikommende zweite Interessent, vorgetäuschte Gleichgültigkeit, die angebliche Reservierung für einen anderen Kunden – nicht hereinfallen. Denn all diese Tricks gehören längst zum Standard professioneller Verhandlungsführung. Sie werden in Weiterbildungen für Verkäufer gelehrt und in der Fachliteratur ausführlich beschrieben.

Das heißt aber nicht, alle Wiesen wären längst abgemäht. Ein kreativer Diplomat hält immer Ausschau nach dem unauffälligen Schlupfloch. Muss man ausgekochter Profi sein, um es zu finden? Durchaus nicht, wie der folgende Fall beweist, der sich tatsächlich so ereignet hat.

Die kreative Auktion. Eine ältere Dame, die von einer schmalen Witwenrente lebt, beschloss, sich von einigen Büchern aus ihrer Kindheit zu trennen. Da ihre Augen nachgelassen hatten, würde sie die kleine Schrift ohnehin nicht mehr lesen können. Es handelte sich um eine Serie von sieben Büchern über das Mädchen Pommerle von der längst vergessenen Autorin Magda Trott, erschienen vor 1945. Da die Reihe vollständig und alle Exemplare in gutem Zustand waren, durfte sie hoffen, bei Liebhabern einen guten Preis zu erzielen. Aber wie sollte sie gut zahlende Bücherliebhaber aufmerksam machen?

Sie annoncierte in einem kostenlosen Anzeigenblatt unter der Rubrik «Zu verschenken». Das kostenlose Angebot diente ihr dazu, möglichst viele Interessenten anzulocken. Es meldeten sich in den nächsten drei Tagen rund zwanzig Anrufer. Sie sagte zunächst jedem: «Ich habe sie schon einem vierzehnjährigen Mädchen versprochen, das mir zehn Euro angeboten hat, wenn ich die Bücher für sie reserviere. Sie will noch ihre Eltern um Erlaubnis fragen.»

Die meisten Anrufer boten sofort eine höhere Summe. Damit hatte die Rentnerin unbemerkt eine Auktion in Gang gebracht. Interessenten, die eine ordentliche Summe anboten, versprach sie einen Rückruf. Am Ende gingen die Bücher für mehr als 100 Euro (den genauen Preis wollte sie mir nicht verraten) an eine pensionierte Beamtin, die in den Büchern die Landschaft ihrer Kindheit wiederfinden wollte.

Wie würden Sie nach dieser Methode vorgehen, wenn Sie in der Gegenposition wären, die Bücher also zu kaufen suchten?

Sie annoncieren in der Rubrik «Suche» mit dem Hinweis «Zahle Liebhaberpreise». Sobald sich ein Anrufer meldet, sagen Sie: «Ich habe schon ein deutlich günstigeres Angebot erhalten, allerdings ist da ein Buch beschädigt.» Dann fragen Sie nach dem Zustand seiner Bücher, geben sich nachdenklich und fragen, wie weit er mit dem Preis heruntergehen würde.

Ob Sie kaufen oder verkaufen – mit dieser Methode sorgen Sie dafür, dass sich auf der Gegenseite mehrere Interessenten Konkurrenz machen, während Sie ihnen allein gegenüberstehen. Dieses Ungleichgewicht nutzen Sie zu Ihren Gunsten.

GESETZ 2

BEWEISEN SIE MEHR GEDULD ALS IHR GEGENÜBER

Vor mehr als 3000 Jahren besiedelten Volksstämme aus Südosteuropa das Gebiet der heutigen Westtürkei und gründeten das Reich Phrygien. Ein Orakel verlangte von den Priestern, denjenigen zu ihrem König zu wählen, der als Erster seinen Karren zum öffentlichen Platz fahren würde. Es war der Bauer Gordios. Zum Dank für die unerwartete Ehre band er seinen Karren, den er als Herrscher ja nicht mehr brauchen würde, an einen Pflock im Tempelbezirk. Er weihte ihn dem Göttervater Zeus. Damit niemand ihn entfernen konnte, wand er das Seil zu einem unentwirrbar komplizierten Knoten. Im Laufe der Jahrhunderte bildete sich die Legende, dass demjenigen, dem es gelinge, den Knoten aufzudröseln, die Herrschaft über ganz Asien zufallen werde.

Im Winter 334 auf 333 v. Chr. kam Alexander der Große auf seinem Kriegszug gegen Persien am phrygischen Tempelbezirk vorbei. Priester erzählten ihm von der Prophezeiung und luden ihn ein, sich an dem Gordischen Knoten zu versuchen. Was dann geschah, darüber gibt es zwei Versionen. Die einen sagen, der junge König habe den Pflock, um den der Knoten geschlungen war, herausgezogen, und das Gebinde sei auseinander gefallen. Bekannter ist die Version, nach der Alexander, ungeduldig und gewalttätig wie immer, sein Schwert gezogen und das Gewirr mit einem Hieb zerteilt habe.

In der Tat gelang es ihm wie vorhergesagt, in den Folgejahren große Teile des damals bekannten Asien mit seinem Heer zu erobern. Die Prophezeiung hatte aber nicht verraten, wie kurz die Herrschaft über Asien dauern würde. In Alexanders Fall waren es gerade mal zehn Jahre. Nach seinem Tod stritten sich seine Generäle um das Erbe. Ihre Kämpfe zerrieben die Reste des großen Heeres, und das Reich zerfiel wieder in viele Teile.

Langer Atem schlägt Blitzkrieger

Späteren Heerführern ging es nicht anders. Cäsar besiegte im Jahre 47 v. Chr. Pharnakes, den König von Bosporus, in einer Blitzschlacht und rühmte sich seiner Leistung mit dem Satz «Ich kam, sah, siegte!». Zwei Jahre später war er unumschränkter Alleinherrscher von Rom und noch ein Jahr später tot – ermordet von 60 Senatoren unter Führung von Cassius und Brutus.

Gustav Adolf II. von Schweden mischte sich ab 1630 auf der Seite der Protestanten in den Dreißigjährigen Krieg ein und trieb die katholischen Heere vor sich her bis nach Süddeutschland. Sein Triumph währte gerade mal zwei Jahre. 1632 fiel er bei Lützen im Kampf gegen die Truppen Wallensteins. Nochmals zwei Jahre später endete auch die Karriere Wallensteins mit dessen Ermordung.

Die Schicksale der mächtigen Krieger zeigen, warum Diplomatie, die der Gewalt der Waffen nur Worte entgegensetzen kann, überhaupt eine Chance hat. Die erfolgssüchtigen Heerführer brausen wie ein Sturmbrand über Menschen und Länder hinweg. Rücksichtslos brechen sie jeden Widerstand und hinterlassen verbrannte Erde. Sie haben den Überraschungseffekt auf ihrer Seite.

Abwarten ist keine Zeitvergeudung. Doch ihre Ungeduld ist auch ihre Schwäche. Als Napoleon 1812 in Russland einfiel, nutzte der General Kutusow diese Achillesferse seines bisher unbesiegten Gegners. Napoleon wollte den Krieg mit ein paar schnellen Entscheidungsschlachten in wenigen Wochen gewinnen – seine übliche Methode. Doch Kutusow kämpfte nur einmal – auf Anordnung des Zaren, der unbedingt eine Schlacht verlangte. Nachdem der Kampf bei dem Dorf Borodino unentschieden geendet hatte, zog sich Kutusow immer weiter in die russische Steppe zurück. Er überließ den Franzosen leere Scheunen und verlassene Dörfer. Als die fremden Truppen, vom wochenlangen Gewaltmarsch erschöpft, endlich Moskau erreichten, zündeten seine Bewohner die Stadt an. Ohne Unterkünfte und Nahrung war die Große Armee zum Rückzug durch den russischen Winter gezwungen.

Kutusow verzichtete darauf, sich mit Napoleons militärischem Genie zu messen. Er besiegte ihn ohne Entscheidungsschlacht dank seiner größeren Geduld. Er musste sich vom Zaren anfangs herbe Kritik und den Verdacht, feige zu sein, gefallen lassen. Als jedoch die Reste der einst unbesiegbaren Armee Russland verlassen hatten, ungeschlagen und dennoch besiegt, feierte man ihn als Volksheld.

Geduld ist die große Stärke der Diplomaten. Sie können abwarten. Dafür müssen sie nicht unbedingt die sprichwörtliche Ruhe selbst sein. Bismarck und Churchill waren als Hitzköpfe verschrien. In den entscheidenden Momenten wussten sie jedoch ihr Temperament zu zügeln.

Als Churchill 1929 seinen Ministerposten verlor, schien seine Karriere am Ende. Er war Mitte fünfzig und hätte sich durchaus in den Ruhestand zurückziehen können. Mehrere Anläufe, um wieder in der großen Politik mitzumischen, scheiterten. Doch er blieb am Ball. Als der damalige Premier Neville Chamberlain mit seiner Politik scheiterte, Hitler durch Zugeständnisse im Münchener Abkommen vom Weltkrieg abzuhalten, schlug Churchills große Stunde. Mehr als zehn Jahre warten und bereit bleiben hatte sich gelohnt. Bis 1939 hatte er als Unterhausabgeordneter seine Kollegen mit seinen ewigen Warnungen vor

Hitler gelangweilt. Der Ausbruch des Zweiten Weltkriegs gab ihm Recht. 1940 wählte ihn das Unterhaus endlich zum Premierminister.

Als Gustav Adolf II. von Schweden gefallen war, versuchte sein Kanzler Axel Oxenstierna – der erfolgreichste Diplomat seiner Zeit –, wenigstens einen Teil der schwedischen Kriegsbeute auf dem Verhandlungswege zu retten. Mit Erfolg. Im Westfälischen Frieden, der 1648 den Dreißigjährigen Krieg beendete, sicherte sich Schweden Territorien von Vorpommern bis Bremen und erhielt Sitz und Stimme im Deutschen Reichstag.

So wie Oxenstierna das Ende seines Königs überstand, ging Talleyrand aus dem Untergang Napoleons unbeschadet hervor. Ihm verdankt Frankreich maßgeblich, dass es von den Siegern nicht zerrupft, sondern in den alten Grenzen bestätigt wurde. Napoleon war schon längst in der Verbannung gestorben, da wirkte sein früherer Außenminister wieder auf verantwortlichem Posten am Schicksal Frankreichs mit.

Es lohnt also, den längeren Atem zu haben. Den meisten Menschen fällt es schwer abzuwarten. Sie wollen eine möglichst schnelle und endgültige Entscheidung. Sie fahren schwere Geschütze auf, greifen zu Drohungen und unhaltbaren Versprechungen, ja, sie stürzen sich sogar in Schulden, weil sie etwas sofort haben müssen.

Nur Verlierer haben es eilig. Jeder Auto- und Immobilienverkäufer kennt dieses Gesetz. Sobald es ihm gelingt, die Gier eines Kunden zu wecken, winkt ihm ein Extragewinn. Jetzt braucht er ihm nur noch klar zu machen, dass es sich bei dem Angebot um eine einmalige Chance handelt, und der Kunde unterschreibt ohne lange zu feilschen den viel zu teuren Kaufvertrag.

Dabei hat der Kunde alle Trümpfe in der Hand. Er kann locker von einem zum nächsten Händler wechseln. Sie haben ja feste Adressen und Öffnungszeiten, sind also immer verfügbar.

Und wenn ihm kein Angebot gefällt, verzichtet er einfach. Der Verkäufer ist hingegen auf Kunden angewiesen. Er muss verkaufen, bei Strafe seines Untergangs.

Er hat also nur eine Chance. Er muss die Ungeduld seines Kunden wecken. Deshalb setzt er ihn ans Steuer des tollen Wagens und lässt ihn eine Proberunde drehen. Und sagt ihm damit: Dieser Superschlitten kann sofort dein sein. Zögere nicht länger. Unterschreib.

Wenn Sie das nächste Mal eine heikle Situation mit diplomatischem Geschick bereinigen wollen: Geben Sie sich unendlich viel Zeit. Keine Sorge, Sie müssen nicht wirklich bis in alle Ewigkeit abwarten. Es genügt, wenn Sie eine Minute länger durchhalten als Ihr Gegenüber. Wer zuerst sagt: «Also, wir müssen jetzt zu einer Entscheidung kommen», hat verloren.

Die Tugend der Hirsche

Schon im Tierreich hat sich dieses Gesetz als erfolgreich erwiesen. Wenn zwei männliche Hirsche um Weibchen und Territorien kämpfen, vermeiden sie es, einander mit ihren spitzen Geweihen zu verletzen. Sie drücken nur ihre Köpfe gegeneinander und versuchen den Gegner vom Platz zu drängen. Es gewinnt, wer länger durchhält. Tiere, die gefährliche Waffen an sich tragen – scharfe Zähne, reißende Klauen, spitze Stacheln –, setzen diese niemals gegen Artgenossen ein.

Biologen haben durch Kosten-Nutzen-Rechnungen erkannt, warum die kämpfenden Tiere freiwillig darauf verzichten, eine Waffe einzusetzen, die ihnen einen schnellen Sieg verschaffen würde. Nicht nur der Verlierer, auch der Gewinner ginge nach einem bewaffneten Kampf ziemlich lädiert vom Platz. Käme ein Dritter hinzu, könnte er den erschöpften Sieger mit Leichtigkeit aus seinem gerade eroberten Territorium verjagen. Selbst wenn er über weniger Kraft und Kampfgeist verfügt als die anderen beiden. So genannte Beschädigungskämpfer konnten sich daher nicht behaupten, sie sind längst ausgestorben. Deshalb finden wir in der Natur heute in der übergroßen Mehrzahl Tierarten, die ihre Kämpfe nicht mit Verletzung oder Tötung entscheiden, sondern mit Geduld.

Wie strahlen Sie Geduld aus, wenn Sie insgeheim wissen, dass Sie eher zu Ungeduld neigen? Diplomaten haben im Laufe der Jahrhunderte eine Reihe von Verhaltensregeln entwickelt, an die sie sich eisern halten, wenn sie merken, dass die Nerven mit ihnen durchzugehen drohen.

Planen Sie von vornherein mehr als ein Gespräch. Das mindert Ihren Erfolgsdruck und bringt Sie gegenüber jedem, der gleich bei der ersten Begegnung eine Entscheidung will, in Vorteil. Am Ende der ersten Unterhaltung sagen Sie: «Lassen Sie uns beide nochmal darüber nachdenken und morgen weiterreden.» Während eines Streitgesprächs neigen die Beteiligten dazu, die Argumente des anderen erst einmal abzuwehren, um ihre Position nicht zu schwächen. Nach dem Gespräch jedoch entfällt der Zwang, sich zu verteidigen. Der Partner ist nun eher bereit, über Ihre Argumente ernsthaft nachzudenken. Bei der zweiten Begegnung sind Sie schon einen wesentlichen Schritt weiter. Sie wissen beide voneinander, wo jeder zu Konzessionen bereit ist und wo nicht. Bei Verhandlungen ist es längst üblich, beim ersten Gespräch einander nur über die eigene Position zu informieren. Erst beim zweiten Treffen beginnen die Kontrahenten, Absprachen zu treffen und sich über mögliche Lösungen zu verständigen.

Unterbrechen Sie niemanden mitten im Satz. Ich gebe zu, manche Menschen, die sich gern reden hören, werden Sie auf eine schwere Geduldsprobe stellen. Doch es lohnt sich auszuharren. Ihr Zuhören wird als Respekt und Interesse gewertet. Im Gegenzug dürfen Sie damit rechnen, dass man Ihnen ebenfalls genauer zuhört. Falls Sie es mit jemandem zu tun haben, der niemand anderen zu Wort kommen lässt: Greifen Sie mit einer Frage lenkend in den Monolog ein. Sagen Sie: «Das ist ein spannender Punkt. Dazu würde mich Folgendes interessieren …» Damit können Sie sich einmischen und elegant das Thema wechseln, ohne dem Redner einfach ins Wort zu fallen.

Drei-Sekunden-Regel. Wenn Ihr Gesprächspartner Sie zu Widerspruch reizt: Machen Sie es sich zum Prinzip, nie mehr unüberlegt mit einer Erwiderung auf einen verbalen Angriff herauszuplatzen. Gewöhnen Sie sich an, knapp drei Sekunden auszuatmen – damit schalten Sie Ihren Blutdruck auf Ruhe um – und erst dann zu reagieren. Wenn Sie später über das Gespräch nachdenken, werden Sie froh sein, für sich behalten zu haben, was Ihnen im ersten Moment spontan auf der Zunge lag.

«Broken-Record»-Technik. Hirsche schieben ihre Köpfe gegeneinander, um herauszufinden, wer das größere Durchhaltevermögen hat. Diplomaten nutzen stattdessen die Gesprächstechnik der «gesprungenen Schallplatte». Wie läuft ein Gespräch über unterschiedliche Meinungen normalerweise ab? Nehmen wir an, Sie diskutieren darüber, bis wann ein Arbeitsvorhaben zu Ende geführt werden kann. Sie vertreten eine Position, Ihr Gesprächspartner eine andere. Er wird versuchen, Ihre Überzeugung mit Gegenargumenten zu erschüttern. Wenn Sie sich verteidigen, geben Sie indirekt zu, dass Ihre Position eine Verteidigung nötig hat, also nicht hundertprozentig sicher ist. Diese Schwachstelle umgehen Sie, wenn Sie, statt dagegen zu argumentieren, immer nur entgegnen: «Ich verstehe. Dennoch bleibe ich dabei, dass wir ein Jahr Zeit brauchen werden für das Projekt.» Er wird daraufhin versuchen, Ihren Standpunkt mit neuen Argumenten zu erschüttern. Sie halten stand, indem Sie sich wie eine gesprungene Schallplatte verhalten. Sie wiederholen immer wieder Ihren Standpunkt: «Ich denke, wir werden ein

Jahr brauchen.» Weiter nichts. Sie widersprechen nicht, verteidigen sich nicht, geben keine neuen Begründungen. Diese Technik ist dann besonders wirksam, wenn eine Person versucht, Sie von Ihrer Überzeugung oder einem Vorhaben abzubringen. Sie bestehen auf Ihrer Position, ohne Ihr Gegenüber anzugreifen oder zu kritisieren. Sie verschaffen sich Respekt, ohne sich Feinde zu machen. Sie wirken unerschütterlich und selbstsicher. Erfahrungsgemäß schwenkt der andere, wenn Sie fünf- bis sechsmal lediglich Ihren Standpunkt wiederholt haben, auf Konzessionsbereitschaft um.

In unserem hektischen Zeitalter ist das Bedürfnis sehr verbreitet, offene Angelegenheiten möglichst schnell zum Abschluss zu bringen. Diplomatisches Talent nutzt diese Schwäche. Wenn Sie abwarten können, bringen Sie sogar Personen zum Einlenken, die an Ihrer Angelegenheit ursprünglich weniger Interesse hatten als Sie. Diplomaten verabscheuen Brachialgewalt. Die überlassen sie den kleinen und großen Tyrannen, die es unerträglich finden, Dinge in der Schwebe zu halten.

Diplomaten können mit vorläufigen Lösungen sogar besser leben als mit endgültigen Entscheidungen. Denn vorläufig heißt: Es sind noch Änderungen möglich. Einiges, was ich bis heute nicht erreichte, kann ich vielleicht in Zukunft durchsetzen, wenn ich am Ball bleibe. Außerdem zeigt die Erfahrung, dass nichts so rasch veraltet wie scheinbar «endgültige» Lösungen. Schauen Sie sich nur die vielen «ewigen» Friedensverträge im Laufe der Geschichte an. Wie lange haben sie wirklich gehalten?

Herr Tollpatsch gegen Familie Diplomat

Doch Vorsicht! Verlassen Sie sich nicht blind auf das Gesetz der größeren Geduld! Wenn ein Gegner erkennt, was Sie vorhaben – wenn er also merkt, dass Sie sich auf gar keinen Fall aus der

Ruhe bringen lassen wollen –, kann er Sie so lange provozieren, bis Ihnen gar nichts anderes übrig bleibt, als sich zur Wehr zu setzen.

Stellen Sie sich vor, Sie geben mit Ihrem Partner als Herr und Frau Diplomat eine Cocktailparty. Einer Ihrer Gäste, Herr Tollpatsch, kippt beim Gestikulieren der Dame des Hauses seinen Drink über das Abendkleid. Herr Diplomat merkt, wie die Wut in ihm hochsteigt. Aber um die Stimmung nicht zu verderben, reißt er sich zusammen. Herr Tollpatsch soll ihn bloß nicht für kleinlich und schnell beleidigt halten! Und siehe da, Herr Tollpatsch entschuldigt sich. Generös antwortet Herr Diplomat: «Nicht so schlimm, das kann schon mal passieren», während seine Gattin ins Bad eilt, um den Fleck auszuwaschen.

Doch Herr Tollpatsch trüge seinen Namen zu Unrecht, wenn dies der einzige Vorfall des Abends bliebe. Als Nächstes zerbricht er beim Gestikulieren eine wertvolle Vase, und ihr Inhalt ergießt sich über das Kanapee. Kaum haben die Gastgeber den Schaden diskret weggeräumt, brennt Herr Tollpatsch mit der Zigarette eine Loch in die Tischdecke, rammt ein Stuhlbein durch das Fenster und schüttet das Salatdressing auf den wertvollen Orientteppich. Wie lange werden die Gastgeber noch an sich halten und Geduld üben, bevor sie Herrn Tollpatsch die Freundschaft aufkündigen?

Diese Geschichte stammt von dem amerikanischen Psychologen und Erfinder der Transaktionsanalyse, Eric Berne. Er hat auch herausgefunden, wie Sie Herrn Tollpatsch wirksam in seine Schranken verweisen. Beim erstmaligen Ausrutscher werden Sie seine Entschuldigung noch großzügig akzeptieren. Es ist ja möglich, dass es sich tatsächlich nur um ein ungewolltes Missgeschick handelt. Das seinem Urheber noch peinlicher ist als Ihnen. Beim zweiten oder dritten Mal – sobald Sie ahnen, dass sein Ungeschick Methode hat – schieben Sie weiteren «Unfällen» einen Riegel vor. Wenn Herr Tollpatsch wieder sagt: «Das tut mir aber schrecklich Leid», antworten Sie: «Sie können meinetwegen meine Gäste und mich aus der Fassung bringen, die Möbel und den Teppich ruinieren, aber bitte sagen Sie nicht noch einmal ‹Es tut mir Leid›».

Sie sagen ihm damit «Achtung! Ich habe Ihr Spiel durchschaut.» Sie verwehren Herrn Tollpatsch, ungestraft seine Ungehörigkeiten fortzusetzen, indem Sie ihm mitteilen, dass Sie nicht länger nach seinen Regeln mitspielen. Ohne selbst unhöflich zu werden. Zugleich übernehmen Sie die Verantwortung dafür, dass Sie diesen Gast eingeladen haben.

Die Schlussfolgerung lautet: In über 90 Prozent der Fälle werden Sie sich mit dem Gesetz der längeren Geduld durchsetzen – ohne Aggressivität und ohne sich unbeliebt zu machen. Sollten Sie jedoch merken, dass einer Ihrer Mitmenschen es darauf anlegt, durch gezielte Provokationen Ihr Durchhaltevermögen zu testen, wechseln Sie zu Gesetz 1: Flexibilität der Mittel.

Störungen haben den Vorrang. So lautet ein Grundprinzip erfolgreicher Kommunikation. Wenn Ihr Umgang mit Ihren Mitmenschen nicht so reibungslos vonstatten geht, wie Sie es sich erhofft haben, hat es keinen Zweck, so zu tun, als gäbe es das Störfeuer gar nicht. Der andere könnte sich dann veranlasst sehen, schwerere Geschütze aufzufahren. So lange, bis Sie endlich reagieren.

Was unsere Geduld ins Wanken bringt, sind oftmals keine spektakulären Aktionen, sondern kleine Störmanöver:

1. Sie erklären etwas Wichtiges, und Ihre Zuhörer tuscheln untereinander.
2. Sie haben es eilig, aber die Verkäuferin schwatzt in aller Ruhe mit der Kundin vor Ihnen.
3. Sie versuchen Ordnung zu halten, aber Ihre Kollegen (oder Ihre Familie) bringen die Sachen ständig durcheinander.

Die meisten Menschen versuchen zunächst, sich mit Geduld zu

wappnen und ihren aufsteigenden Zorn zu unterdrücken. Bis sie es nach einer Weile nicht mehr ertragen und mit ihrem Ärger herausplatzen:

1. Könnt ihr damit wohl mal aufhören!
2. Hören Sie, ich habe es eilig und hier warten noch mehr Kunden!
3. Wer hat denn hier schon wieder alles durcheinander gebracht! Ständig räume ich euch hinterher!

Das Ergebnis: Ärger auf beiden Seiten.

Verhalten Sie sich in solchen Fällen von nun an diplomatisch. Ein einmaliges Tuscheln übersehen Sie großzügig. Doch sobald Sie merken, dass sich die Störung wiederholt, greifen Sie ein – mit Geduld. Sie sagen:

1. Ihr tuschelt miteinander, während ich versuche, euch diese Sache zu erklären. Das stört mich.
2. Sagen Sie, wann werde ich drankommen? Ich fürchte, meine Bahn zu verpassen.
3. Die Ordner stehen nicht da, wo sie hingehören. Das ärgert mich.

Entscheidend ist hierbei: Sagen Sie in möglichst neutralen Worten nur, welches Verhalten Sie beobachten. Und was Sie dabei empfinden. Erklären Sie niemandem, was er tun soll. Sagen Sie also nie:

1. Werdet ihr wohl mal aufhören zu tuscheln!
2. Würden Sie bitte weiter bedienen und Ihre Privatgespräche auf später verschieben?
3. Es kann doch nicht so schwer sein, die Ordner hinterher wieder an ihren Platz zu stellen!

Der Grund: Die überwiegende Mehrzahl der Menschen interessiert sich sehr dafür, wie ihr Verhalten bei anderen ankommt, reagiert aber sofort mit Widerstand, wenn man ihnen ihre Entscheidungsfreiheit nimmt.

Nach den Gründen, warum man Sie provoziert, werden Sie

nur in jenen seltenen Ausnahmefällen fragen, wo hartgesottene Gemüter trotz Ihrer gerade geäußerten negativen Gefühle ihre Störmanöver fortsetzen. Äußern Sie dabei keine eigenen Vermutungen über die Gründe für die Beeinträchtigung, sondern stellen Sie eine sachliche Warum-Frage:

1. Warum redet ihr untereinander, während ich euch diese Sache erkläre?
2. Warum haben Sie das Bedienen der Kunden unterbrochen?
3. Warum stellt Ihr die Ordner nicht zurück?

Manchmal gibt es tatsächlich einen wichtigen Grund für Ablenkungen und Unruhe. Ich erinnere mich an einen solchen Fall. Ich nahm in Berlin vor über zehn Jahren an einer großen öffentlichen Veranstaltung teil. Obwohl der Redner einen hervorragenden Vortrag hielt, breitete sich immer lauteres und aufgeregtes Getuschel im Saal aus. Der Redner wagte es nicht, sein Publikum zu fragen, was los war, sondern brachte mit wachsender Unsicherheit in der Stimme seinen Vortrag zu Ende. Er hätte fragen sollen, denn die Unruhe hatte nichts mit ihm zu tun. Es war der 9. November 1989 gegen 19.30 Uhr. Im Saal machte gerade die Nachricht von der Öffnung der Berliner Mauer die Runde.

So wäre denkbar, dass Ihre tuschelnden Zuhörer in der Pause die Meldung von einer Gasexplosion in ihrem Wohnviertel hörten. Dass die Kundin vor Ihnen gerade ihren Ehemann verlor und die Verkäuferin, die sie gut kennt, ihr ein paar Worte des Trostes mitgeben möchte. Dass Ihre Kollegen die Ordner mit Absicht auf dem Tisch liegen ließen, weil sie ihn in der kommenden Stunde noch ein paar Mal benötigen werden.

GESETZ 3
STIFTEN SIE FRIEDEN, BEVOR DER KONFLIKT ESKALIERT

Der Krieg ist der Vater aller Dinge, behauptete der Philosoph Heraklit. Er stammte aus einem alten Königsgeschlecht. Als junger Mann musste er erkennen, dass es in seiner Zeit, fünfhundert Jahre vor Christus, mit der Macht des Priesteradels zu Ende ging. Ungerührt von seinem Protest schickte die Bürgerschaft seiner Heimatstadt Ephesos seinen Freund Thermodor in die Verbannung. Beleidigt legte Heraklit alle Ämter nieder und trat das ererbte Recht priesterlicher Regentschaft an seinen jüngeren Bruder ab. Von nun an zog er sich in die trotzige Rolle eines unbeteiligten Weltbeobachters zurück. Er erklärte seinen Landsleuten den Krieg – auf dem Papier. Er philosophierte über das ewige Feuer, das alles Bestehende zerstört. Über das Verhängnis als ewiges Weltgesetz. Über den Kampf, der die Welt in Gegensätze spaltet, der die einen zu Göttern erhebt, andere zu Sklaven erniedrigt.

Heraklit sah nur den Krieg. Nicht den Frieden. Nur die Zerstörung, nicht den Aufbau. Dass Eroberer wie Hannibal, Attila oder Dschingis Khan überhaupt Beute machen konnten, verdankten sie den friedlichen Jahrzehnten vor ihren Feldzügen, in denen die Bevölkerung ungestört ihren Geschäften nachging und den Wohlstand mehrte. Doch es dauerte bis in die Zeit nach dem Zweiten Weltkrieg, ehe die Menschheit anfing, lieber ihre Friedenshelden zu feiern als ihre Feldherren. Heute erinnern wir uns an Mahatma Gandhi, aber nicht mehr an die Namen der britischen Eroberer Indiens. Den letzten sowjetischen Staatsführer

Michail Gorbatschow, der den Kalten Krieg beendete, kennen mehr Leute als seine Vorgänger Andropow und Tschernenko.

Diplomatisches Talent greift ein, solange die Konflikte noch klein sind, solange sich Unstimmigkeiten noch nicht zu unüberbrückbaren Gegensätzen aufgeschaukelt haben. Da Verständigung, wie wir aus dem vorigen Gesetz wissen, Geduld und Zeit braucht, heißt es vorbeugen, damit das Kind nicht in den Brunnen fällt.

Die vier Formen des Konfliktgesprächs

Wer friedlich gestimmt ist, aber nicht über diplomatisches Geschick verfügt, versucht zumeist, aufkeimende Konflikte zu ignorieren. Er weigert sich einfach, die Probleme zur Kenntnis zu nehmen: «Wenn wir beide uns ein bisschen mehr Mühe geben, wird alles wieder so wie früher.»

Das klappt natürlich nicht. Der Appell an den guten Willen bringt ja die Konflikten zugrunde liegenden Differenzen nicht zum Verschwinden. Wenn die Beteiligten dem Aufruf folgen, der gemeinsamen Aufgabe zuliebe oder um des lieben Friedens willen jede Auseinandersetzung zu vermeiden, schwelt der Konflikt im Verborgenen weiter. Äußerlich herrscht bemühte Harmonie, unterschwellig brodelt der Ärger – bis er sich eines Tages in einem explosiven Ausbruch entlädt oder einer der Beteiligten, der die Spannung nicht mehr erträgt, die Flucht ergreift.

Diplomaten sind Realisten. Sie wissen: Keine zwei Menschen sind völlig gleich. Erbanlagen, Lebensläufe, Erfahrungen, Fähigkeiten, Vorlieben und Schwächen – jeder von uns ist einzigartig. Wir unterscheiden uns daher auch in unserer Sicht der Dinge, haben verschiedene Meinungen und Interessen. Es wäre weltfremd zu erwarten, dass zwei Personen immer einer Meinung sind. Übereinstimmung ist die Ausnahme, Differenzen sind die Regel.

Verständigung, ohne die Unterschiede zu leugnen – das ist das Kernstück diplomatischer Kunst. Die Genies auf diesem Gebiet erkannten schon vor Jahrhunderten, dass es dabei auf die Art und Weise ankommt. Auch bei extremen Meinungsgegensätzen ist es möglich, auf einander zuzugehen. Entscheidend ist das Wie. Folgende vier Varianten sind denkbar, um über unterschiedliche Ansichten zu sprechen.

Widerspruch. «Nein, die Sache verhält sich ganz anders, nämlich ...» Damit beginnt ein Kampf der Argumente, der in aller Regel ohne Ergebnis endet. Jeder beharrt auf seinem Standpunkt und ärgert sich über die Uneinsichtigkeit des anderen. Die Kontrahenten sind stolz darauf, ihren Standpunkt ehrlich verteidigt zu haben, auch wenn sie nichts erreichten. In ihrer Wirkung ist der Widerspruch undiplomatisch und aggressiv.

Toleranz. «Ich akzeptiere, dass Sie die Sache so sehen. Ich beurteile sie anders.» Diese Haltung stößt den Kontrahenten nicht vor den Kopf, kommt ihm aber auch nicht entgegen. Das Ergebnis lautet unentschieden, hält jedoch das Tor zu einem späteren Aufeinanderzugehen offen.

Entgegenkommen. «Was Sie sagen, ist überlegenswert. In den Punkten A und B könnte ich zustimmen, allerdings mit der Einschränkung, dass ...» Das ist Diplomatie auf einfachem Niveau. Sie kommen Ihrem Gesprächspartner einen Schritt entgegen und hoffen, dass er sich Ihnen gegenüber ebenso höflich verhält. Diese Vorgehensweise zielt auf einen Kompromiss, auf eine Einigung in der Mitte, ähnlich wie bei der Preisverhandlung, von der Sie beim ersten Gesetz lasen.

Partnerschaft. «Genau. Welche Mittel benötigen Sie, um dabei zugleich mein Anliegen zu berücksichtigen?» Diplomatie auf professionellem Niveau betrachtet Gegensätze als Herausforderung und Chance. Sie stimmen zu, weil Sie in der Meinung des anderen einen Ansatzpunkt finden, sich seine Unterstützung für Ihre Ziele zu sichern.

Von berühmten Diplomaten sind Anekdoten überliefert, wie sie mit Äußerungen im Partnerschaftsstil schlagfertig aufziehende Gewitterwolken verjagten. Ludwig XIII. von Frankreich musste sich oft von neidischen Höflingen den Vorwurf anhören, er, der König, sei nur das Werkzeug seinen Ersten Ministers, des allmächtigen Richelieu. Diese Kritik nagte an seiner Selbstachtung. Einmal, als sich beide vor den versammelten Hof begaben und zugleich auf den Eingang zum Thronsaal zueilten, schrie der verärgerte König seinen Minister an: «Gehen Sie nur voran, man sagt ja, dass Sie der wahre König sind!» Geistesgegenwärtig ergriff Richelieu den neben dem Eingang stehenden Leuchter und entgegnete: «Gewiss, Sire, um Ihnen zu leuchten!»

Und bei unvereinbaren Gegensätzen? Ein Beispiel: Sie wollen im Urlaub in den Alpen wandern, Ihr Partner möchte sich aber auf Ibiza tagsüber faul an den Strand legen und nachts durch die Discos ziehen. Highlife am Meer gegen stille Berge – wo soll da die Chance einer Verständigung liegen?

Für Diplomaten sind Gegensätze immer «vereinbar». Auch in diesem Fall. So unterschiedlich Ihre Urlaubsvorstellungen auch sein mögen: Sie wollen beide den Partner dabei haben und möchten, dass er sich im gemeinsamen Urlaub wohl fühlt. Signalisieren Sie Ihren Willen, eine Lösung zu finden, mit dem Satz: «Ja, genau, und weil ich möchte, dass du deine Erholung am Meer bekommst, sollten wir uns ein Urlaubsziel überlegen, wo beides zu finden ist, Hochgebirge und Küste.» Sie könnten eine Wanderung durch die Pyrenäen vorschlagen, die am Mittelmeer endet. Oder durch die Dolomiten bis zur Adria. Weitere Ideen, wie Sie schroffe Gegensätze überwinden, finden Sie in den Gesetzen 12 und 16.

Die Variante Partnerschaft kann auf zweierlei Weise formuliert werden:

«Ja, und deshalb ...»-Variante. Sie stimmen zu und fügen eine Schlussfolgerung in Ihrem Sinne an. Beispiele:

- *Bei der Hitze nach draußen und aufs Fahrrad? Nicht mit mir!*
  Genau. Was meinst du, wie du die Abkühlung genießen wirst, wenn wir in zwanzig Minuten am See angekommen sein werden!
- *Ich habe schon genug Überstunden geleistet!*
  Richtig. Eben deshalb sollten Sie noch eine Woche so weitermachen, dann ist das Projekt abgeschlossen, und Sie können die überzähligen Stunden in aller Ruhe abfeiern.
- *Du musst nochmal schnell zum Markt fahren. Ohne Knoblauch schmeckt eine italienische Fischpfanne nach gar nichts.*
  Eben. Deswegen schlage ich vor, wir begnügen uns heute mit einer Tiefkühlpizza und verschieben das aufwendige Kochen auf morgen. Morgen früh frisch gekaufte Zutaten sind noch nicht ausgelaugt vom langen Herumliegen in der Tageshitze und schmecken doppelt so lecker.

«Ja, Sie ...»-Variante. Sie stimmen zu und erläutern, was der Vorschlag in Ihren Augen für den anderen bedeutet. Sie können auch eine Frage stellen, um Ihren Partner anzuregen, selbst über die Konsequenzen nachzudenken.

- *Ich möchte in diesem Jahr noch mit Bauen anfangen. Wir haben einen Bausparvertrag, und jede Bank gibt uns Kredit.*
  Richtig. Was meinst du, wie viel wir selber auf der hohen Kante haben sollten, um auch für unvorhergesehene Ausgaben gerüstet zu sein?
- *Ich denke, ich habe mir eine Gehaltserhöhung verdient.*
  Das sehe ich auch so. Sie sind als Erster an der Reihe, sobald unsere Auftragslage uns wieder aus den roten Zahlen herausbringt.
- *In meinem Alter mich noch auf Computer umschulen? Wo ich schon in der Schule in Mathe schwach war und noch nie an so einem Ding gesessen habe?*

Genau. Wir bieten spezielle Kurse für Arbeitnehmer über 50 an. Alle Teilnehmer sind Neulinge.

Die Trennung von Sach- und Beziehungsebene

Diplomaten haben eine Reihe weiterer Gesprächsvarianten erprobt, mit denen sie festgefahrene Gespräche wieder in Fluss bringen.

Relativierungen. Sie vermeiden es grundsätzlich, jemandem Unrecht zu geben. Folgende Formulierungen verbannen sie aus ihrem Wortschatz:

- «Sie haben Unrecht.»
- «Beim besten Willen, das geht nicht.»
- «Sie befinden sich im Irrtum.»

Stattdessen wählen sie Formulierungen, die die Wahrheit von der Lage der Beteiligten abhängig machen, also

- von der eigenen Position: «Ich kann mich irren, jedoch für mich stellt sich die Lage folgendermaßen dar ...»
- von der Position des Gegenübers: «Wenn ich in Ihrer Lage wäre, würde ich folgendermaßen handeln ...»
- von der Position Dritter: «Ich bin mir nicht sicher, was unsere Kunden dazu sagen werden, bisher jedoch ...»

Solchen Relativierungen kann Ihr Gegenüber zwar leicht widersprechen («Sie sind aber nicht in meiner Lage»). Sie machen aber deutlich, dass es keine «objektiv» beste Lösung gibt. Sie bringen dafür die speziellen Interessen der Beteiligten ins Gespräch.

Umwertungen. Wenn es im Streit auch sinnlos ist, Gegensätze zu ignorieren – eine Chance haben Sie immer: Sie können die Bedeutung der Gegensätze in Ihrem Sinne verändern. Das ist besonders dann angebracht, wenn Sie einer ultimativen Forderung begegnen. Auf den ersten Blick scheint Ihnen nur die Wahl zu bleiben, das Ultimatum zu erfüllen oder das Gespräch abzubrechen. Diplomaten wissen jedoch: Jedes Ultimatum lässt sich verhandeln – sonst würde der andere es gar nicht erst formuliert haben, sondern wäre schon längst zur Tat geschritten. Werten Sie das Ultimatum um in das, was sich dahinter verbirgt: ein nachdrücklich vorgebrachter Vorschlag. Antworten Sie: «Das ist eine interessante Anregung. Weshalb legen Sie so großen Wert darauf?» Hören Sie sich die Begründung an und überlegen Sie dann, ob Sie die Bedürfnisse Ihres Gesprächspartners, die hinter seiner Forderung stehen, nicht auch auf andere Weise erfüllen können.

Einwände hinterfragen. Verkäufer lernen in speziellen Schulungen, Einwände zögerlicher Kunden mit Raffinesse zu entkräften. Die meisten Leute fürchten sich vor Einwänden. Sie versuchen ihnen zuvorzukommen – durch lange Monologe, in denen sie Argument auf Argument häufen. Für Diplomaten sind Einwände sehr wichtig. Hat der Partner nämlich Vorbehalte, nennt sie aber nicht, wird er versuchen, die Vereinbarung, die seine Zweifel nicht berücksichtigt, hinterher zu sabotieren. Deswegen fragen Sie bei jeder Abmachung: «Haben Sie noch Einwände?» Erkundigen Sie sich nach den Gründen. Meist sind es heimliche Befürchtungen vor unüberschaubaren Konsequenzen. Überlegen Sie dann gemeinsam, welche zusätzlichen Informationen oder Garantien diese Einwände entkräften können: Verkäufer glauben oft, sie hätten gewonnen, sobald der Kunde unterschreibt. Seine späteren Bedenken interessieren sie nicht mehr. Sie wundern sich dann, wenn viele Kunden innerhalb der Stornierungsfrist vom Kaufvertrag zurücktreten. Ein Verkäufer mit diplomatischem Talent sieht weiter. Er weiß, ein zufriedener Kunde kommt wieder und empfiehlt ihn weiter. Mehr dazu in Gesetz 14.

Die bisherigen Beispiele zeigten den Umgang mit sachlichem Widerspruch. Dabei bleibt es jedoch nicht. Besonders wenn einer der Beteiligten sagt: «Wir sollten doch sachlich bleiben», haben Sie ein Indiz, dass die Unterhaltung gerade ins Unsachliche umkippt. Ihr Kontrahent wirft Ihnen mangelnde Objektivität vor. Und das ist ein persönlicher Angriff.

Die meisten Gespräche vermengen Sach- und Beziehungsebene. Wenn zum Beispiel eine Ehefrau ihren Mann bittet, sich um den übervollen Abfalleimer zu kümmern, sagt sie nur selten in neutralem Tonfall: «Könntest du bitte den Müll nach draußen bringen?» Meist wählt sie eine Formulierung, die eine Menge über das Verhältnis der Eheleute zueinander verrät, zum Beispiel:

«Wie wär's, wenn du heute mal den Müll runterträgst?» (Sie beschwert sich, dass ihr Gatte sich häufig vor der Hausarbeit drückt.)

«Also, ich bereite das Abendessen, Kevin holt noch einen Kasten Mineralwasser vom Supermarkt, Mandy räumt das Bad auf, und du bringst den Müll nach draußen – aber bitte noch vor dem Essen.» (Sie demonstriert, dass sie zumindest zu Hause der Boss ist.)

«Ich hab voll mit dem Abendessen zu tun. Wenn keiner den Müll runterbringt, dann kann ich es auch nicht ändern, wenn die Küche nachher stinkt.» (Sie jammert, weil sie sich nicht durchsetzen kann.)

«Mein Lieber, sei doch so nett und bring mal schnell den Abfall runter, ja? Ich hab auch eine besondere Überraschung vorbereitet.» (Sie weiß, ihr Mann mag es nicht, wenn sie an seiner Autorität kratzt, deshalb versucht sie ihn mit Schmeichelei zu locken.)

Die Beispiele zeigen, dass die Beziehungsäußerungen oft versteckte Kritik in Gestalt von Sticheleien, Übertreibungen oder Ironie enthalten. Sie sabotieren eine freundliche Einigung. Denn worauf soll der Angegriffene reagieren: auf das sachliche Anliegen oder auf die persönliche Attacke? Je nach Laune wird der Ehemann wortlos den Müll nach unten tragen, sich mit einer Ausrede weigern oder entgegnen: «Aber nicht in diesem Ton, ja?» Sein Problem: Wenn er einfach tut, um was sie ihn bittet, scheint er nicht nur ihre Bitte um Hilfe, sondern zugleich ihre Vorwürfe zu akzeptieren. Wehrt er sich, bestätigt er ihre Beziehungsbotschaft: Na bitte, er will nicht – wie ich es vermutet habe!

Wie er auch reagieren mag – eine Vermengung von sachlichem Anliegen und persönlicher Kritik wird im Laufe der Zeit das Beziehungsklima verschlechtern. Diplomaten glätten auch hier die Wogen, bevor ein Konflikt eskaliert.

Wir erinnern uns an die Regel: Störungen haben den Vorrang. Die Störung ist in diesem Fall der persönliche Angriff. Wie reagieren Sie einfühlsam? Sie zeigen, dass Sie beide Botschaften – Sach- und Beziehungsaspekt – zur Kenntnis genommen haben und auf beide gesondert antworten möchten. Damit wird eine sachliche Auseinandersetzung über die persönliche Kritik möglich: «Klar, ich bring die Tüten runter. Danach möchte ich, dass du mir erklärst, was du mit ‹heute mal› meinst.»

Unfaire Angriffe entschärfen

Gesprächsteilnehmer, die sich in die Enge getrieben fühlen, wehren sich oft, indem sie die Kompetenz ihres Gegenübers generell infrage stellen. Dann ist kommunikatives Geschick gefragt. Je mehr Sie die diplomatische Kunst beherrschen lernen, desto öfter müssen Sie damit rechnen, dass Sie auf Leute treffen, die sich ärgern, weil es ihnen nicht gelingt, Sie aus dem Konzept zu bringen. Sie greifen dann zu Totschlagargumenten – auch «Killer-Phrasen» genannt:

1. Ihre Sorgen möchte ich haben!
2. Was geht Sie das an?
3. Sind Sie da nicht ein bisschen voreilig?
4. Das ist nicht mein Bier.
5. Ich hab zwar nicht studiert, dafür besitze ich einiges mehr an Lebenserfahrung.
6. Das ist unter meiner Würde.
7. Das kann überhaupt nicht funktionieren.
8. Das hat noch Zeit.
9. Sie wollen doch nicht unsere Kunden vergraulen?

Die ersten drei Sätze greifen den Gesprächspartner an. In den Beispielen 4 bis 6 erklärt sich der Sprecher zum Maßstab aller Dinge. Die letzten drei Argumente lehnen das Thema der Unterhaltung ab. Wenn Sie zurückschlagen, sind Sie rasch in einen lauten, beleidigenden Krach verwickelt – und der Sprecher hat seinen Zweck erreicht. Indem er Sie erfolgreich provozierte, hat er Sie vom Gesprächsthema abgelenkt – von der Sachauseinandersetzung, in der er zu unterliegen drohte.

Wenn Sie in Zukunft solchen Pauschalurteilen begegnen – geben Sie eine diplomatische Antwort. Sie muss drei Bedingungen erfüllen:

- das Ausweichmanöver blockieren,
- Unterstellungen entlarven,
- den Sprecher zum Sachthema zurückführen.

Wie gelingt Ihnen das? Sie gehen nicht auf den beleidigenden Unterton ein, sondern antworten auf den Inhalt eines Satzes. So als hätte der Sprecher in neutralem Tonfall ein sachliches Argument geäußert. Vergleichen wir zunächst an einem besonders drastischen Beispiel ungeschickte und kluge Reaktionen:

Ihr Partner sagt in einer hitzigen Auseinandersetzung: «Du hältst mich wohl für blöd!»

Meiden Sie Antworten, die auf das Spiel des Angreifers eingehen, wie

Abwehr. «Aber nicht doch!»

«Das habe ich nicht gesagt!»

«So war das nicht gemeint. Ich wollte nur sagen, dass ...»

Beschwichtigung. «Im Gegenteil. Du hast einen wichtigen Einwand vorgebracht. Allerdings gibt es da eine Schwierigkeit ...»

«Es tut mir Leid, wenn ich dich verärgert haben sollte. Ich wollte nur sagen ...»

Gegenangriff. «Bleib bitte sachlich, ja?»

«Mit dir kann man nicht diskutieren.»

«Mehr hast du dazu nicht zu sagen?»

Eine dieser Reaktionen hatte der Sprecher erhofft. Er hat angegriffen, und Sie verteidigen sich. Damit hat er die Führung des Gesprächs übernommen und kann es in seinem Sinne lenken. Bereiten Sie ihm eine Überraschung. Durchkreuzen Sie sein Spiel mit einer der folgenden Entgegnungen:

Rückfrage. Sie behandeln den Angriff wie ein sachliches Argument – wie eine Frage, was Sie von seinem Geisteszustand halten – und fragen nach seinen Gründen. Damit bringen Sie ihn in Erklärungsnot.

«Wie kommst du darauf?»

«Mit welchem Argument habe ich das deiner Meinung nach gesagt?»

Vergewisserung. Sie forschen nach, ob Sie seine Attacke als Vorschlag eines (neuen) Gesprächsthemas verstehen sollen:

«Soll ich dir jetzt das Gegenteil beweisen?»

«Ich habe dir also wegen deiner Intelligenz zu wenig Komplimente gemacht.»

Positive Bewertung. Sie nehmen das Pauschalurteil als normales, weiteres Argument innerhalb der sachlichen Auseinandersetzung, die Sie bis dahin geführt haben.

«Ich denke, du wirst dem sofort durch intelligente Sachargumente vorbeugen.»

«Nicht, wenn du dich weiter um überzeugende Vorschläge für eine Lösung unseres Problems bemühst.»

Es ist sogar möglich, das «Du hältst mich wohl für blöd!» mit einem simplen «Ja!» zu beantworten. Ohne weitere Begründung. Wenn Sie Ihr «Ja!» erläutern, mindern Sie seine Entschiedenheit. Wenn er daraufhin das Gespräch beendet – keine Panik. Er wird wiederkommen. Wenn Sie dagegen beschwichtigend antworten: «Nein, ich schätze vielmehr deine intelligenten Ideen», geben Sie ihm freie Bahn zu einem K.-o.-Sieg: «Na also, dann behalte deine dämlichen Argumente gefälligst für dich.»

Dieses Beispiel zeigt erneut, dass Diplomatie keineswegs mit Beschwichtigen und Freundlichkeit um jeden Preis gleichzusetzen ist. Zum Abschluss dieses Abschnitts nenne ich Ihnen je drei diplomatische Antworten auf die anfangs genannten neun Totschlagargumente:

1. Ihre Sorgen möchte ich haben!
   a) Welche Sorgen haben Sie?
   b) Warum meinen Sie, dass es sich für uns nicht lohnt, darüber zu diskutieren?
   c) Dann werden Sie mir also gleich eine einfache Lösung nennen, die die Schwierigkeit ein für alle Mal beseitigt.
2. Was geht Sie das an?
   a) Wen geht das Ihrer Meinung nach an?
   b) Wollen wir uns zanken, oder wollen wir das Problem lösen?
   c) Sie haben Recht, das ist Ihre Aufgabe. Dann werden Sie mir helfen können, folgende Angelegenheit zu bereinigen, die mein Gebiet betrifft …
3. Sind Sie da nicht ein bisschen voreilig?
   a) In welcher Hinsicht?
   b) Wie würden Sie gern vorgehen?
   c) Was hindert uns daran, diese Sache rasch und entschlossen in Angriff zu nehmen?

4. Das ist nicht mein Bier.
   a) Warum nicht?
   b) Ich dachte, diese Sache betrifft uns alle.
   c) Wer soll sich an Ihrer Stelle darum kümmern?
5. Ich hab zwar nicht studiert, dafür besitze ich einiges mehr an Lebenserfahrung.
   a) Was möchten Sie also unternehmen?
   b) Wie kommen Sie darauf, dass ich keine Erfahrung besitze?
   c) Was halten Sie davon, neue Fachkenntnisse und Ihre langjährige Erfahrung zu kombinieren und voneinander zu lernen?
6. Das ist unter meiner Würde.
   a) Welche Würde?
   b) Was erlaubt Ihnen Ihre Würde und was nicht?
   c) Verstehe. Dann mache ich es allein.
7. Das kann überhaupt nicht funktionieren.
   a) Weshalb nicht?
   b) Endlich jemand, der mir sagen kann, wie es funktionieren kann. Ich höre.
   c) Haben Sie es schon einmal versucht?
8. Das hat noch Zeit.
   a) Wie lange?
   b) Was hindert uns, die Sache gleich hinter uns zu bringen?
   c) Wann genau wollen Sie sich damit befassen? Wann werden Sie damit fertig sein?
9. Sie wollen doch nicht unsere Kunden vergraulen?
   a) Welche Kunden haben Ihnen gesagt, dass sie gegen eine positive Veränderung sind?
   b) Ich habe schon mit einigen gesprochen. Mein Vorschlag ist das Resultat dieser Gespräche.
   c) Wenn ich unsere Kunden befrage und von ihnen ein Okay erhalte, werden Sie dann zustimmen?

GESETZ 4

HELFEN SIE ALLEN BETEILIGTEN, DAS GESICHT ZU WAHREN

Ob Richelieu oder seine Nachfolger – die Urteile über die diplomatischen Genies waren nicht nur positiv. Viele Zeitgenossen verurteilten ihre Gelüste nach Geld und Macht, ihren Hang zu Intrigen und die Leichtigkeit, mit der sie über Nacht die Seiten wechselten, ihre Fähigkeit, jedermann zu durchschauen, und ihre Unfähigkeit, Erkenntnisse über ihre Mitmenschen jemals wieder zu vergessen.

Warum waren diese Diplomaten aber so beliebt? Metternich genoss nicht nur das Vertrauen seines Kaisers Franz von Österreich – auch Napoleon, der Zar und der preußische König vertrauten über Jahre lieber seinem Rat als dem ihrer eigenen Minister. Frauen umwarben ihn. Nun gut, Metternich war nicht nur mächtig, sondern sah auch gut aus. Aber Talleyrand? Auch Napoleons Außenminister wurde von Frauen umschwärmt – doch er war klein und humpelte wegen eines verkrüppeltes Fußes zeitlebens am Stock. Trotzdem, die Frauen warben auch in jenen schwierigen Jahren um ihn, als er in Ungnade gefallen und ohne Einfluss war, als es als Risiko galt, sich an seiner Seite zu zeigen. Nicht die Frauen gaben ihm den Laufpass, sondern er ihnen – und sie behaupteten dann, dass ihnen alle Männer nach Talleyrand langweilig vorkamen.

Seine Wirkung beruhte auf seinem Einfühlungsvermögen. Selbst ein Talleyrand konnte keine fremden Gedanken lesen. Aber er verstand es – im Gegensatz zu seinem Herrscher –, auf zentrale seelische Bedürfnisse Rücksicht zu nehmen.

Vorsicht Achillesferse!

Wer irgendwo an der Spitze steht – ob als Staatschef, Abteilungsleiter oder autoritärer Familienvater –, glaubt oft, dank seiner Position könne er sich eine Portion Rücksichtslosigkeit leisten. Er müsse demonstrieren, wer alles vor ihm den Kopf einzuziehen hat. Nicht nur Napoleon putzte seine Generäle und Minister in aller Öffentlichkeit herunter. Auch heutige Vorgesetzte brüllen ihre Mitarbeiter an und beleidigen sie in Anwesenheit der Kollegen. Und untermauern ihre mangelnde Sensibilität mit Sprüchen wie:

- Wer nicht für mich ist, ist gegen mich.
- Wir ziehen alle an einem Strang. (Gemeint ist: Alle haben an meinem Strang in die von mir gewünschte Richtung zu ziehen.)
- Wem meine Art nicht passt, kann gehen.

Wie anders liest sich, was Stefan Zweig über das Verhalten von Joseph Fouché schrieb, Polizeiminister der französischen Republik und unter Napoleon: «Zu allen gibt sich Fouché gleich liebenswürdig. Warum sich unbeliebt machen bei irgendeiner Partei, bei den Jakobinern oder Royalisten, bei den Gemäßigten oder Bonapartisten, solange man noch nicht weiß, wer morgen ans Ruder kommt?»

Fouché hatte wie jeder Minister eine Reihe unpopulärer Maßnahmen durchzusetzen, wodurch sich viele Leute benachteiligt fühlten. Aber sollte er deshalb die Betroffenen noch verunglimpfen und bloßstellen? Er war Diplomat genug, um zu wissen, dass es viel klüger ist, Verständnis zu zeigen: «Es tut mir Leid, aber mein hartes Durchgreifen war leider unumgänglich.»

Ist Ihnen schon einmal ein wirklich idiotischer Fehler passiert? Was haben Sie, als Sie es gemerkt haben, als Erstes gedacht? Hoffentlich habe ich keinen Schaden angerichtet? Dann sind Sie eine Ausnahme. Die meisten denken zuerst: Hoffentlich hat es keiner bemerkt.

Nur Menschen, denen wir sehr vertrauen, dürfen von unseren Mängeln und Schwachstellen wissen. Zumindest von einigen. Ertappen andere Personen mich bei einem Fehler, fühle ich mich unsicher und angreifbar. «Wenn bloß keiner die Sache weitererzählt, mich lächerlich macht, mir den Fehler immer wieder unter die Nase reibt …»

Vergeben und nicht vergessen. Kluge Diplomaten «über-sehen» jeden Fauxpas ihrer Mitmenschen. Im wörtlichen Sinne: Sie schauen darüber hinweg. Statt sich auf die Peinlichkeit zu stürzen, um gegen einen Gegner zu punkten, benehmen sie sich, als hätte es kein Missgeschick gegeben. Warum? Die Begründung für diese Verhaltensregel stammt aus dem antiken Rom. Eine alte Überlieferung berichtet:

Den Samniten, einem Volk aus Mittelitalien, gelang es, die gesamte römische Heeresmacht zwischen zwei Gebirgspässen einzuschließen. Was sollte mit ihnen geschehen? Sie schickten einen Boten an den weisen Herennius Pontius, den Vater des samnitischen Feldherrn. Der ließ antworten: «Schickt die Römer ohne Bedingungen und ohne Kränkungen frei nach Hause.»

Wie – die Besiegten einfach so davonkommen lassen? Unmöglich! Man schickte einen zweiten Boten. Der brachte die Empfehlung: «Alle töten!» Nun war die Ratlosigkeit groß. War der Greis vielleicht Opfer des Altersschwachsinns geworden? Wusste er heute nicht mehr, wozu er gestern geraten hatte? Der Feldherr ließ den Weisen zu sich bringen, um ihn persönlich zu befragen. Der Alte erklärte: «Beide Ratschläge sind gleich vernünftig. Lasst ihr die Feinde frei, könnt ihr durch euer außergewöhnliches Entgegenkommen Freundschaft und dauerhaften Frieden mit den mächtigen Römern erreichen. Bringt ihr sie alle um, schiebt ihr den nächsten Krieg um viele Jahre hinaus, zumindest bis die Römer sich von dem schweren Verlust aller

Soldaten erholt haben werden. Eine dritte Möglichkeit gibt es nicht.»

«Aber wieso nicht? Wir können sie freilassen und ihnen dafür Friedensbedingungen diktieren!»

«Damit werdet ihr weder Freunde gewinnen noch Feinde beseitigen. Durch ihre Niederlage und euren Triumph gedemütigt, werden sie nicht eher Ruhe geben, als bis sie euch dafür bestraft haben.»

Auch im alten China hieß es: Wenn du einen Feind nicht völlig vernichten kannst, dann schone ihn. Ein gedemütigter Gegner sinnt auf Revanche. Beim nächsten Treffen wird er doppelt gut vorbereitet sein, weil er weiß, dass eine zweite Niederlage ihm endgültig das Genick brechen würde.

Als Frankreich und England am Ende des Ersten Weltkriegs Deutschland den Vertrag von Versailles aufzwangen, hofften sie, das schwer gestrafte Land wäre nie wieder in der Lage, einen Krieg zu führen. Genau das Gegenteil trat ein. Zwanzig Jahre später, nach langer heimlicher Wiederaufrüstung, brach der gedemütigte Verlierer den Zweiten Weltkrieg vom Zaun – eine Folge schlechter Siegerdiplomatie. Nach 1945 handelten die Sieger klüger. Sie banden Deutschland in ihre Bündnissysteme ein.

Zum Glück tritt der Fall, dass einem Besiegten keine andere Wahl bleibt, als die Bedingungen der Sieger zu unterschreiben, höchst selten ein. Viel öfter haben Sie es mit einem Verhandlungspartner zu tun, der sich – zu Recht oder zu Unrecht – geschwächt fühlt, der fürchtet, dass Sie seine Achillesferse entdecken und diese Kenntnis gegen ihn ausnutzen könnten.

Die Lehre aus mehr als 2000 Jahren Diplomatie lautet: Vermeiden Sie alles, was Ihr Gegenüber in sein Schneckenhaus zurücktreibt, also:

- **Belehrungen und Entlarvungen** zwingen zu Rückzug und heimlicher, indirekter Gegenwehr;
- **Widerspruch** löst Verteidigungsaktionen aus;

- **moralischer Druck** verleitet zu Verweigerung und Gegenangriffen;
- **demonstrative Großzügigkeit** («Siehst du, wie gut ich dich behandle?») weckt den Stolz des Beschenkten. Er wird ärgerlich statt dankbar reagieren, wenn er sich nicht mit einer Gegengabe revanchieren kann;
- **Anbiederung** erzeugt Misstrauen («Was bezweckt der damit?»).

In dem Musical «My Fair Lady» behauptet der Sprachlehrer Professor Higgins, er behandle alle Menschen gleich, also selbst eine Herzogin so, als ob sie ein Blumenmädchen wäre. Das unterscheide ihn von seinem Freund Oberst Pickering, antwortet das Blumenmädchen Eliza: «Er behandelt ein Blumenmädchen so, als ob sie eine Herzogin wäre.»

Das ist das Geheimnis diplomatischer Menschenführung: So mancher hartnäckige Gegner hat schon eingelenkt, wenn ihm im Gegenzug eine Bloßstellung erspart blieb.

Sagen Sie Ja zum Nein

Einige Kulturen haben die Fähigkeit, direkte Ablehnung zu vermeiden, zu einer subtilen Kunst entwickelt. Ob Ostasien oder Portugal – ein «Nein» gilt als unhöflich. Diese Sitte funktioniert nur, wenn beide Gesprächspartner wissen und respektieren, dass ein Ja keine bindende Zusage darstellt.

Wer in Mitteleuropa nicht Nein sagen kann, kommt schnell unter die Räder. Bei uns gilt ein Ja als Verpflichtung. Wenn der Chef, die Kollegen, Freunde und die Familie merken, dass Sie niemanden enttäuschen wollen, werden sie alle unangenehmen Aufträge auf Ihre Schultern laden. Ja-Sager sind zwar beliebt – aber kaum jemand respektiert sie. Sie haben Schwierigkeiten, sich durchzusetzen.

Die Gründe, ein klares Nein zu vermeiden, sind:

- die Angst, andere zu verletzen,
- die Angst, abgelehnt zu werden,
- die Angst, nicht als zuvorkommend, großzügig und fleißig zu gelten,
- die Angst vor Liebesentzug,
- die Angst vor Spannungen und Konflikten.

Die Ängste sind durchaus berechtigt. Ein Nein zeigt einen Gegensatz auf. Da aber Gespräche ohne jede Meinungsverschiedenheit ein Ding der Unmöglichkeit sind, kommt es auf das Wie an. Die diplomatische Regel lautet: **Sagen Sie deutlich Nein,** wenn es nötig ist – ohne Ausflüchte oder Begründung –, **aber bedauern Sie stets, nicht Ja sagen zu können.**

Warum keine Begründung? Wenn Sie einen guten, überzeugenden Grund für Ihre Ablehnung haben, können Sie ihn natürlich nennen. Im Zweifelsfall verzichten Sie aber lieber darauf. Nehmen wir an, Sie bitten Ihre beste Freundin, Ihnen am Wochenende beim Umzug zu helfen. Sie sagt Nein und fügt hinzu, sie müsse für eine Prüfung lernen oder habe schon versprochen, die Kinder ihrer Schwester zu hüten. Dann gibt es zwei Möglichkeiten:

1. Sie glauben ihr nicht. Sie vermuten, dass es sich um eine Ausrede handelt, und ärgern sich. Warum sagt sie Ihnen nicht ehrlich, dass sie keine Lust hat?
2. Sie glauben ihr. Sie wissen, Ihre Freundin ist hilfsbereit. Wenn sie Nein sagt, wird sie einen guten Grund haben. Warum nennt sie ihn dann ungefragt? Hat sie Sorge, Sie könnten an ihrer Hilfsbereitschaft zweifeln?

Alles, was Sie an Erklärungen hinzufügen können, schwächt die Sicherheit Ihres Neins ab. Der andere sucht unwillkürlich Lücken in Ihrer Verteidigung, um Ihnen doch noch ein Ja abzuringen, zum Beispiel:

- «Aber du lernst doch nicht 24 Stunden am Stück für die Prüfung! Du musst deinen Kopf auch mal auslüften. Komm eine Stunde Kisten tragen, dann hast du mir schon echt geholfen, und du hast zwischendurch einen körperlichen Ausgleich.»

- «Bring die Kinder deiner Schwester doch einfach mit. Wir lassen sie ein paar Bücher zum Auto tragen, du wirst sehen, das wird für sie ein herrlicher Spaß.»

Sagen Sie also nur: «Tut mir Leid, an diesem Wochenende kann ich nicht.» Statt Ihr Nein zu begründen, unterbreiten Sie lieber einen Gegenvorschlag, zum Beispiel:

- «Am Wochenende darauf hätte ich Zeit. Falls du da Hilfe zum Renovieren oder Einrichten brauchst ...?»
- «Ich könnte Kerstin fragen. Soviel ich weiß, hat sie an diesem Wochenende nichts vor.»

Vermeiden Sie auf jeden Fall folgende undiplomatischen Verhaltensweisen, die garantiert Ärger nach sich ziehen:

Ausflüchte. Kein «Vielleicht», «Mal sehen», «Ruf mich am Freitag nochmal an», wenn Sie schon sicher sind, dass Sie am Ende Nein sagen werden.

Unerbetene Ratschläge. Erklären Sie nicht, wie der andere sein Problem auch ohne Ihre Hilfe in den Griff kriegen kann – es sei denn, er fragt Sie ausdrücklich danach.

Tadel und Belehrungen. «Hättest du nicht drei Tage eher fragen können?» Oder: «Da holt man sich Studenten von der Jobvermittlung der Uni! Die sind nicht teuer und können richtig zupacken.»

Gefahrenzone Fauxpas

Diplomaten sind Meister im Bereinigen peinlicher Situationen. Ins Fettnäpfchen zu treten – das bedeutet, für einen Moment die Maske einer kompetenten, perfekten Persönlichkeit verlieren. Das bringt nicht nur den Täter zum Erröten. Oftmals sind vor allem die Zuschauer peinlich berührt, während der Verursacher des Zwischenfalls noch gar nicht bemerkt hat, dass er sich soeben daneben benahm.

Wer versucht nicht, von vornherein alle Fettnäpfchen zu vermeiden? Ein guter Vorsatz, aber leider undurchführbar. Nicht alle Fallen sind vorhersehbar. Die bessere Strategie ist daher, zu wissen, wie man im Ernstfall den Patzer mit Eleganz in Wohlgefallen auflöst. Die Meister der Diplomatie leisten noch mehr. Sie helfen anderen, die sich heillos in eine Peinlichkeit verstrickt haben, aus dem Wirrwarr wieder herauszufinden.

Es gibt vermeidbare und unvermeidbare Fettnäpfchen. Die vermeidbaren umschiffen Sie mit folgenden Verhaltensmaximen:

- Äußern Sie möglichst wenig Vermutungen. Wenn Sie etwas nicht genau wissen, dann sagen Sie ausdrücklich: «Ich vermute, dass ...» Dann brauchen Sie nicht rot zu werden, wenn jemand, der mehr Informationen hat, Sie berichtigt.
- Verzichten Sie lieber auf eine gute Anekdote, als über Dritte herzuziehen. Vor allem, wenn die auch irgendwo auf dieser Party herumschwirren. Wenn Sie Ihre Geschichte unbedingt loswerden wollen, fragen Sie erst einmal Ihren Gesprächspartner, was der über jene Dritten zu sagen hat.
- Informieren Sie sich im Voraus, vor allem, wer mit wem in welchen Beziehungen steht. Haben Sie keine Scheu, Gastgeber oder gut informierte Gäste zu fragen. Nichtwissen ist nicht peinlich. Im Gegenteil, die meisten werden Sie lieben, weil Sie ihnen Gelegenheit geben, mit ihrem Insiderwissen zu glänzen.

Bei den unvermeidlichen Fettnäpfchen haben Sie es meist mit einem der folgenden drei zu tun:

Unbeabsichtigte Kränkung. Sie sagen etwas vermeintlich Harmloses. Sie hätten sich diese Bemerkung verkniffen, wenn Sie gewusst hätten, dass Ihr Gesprächspartner persönlich betroffen ist. Beispiele: Sie loben eine Frau für ihr volles Haar – sie trägt jedoch eine täuschend echte Perücke. Sie sagen arglos:

«Ich würde mich umbringen, wenn ...» – Ihre Gesprächspartnerin hat genau das vor einem Monat erfolglos versucht. Sie stöhnen: «Bloß keine Kinder», weil Sie nicht wissen, dass das Ehepaar, mit dem Sie plaudern, wegen Kinderlosigkeit seit Jahren eine teure Therapie nach der anderen ausprobiert.

Verwechslung. Sie erkennen einen alten Bekannten nicht oder halten ihn für jemand anderen. Sehr häufig sind Irrtümer, welcher Mann zu welcher Frau gehört. Sie erzählen lang und breit einer jungen Dame, die Sie in der Nähe eines früheren Kollegen gesehen haben, was Sie an ihrem Partner so schätzen. Sie wundert sich, bis Sie nach einer Weile merken, dass sie offenbar mit jemand ganz anderem liiert ist. Weitere häufige Verwechslungen: einen Mitarbeiter für den Chef halten (oder umgekehrt), zu einem falschen Termin aufkreuzen, Namen einem falschen Gesicht zuordnen.

Ausrutscher. Kaffee verschütten, auf glitschigem Untergrund den Halt verlieren, ein Kleidungsstück verlieren; unpassende Geräusche wie rülpsen, furzen oder bei ernsten Gesprächen loskichern; sich kratzen, gähnen, heimlich in der Nase oder zwischen den Zähnen bohren und dabei beobachtet werden. Zu legere oder zu förmliche Kleidung, weil Sie sich unter der Veranstaltung etwas anderes vorgestellt haben.

Diese Fauxpas sind unvermeidlich, weil Sie Irrtümer, Wissenslücken und Momente mangelnder Selbstkontrolle nie völlig ausschließen können. Wer sich ständig vorsieht, wird kaum das Zusammensein mit anderen genießen können. Und wie die Erfahrung zeigt, ist er nicht besser vor Patzern geschützt als Leute, die die Dinge auf sich zukommen lassen.

Diplomaten sind gegen Missgeschicke nicht gefeit. Aber sie wissen, wie sie sich am eigenen Schopf wieder aus dem Fettnapf herausziehen:

Ablenken. Wenn Sie, noch während Sie reden oder handeln, merken, dass Sie gerade in einen Fettnapf treten – sofort stopp! Widerstehen Sie dem Trägheitsimpuls. Sprechen Sie den verhängnisvollen Satz nicht zu Ende. Wenn Ihnen so schnell keine Variante einfällt, Ihre Äußerung ins Harmlose umzubiegen, starten Sie ein Ablenkungsmanöver. Einige Notvarianten sollten Sie immer im Hinterkopf haben:

«O Gott, da fällt mir ein, ich hatte ja Michael versprochen, noch heute Abend wegen des Termins am Freitag Bescheid zu geben. Entschuldigt mich bitte einen Moment.» Dann zücken Sie Ihr Handy und gehen nach draußen.

«Hört mal, hat es da draußen nicht gerade gekracht?» (... jemand geschrien, ein Telefon geklingelt ...)

«Hat jemand mal ein Tempotaschentuch? Meine Nase ...»

Selbst wenn das Kind schon in den Brunnen gefallen ist und sich peinliches Schweigen breit macht, ist eine Ablenkung oft besser, als krampfhaft nach einem Ausweg zu suchen:

«Ich brauche einfach was zu trinken. Soll ich was mitbringen?»

«Weiß einer, ob Karin schon gekommen ist? Sie wollte mir ein Buch leihen.»

«Ist von euch schon mal wer auf dem Balkon (im Garten) gewesen? Frische Luft täte mir gut.»

Das sind so genannte Joker-Sätze. Wie die Allzweckkarten beim Rommé bringen Sie sie immer dann zum Einsatz, wenn Sie gerade keinen zum Thema passenden Satz zur Hand haben.

Entschuldigung. Beim klassischen Fauxpas – Sie haben etwas Ungehöriges gesagt oder getan und alle haben es gemerkt –, ist es am besten, sich sofort und ohne Wenn und Aber zu entschuldigen. Suchen Sie nicht erst lange nach einem intelligenten Ausweg. Bis Sie den gefunden haben, ist der Schaden durch längeres Schweigen ins Riesenhafte angewachsen. Bitten Sie um Verzeihung, bevor Ihr Publikum anfängt, über die Größe Ihrer Verfehlung nachzudenken:

«Verzeihung. Ich kann gar nicht glauben, dass ich das eben

gesagt habe. Ich werde mal bei der nächsten Runde Champagner aussetzen.»

Wie beim Neinsagen gilt: keine Begründungen, kein langes Herumreiten auf der Angelegenheit. Wenn möglich, bieten Sie eine sofortige Wiedergutmachung an. Achtung: Sie sollte in ihrem Umfang ungefähr Ihrer Verfehlung entsprechen. Einer meiner Bekannten zerbrach durch Unachtsamkeit das Gestell der Brille eines Kollegen, die dieser während eines Vortrags auf dem Tisch abgelegt hatte. Mein Bekannter wollte großzügig sein und bot an, ihm ein neues Gestell zu bezahlen. Der Kollege grinste: «Ein Geschenk zum bestandenen Diplom von meinem Onkel. Die Brille ist von Armani.» Neue Peinlichkeit, als er sein Angebot auf Übernahme der Reparaturkosten herunterstufen musste.

Bekräftigung. In einigen Fällen wirkt eine Entschuldigung unglaubwürdig. Zum Beispiel, wenn Sie in Freizeitkleidung zum festlichen Dinner aufkreuzen. Wenn Sie jetzt erklären, Sie hätten geglaubt, es handle sich um eine der üblichen Grillpartys Ihres besten Kumpels, werden Sie auf ungläubiges Kopfschütteln stoßen. Mag ja sein, dass Ihr bester Freund davon ausging, Sie wüssten, dass er heute seinen zehnten Hochzeitstag feiert. Da hilft nur eins: Tun Sie so, als handelten Sie mit Absicht.

Wir gehen unbewusst davon aus, dass eine absichtliche Handlung motiviert ist. Sie sind eine Persönlichkeit mit Ecken und Kanten. Ihr Tun mag zwar aus dem Rahmen des Üblichen herausfallen, aber Sie haben sich was dabei gedacht. So gehen Sie vor:

- Sie bekennen sich erhobenen Hauptes zu Ihrem Verhalten.
- Sie geben eine kurze Begründung für Ihr Tun, ohne sich zu verteidigen.

Sie schieben sich in T-Shirt und Jeans durch die eleganten Abendroben und erklären, Sie hätten das Bedürfnis, auf dem

Rückweg von Ihrem Familienausflug als Erstes Ihrem besten Freund und seiner wundervollen Gattin zu gratulieren. Nachdem Sie beide beglückwünscht haben, winken Sie allen zu und rufen: «Bis nachher, wenn ich mich umgezogen habe und mit Geschenk zurückkehre.»

Damit haben Sie den Ball an Ihren Freund weitergegeben. Wenn er ein guter Diplomat ist, wird er Sie bitten, zu bleiben und die Sache mit dem Geschenk auf einen anderen Tag zu verschieben. Wenn nicht, ziehen Sie sich zurück und entscheiden in Ruhe, ob Sie wie angekündigt wiederkehren werden.

Die Taktik des «Nun erst recht» hilft auch bei unbeabsichtigter Kränkung. Wenn Ihre neue Bekannte auf Ihr Lob ihres vollen Haares antwortet: «Das ist eine Perücke», knicken Sie nicht mit: «O Gott, wie peinlich» ein, sondern entgegnen: «Hätte ich nicht gedacht. Es sieht sehr gut aus.»

Es ist ein hervorragender Beweis Ihres diplomatischen Talents, wenn es Ihnen gelingt, anderen aus einer peinlichen Situation herauszuhelfen. Warten Sie nicht ab, ob die Beteiligten von allein zum unverfänglichen Gespräch zurückfinden. Übernehmen Sie es, die Lage zu bereinigen. Alle werden Ihnen dankbar sein – das ist ein Pfund, mit dem Sie wuchern können, wenn Sie mal Unterstützung benötigen.

Folgende Varianten haben sich bewährt:

Themenwechsel. Das ist die Monty-Python-Methode. Die englische Komikertruppe spielte ihre Sketche nicht bis zu einer Pointe, sondern erklärte mittendrin: «Und nun zu etwas völlig anderem.» Sobald sich peinliches Schweigen ausbreitet, erlösen Sie die Beteiligten. Erkundigen Sie sich nach etwas, das mit dem gerade gelaufenen Gespräch nicht das Geringste zu tun hat:

«Haben Sie den Aschenbecher gesehen?»

«Diese tolle Skulptur auf dem Tisch mit den Geschenken … stammt die von einem von euch?»

«Weiß jemand, bis wann hier die U-Bahnen fahren?»

Personalwechsel. Sie ändern genau in diesem Moment die Zusammensetzung der Gesprächsrunde. Wenn Sie die Person kennen, die sich gerade einen Schnitzer geleistet hat, sagen Sie: «Darf ich euch den Bernd mal kurz entführen?» Oder Sie bringen eine weitere Person in den Kreis hinein: «Darf ich euch die Petra vorstellen? Sie interessiert sich ebenfalls für ...» Bei der Gelegenheit resümieren Sie für Petra kurz das letzte Thema – unter Auslassung des Fauxpas.

Bewertungswechsel. Sie schieben den Fauxpas nicht dem Verursacher, sondern den Umständen zu. Je witziger Ihre Kommentare, desto besser. Einige Beispiele:

Ihre Freundin sagt: «In meiner Abteilung arbeiten lauter grässliche Langweiler.» Einer der «Langweiler» hat die Äußerung mitbekommen. Sie sagen: «Es ist schrecklich, dass in diesem Job der Umgang der Kollegen so förmlich ist. In der Routine gehen alle individuellen Qualitäten unter.»

Ihr Mann hat den Namen ihrer Freundin verwechselt. Sie sagen ihr: «Hör nicht auf Georg. Seit er seine Kundendatei überarbeitet, muss er manchmal sogar überlegen, wie er selbst heißt.»

Sie stellen Ihren neuen Freund bei Ihren Eltern vor. Prompt gießt er Ihrer Mutter Wein über das Kleid. «Tut mir Leid, Mama. Jürgen war mehrere Tage auf einer Yacht und muss sich erst wieder an den Landgang gewöhnen.»

Behaupten Sie nicht, er besäße eine Yacht. Er kann ja bei einem Kumpel mitgeschippert sein. Das diplomatische Manöver dient nur dazu, über die Peinlichkeit schnell hinweggehen zu können. Dafür reicht es, dass die Geschichte, die Sie erzählen, akzeptabel und im Moment nicht überprüfbar ist.

GESETZ 5

SAMMELN UND PFLEGEN SIE INFORMATIONEN UND KONTAKTE

Eine Person, die im Hintergrund die Fäden zieht, ohne selbst ein öffentliches Amt zu bekleiden, nennt man «graue Eminenz». Der Ausdruck leitet sich von François Leclerc du Tremblay (1577–1638) her, der als Kapuzinermönch den Namen Pater Joseph erhielt. Die Angehörigen des Kapuzinerordens trugen graue Kutten. Pater Joseph begleitete als enger Vertrauter den Aufstieg Kardinal Richelieus zur Macht und half ihm einige Male über Tiefpunkte seiner Karriere hinweg. Er kümmerte sich um die geheimen Akten und das Agentennetz Richelieus. Dank seiner gut organisierten Geheimpolizei war der Kardinal stets schneller und besser informiert als alle Gegner und Neider.

Eine Eminenz ist Pater Joseph freilich nie geworden. Richelieu bemühte sich vergeblich beim Papst um die Kardinalswürde für seinen Spionagechef. So blieb Joseph nicht nur die Anrede «Eminenz» verwehrt, sondern auch das Privileg, seine graue Kutte gegen das rote Kardinalskleid einzutauschen. Damit blieb er für alle Zeit die einzige «Graue Eminenz».

Richelieus Erfolgsrezept, die unangenehmen Geschäfte an einen Mann im Hintergrund zu delegieren, fand Nachahmer. Und damit die Gewohnheit, diese Männer ebenfalls als «graue Eminenz» zu bezeichnen, auch wenn sie keinem Mönchsorden angehörten. Der preußische Diplomat Friedrich August von Holstein (1837–1909) «verdiente» sich als Spion und Vertrauter Bismarcks als Erster nach Pater Joseph diesen Titel. Um für Bismarck den Botschafter Preußens in Frankreich, den Grafen von

Arnim, auszuspionieren, soll sich Holstein sogar einige Male unter dessen Sofa versteckt haben. Holstein agierte so geschickt im Hintergrund, dass er unter Kaiser Wilhelm II. starken Einfluss auf die deutschen Außenpolitik gewann, während sein Chef Bismarck in Ungnade fiel und abdanken musste.

Nicht jeder Erfolgsdiplomat bediente sich einer grauen Eminenz. Aber jeder von ihnen verfügte über einen ausgezeichneten Mitarbeiterstab oder organisierte um sich herum ein Netz von Freunden, Gönnern, Protegés und Spezialisten, die durch ein System von Geben und Nehmen eng verbunden waren. Jedes Mitglied des Netzes zog Vorteile aus den Beiträgen der anderen und förderte im Gegenzug deren Wohlergehen.

In früheren Jahrhunderten hieß das begehrte Gut «Wissen». In einer Zeit, als Neuigkeiten sich im Höchstfall mit dem Tempo eines berittenen Boten ausbreiteten, konnte ungeahnte Reichtümer erwerben, wer als Erster von einer fernen Revolution oder der Ankunft eines goldbeladenen Schiffes erfuhr. Als es noch keine freie Presse gab, stellte eine Indiskretion in den Händen einer Privatperson eine mächtige Waffe dar. Als Joseph Fouché 1799 die Führung der französischen Polizei übernahm, leitete er lediglich einen unbedeutenden Ableger des Innenministeriums. Doch Fouché kam auf die geniale Idee, die Polizeispitzel nicht nur gegen kleine Leute, gegen Herbergswirte und Reisende einzusetzen, sondern auch gegen höher Gestellte. Selbst Napoleons Schlafzimmergeheimnisse kannte er – dessen erste Frau Josephine, die immer Geld brauchte, stand auf Fouchés Gehaltsliste. Dank seiner Informationen stieg Fouché aus der zweiten Garde zu einem der mächtigsten Männer des Kaiserreichs auf.

Knüpfen Sie ein Netz, bevor Sie abheben

Seit Presse und Internet Informationen weltweit in Sekundenschnelle verbreiten, ist für die Kunst der Diplomatie ein anderes Gut wichtiger geworden – Kontakte. An vielen Computern dieser Welt sitzen Einzelkämpfer: gut informiert, aber isoliert und einsam. Informationsschnelligkeit schafft kein Privileg mehr, wohl aber die Fähigkeit, ein Netzwerk gegenseitiger Förderung aufzubauen.

Die 10 000-Euro-Frage. Stellen Sie sich vor, Sie besäßen ein Geschäft, das durch Hochwasser über Nacht zerstört wurde. Was die Landesregierung an Beihilfen und die Banken an Kredit zu geben bereit wären, reichte nicht einmal annähernd aus, um die gröbsten Schäden zu decken. Um Ihren Laden wieder zu eröffnen, fehlten Ihnen noch 10 000 Euro. Wie viele Personen kennen Sie, die Ihnen auf einen Anruf hin sofort die fehlende Summe leihen würden?

Wenn Sie bereits ein gut gefülltes Konto besitzen, können Sie die 10 000-Euro-Frage durch eine Vielzahl ähnlicher ersetzen: Wer bringt Sie mit den richtigen Leuten zusammen, wenn Ihre Karriere auf der Stelle tritt? Wer erspart Ihnen nach einem Unfall eine Odyssee durch die Sprechzimmer uninteressierter Ärzte, von denen jeder eine andere Therapie empfiehlt? Wer verschafft Ihnen nach einem längeren Single-Leben Kontakte zu interessanten Männern oder Frauen? Und was können Sie diesen Leuten als Gegenleistung bieten?

Wenn Sie auf Anhieb zu jeder Rubrik fünf Leute nennen können, ist Ihr Beziehungsnetz in Ordnung. Sind es weniger, haben Sie Nachholbedarf. Warum fünf? Kalkulieren Sie so:

- Da nicht nur Sie viele Freunde haben, sondern Ihre Freunde ebenfalls, sollten Sie damit rechnen, dass einer von fünfen gerade anderen Leuten helfen muss. Ein Hochwasser zum Beispiel trifft viele.

- Einer benötigt gerade selbst Hilfe oder braucht im Moment sein Geld und seine Zeit für sich selbst.
- Bei einem Weiteren ändern sich gerade die Lebensumstände: Er verlässt seine Firma, steckt in einer Scheidung oder baut sich ein eigenes Geschäft auf. Die Kontakte, Gelder oder Fähigkeiten, auf die Sie hofften, sind nicht mehr vorhanden oder bereits woanders verplant.
- Einer ist gerade nicht greifbar. Er ist im Urlaub, für ein Jahr im Ausland oder aus unbekannten Gründen wie vom Erdboden verschluckt.
- Bleibt einer, der Ihnen helfen kann.

Viele Leute erinnern sich aber erst dann an ihre früheren Freunde, wenn sie dringend deren Hilfe brauchen. Nehmen wir an, eine frühere Vertraute aus Jugendtagen ruft Sie an und rückt nach kurzem Smalltalk mit der Bitte heraus: «Könntest du mal für zwei Wochen meinen Hasso in Pflege nehmen? Ein Dobermann, ein ganz liebes Tier.» Wenn das nach acht Jahren ihr erstes Lebenszeichen darstellt – werden Sie da nicht höflich, aber bestimmt ablehnen? Bei wie vielen Leute mag sie vorher vergeblich angefragt haben, bevor sie riskierte, sich bei Ihnen eine Abfuhr zu holen?

Produzieren Sie Ihr «Vitamin B» selbst. Freundesdienste werden Sie nur von Personen erwarten können, um deren Freundschaft Sie sich kümmern. Wer ernten will, ohne vorher gesät und den Acker bewässert zu haben, wird einen Reinfall erleben. Die Meister der Diplomatie knüpften und pflegten ihre zahllosen Beziehungen jahrelang, bevor sie sie zum eigenen Nutzen in Anspruch nahmen.

Wie wertvoll Beziehungen sind, beweist der Austausch von Botschaftern. Von Anfang an gehörte die Spionage zu den Hauptaufgaben der ausländischen Gesandten. Aber lieber nahm man die Agententätigkeit in Kauf, als auf die Chance zu verzichten, jederzeit einen Ansprechpartner der gegnerischen Regierung in Reichweite zu haben, durchaus im Sinne der Gegenseitigkeit: Tolerierst du meine Spione, toleriere ich deine. Spitzendiplomaten berichteten in ihren Memoiren, wie ihre ersten Überlegungen lauteten, sobald sie in ein fremdes Land entsandt wurden: Kenne ich dort jemanden? Wenn ja, mit wem können die mich dort bekannt machen? Wenn nein, wen kenne ich, der dort jemanden kennt? Als Außenstehender anreisen zu müssen, ohne jeglichen Kontakt zu den maßgeblichen Kreisen – für Diplomaten eine Horrorvorstellung!

Ein Großmeister der Beziehungspflege war Giacomo Casanova. Seine zahllosen Frauengeschichten kosteten ihn viel Geld – woher nahm der Sohn von Wanderschauspielern die finanziellen Mittel für seinen luxuriösen Lebensstil? Von Adligen, die genug davon hatten und bereit waren, es bei Gelagen und tollen Abenteuern mit vollen Händen auszugeben. Er lernte sie kennen, indem er sich weiterempfehlen ließ. Zuerst von Geistlichen, die seine Erziehung übernommen hatten, später von Baronen, Grafen und Ministern. Er übernahm für sie heikle Missionen, half in Paris eine Lotterie zu organisieren und revanchierte sich als glänzender Unterhalter mit Erzählungen von seinen Abenteuern in allen europäischen Hauptstädten.

Wo er auch hinkam – stets war er ausgerüstet mit erstklassigen Empfehlungsschreiben einflussreicher Gönner. Eine Methode, die sorgfältige Planung verlangte. Er musste aus der Ferne feststellen, welche an seinem Reiseziel die entscheidenden Personen sein würden. Wie einfach haben Sie es da heute, wo es Telefon und E-Mail gibt! Überlassen Sie Ihre Freundschaften nicht länger dem Zufall. Nutzen Sie das Know-how der Experten. Der folgende Stufenplan enthält keine sensationellen Geheimrezepte. Was Beziehungsprofis Anfängern voraushaben, ist:

- Sie lassen keinen der folgenden Schritte aus,
- sie investieren jede Woche zwei bis vier Stunden in die Beziehungspflege,

- sie kümmern sich nicht nur sporadisch, sondern regelmäßig um ihre Freunde und halten auch ohne besonderen Anlass den Kontakt.

Die vier Schritte professioneller Beziehungspflege

Das Einmaleins diplomatischer Beziehungspflege besteht aus folgenden Schritten:

Planung. Was für Leute fehlen Ihnen noch in Ihrem engeren Bekanntenkreis? Personen, die sich mit Hausbau, Steuern oder Finanzen auskennen? Leute, die Ihr privates oder berufliches Vorwärtskommen fördern könnten? Oder einfach hilfsbereit und gute Zuhörer sind? Wichtig sind auch Freunde, die selbst schon über viele Kontakte verfügen. Mit solchen kontaktfreudigen Personen in Verbindung zu treten fällt leichter als mit verschlossenen Einzelgängern, und sie werden Sie gern mit Frauen und Männern bekannt machen, an die Sie selbst nicht herankommen. Vor etwa fünfzig Jahren fand der Sozialpsychologe Stanley Milgram in einem Experiment heraus, dass über maximal sechs Kontakte alle US-Bürger miteinander verflochten sind. Er stellte damals die Aufgabe, Briefe von der Westküste an unbekannte Personen der Ostküste nicht per Post, sondern über Bekannte weiterzuleiten. Diese gaben die Briefe wieder an Bekannte weiter. Ergebnis: Über höchstens sechs Zwischenstationen erreichte jeder Brief den Empfänger.

Über wenige Vermittler kommen Sie praktisch an jede beliebige Zielperson heran. Bevor Sie einen Kontaktversuch starten, beschaffen Sie sich so viele Informationen wie möglich. Berufsdiplomaten legen vor einem neuen wichtigen Kontakt ein komplettes Dossier mit allen verfügbaren Daten an. So weit müssen

Sie nicht gehen. Aber wenn Sie gut informiert sind, wissen Sie nicht nur, was Ihre künftige Bekanntschaft an Ihnen interessieren könnte und worauf sie allergisch reagiert. Geben Sie ruhig im ersten Gespräch oder Brief an ein, zwei Stellen zu erkennen, dass Sie mehr als das übliche Minimum von Ihrem Gegenüber wissen. Daran erkennt er, dass Sie nicht einfach wahllos Bekannte sammeln, sondern sich speziell für ihn interessieren.

Fällt es Ihnen schwer, neue Kontakte zu knüpfen? Dann aktivieren Sie erst einmal alte Verbindungen, aus Ihrer Schulzeit oder Ausbildung, aus früheren Jobs oder Wohnvierteln – wen könnten Sie anrufen? Ein Weg, um rasch vorteilhafte berufliche Kontakte zu schließen, besteht darin, Messen und Fachtagungen zu besuchen. Falls die Veranstaltung nicht öffentlich ist, rufen Sie im Büro der Veranstalter an und sagen, dass Sie sich für das Thema und die Referenten interessieren. (Ist kein Organisationsbüro vorhanden, klingeln Sie bei der Chefsekretärin an.) In 80 Prozent der Fälle werden Sie prompt eine Einladung erhalten. Für die meisten Teilnehmer handelt es sich nämlich um eine Pflichtveranstaltung. Die Organisatoren freuen sich daher über jeden, der freiwillig kommt.

Ein Kommunikationstrainer, der als Zuhörer in mein Weiterbildungsseminar kam, sucht ständig Firmen, deren Mitarbeiter er schulen kann. Er ist mit folgendem Trick erfolgreich: Er kauft von bekannten Firmen je eine Aktie. Nicht wegen des Spekulationsgewinns – das ist für ihn bestenfalls ein angenehmer Nebeneffekt –, sondern weil er als Anteilseigner Einladungen zu den Aktionärsversammlungen erhält. Viele der Kleinaktionäre, die er dort trifft, sind wie er Geschäftsleute. Mit ihnen unterhält er sich und gewinnt so neue Kunden.

Kontaktaufnahme. Fahren Sie zweigleisig. Treten Sie einerseits gezielt mit bestimmten Personen in Verbindung, indem Sie mit einem Anliegen an sie herantreten – per Post, E-Mail, Telefon –, oder bitten Sie um einen Termin für ein persönliches

Gespräch. Besuchen Sie außerdem Partys und andere Veranstaltungen, die interessante Kontaktmöglichkeiten bieten. Wenn Sie dort alte Bekannte treffen: Statt nur mit ihnen zu reden, fragen Sie: «Wen kennst du hier noch? Kannst du mich vorstellen?» Wenn Sie niemanden kennen und auch die Gastgeber außer Reichweite sind, stellen Sie sich selbst vor: «Hallo, ich bin ... Leider kenne ich hier niemanden. Wissen Sie, wer als Erster reden wird?» Unterhalten Sie sich ein paar Minuten über die Veranstaltung und die Gründe, die Sie beide hergeführt haben. Falls Sie einen Draht zueinander finden und meinen, daraus könnte sich eine spannende Bekanntschaft entwickeln, tauschen Sie Visitenkarten und vereinbaren, in den nächsten Tagen miteinander zu telefonieren. Mit diesem Versprechen brauchen Sie nicht lange nach einem Vorwand zu suchen, wenn Sie den Kontakt fortsetzen wollen.

Auswertung. Halten Sie alles, was Sie über ihre neuen Bekannten erfahren haben, schriftlich fest. Die Schärfe der Erinnerung lässt schon nach wenigen Tagen nach. Dann beginnt die Grübelei: Wer war das nun mit dem Interesse für Judo – Karin oder Yvonne? Und welchen Gürtel hatte sie erworben? Notieren Sie sich alle Einzelheiten – nicht nur Gesprächsinhalte, sondern auch das Aussehen und die Stimme. Damit Sie sicher sind, die Person wiederzuerkennen, wenn es wider Erwarten eine Weile dauern sollte bis zur nächsten persönlichen Begegnung. Diese Details sind eine wertvolle Fundgrube, um die Bekanntschaft mit Leben zu füllen. Was glauben Sie, was Sie für ein Staunen hervorrufen werden, wenn Ihre neue Bekannte merkt, dass Sie sich an Nebensächlichkeiten erinnern, die selbst ihre beste Freundin nicht mehr weiß?

Kontaktpflege. Wenn Sie an jemanden geraten sind, der selbst gerade sein Netzwerk erweitert, wird er Sie von sich aus anrufen. Ansonsten wird der erste Schritt bei Ihnen liegen. So interessant das Gespräch mit Ihnen auch war – der Alltag lässt die angenehmen Eindrücke rasch wieder verblassen. Und vergessen wir nicht, dass jeder Zweite unter Schüchternheit leidet. Vielleicht fürchtet er nur, dass Sie ihn mit mürrischer Stimme abwimmeln? Nehmen Sie ihm die Sorge und rufen Sie an. Erzählen Sie, wie toll Sie Ihre Unterhaltung fanden, und erinnern Sie sich gemeinsam an ein paar Einzelheiten.

Es ist nicht unbedingt nötig, sich bald wieder zu treffen. Wenn Sie in kurzer Zeit eine Reihe neuer Kontakte herstellen, könnte die Pflege all dieser Verbindungen schnell in eine Vollzeitbeschäftigung ausarten. Rufen Sie täglich zwei bis drei Leute aus Ihrer Adressenliste an, oder senden Sie eine E-Mail. Warten Sie nicht auf einen bestimmten Anlass. Sagen Sie, Sie wollten sich mal melden, und fragen Sie nach Neuigkeiten. Freuen Sie sich nicht auch, wenn eine gute Freundin unerwartet anruft – nicht weil sie ein Anliegen hat, sondern nur, weil sie gerne mit Ihnen redet? Wenn Sie gute Nachrichten erfahren – einer hat einen Spitzenjob ergattert, ein anderer hat einen tollen Urlaub erlebt –, beglückwünschen Sie ihn und freuen Sie sich mit ihm. Solche kleinen Gesten rücken Sie in der Beliebtheitsskala Ihrer Freunde rasch nach oben. Bringen Sie die Geburtstage aller Personen in Erfahrung, die Sie kennen: Meist wissen gemeinsame Bekannte das Datum. Und dann gratulieren Sie überraschend.

Auf diese Weise werden Sie jeden ein- bis zweimal im Monat sprechen. Zwei persönliche Begegnungen im Jahr sind für viele Bekanntschaften ausreichend. Die organisieren Sie ohne Mühe, wenn Sie alle zu Ihrer Geburtstagsparty empfangen und im Gegenzug zu deren Geburtstagen eingeladen werden. Auf diese Weise kommen Sie ohne weiteres zu zwanzig und mehr Einladungen im Jahr. Und jedes Mal lernen Sie die Bekannten Ihrer Bekannten kennen.

Auch Beziehungsprofis haben nur wenige nahe Freunde, die sie öfter mal unter vier Augen treffen. Meist weniger als fünfzehn. Sie können es sich leicht ausrechnen. Wollten Sie sich mit jedem guten Freund nur einmal im Monat treffen, wäre damit schon jeder zweite Abend verplant. Diplomatische Talente verfügen zum Ausgleich über einige Freunde, die ihnen im Ernstfall nicht nur mit ihrer eigenen Person, sondern auch mit ihren anderen besten Freunden zur Verfügung stehen. Die sich also nicht scheuen, im Fall der Fälle zu fragen: «Könntest du mal meinen guten Freund Wolfgang beraten – so, als wenn du für mich in den Ring steigen würdest?»

Notieren Sie weiter jede Neuigkeit, die Sie von Ihren Freunden erfahren. Vorlieben, Abneigungen, Veränderungen am Arbeitsplatz und in der Familie. Nicht zu vergessen jeden Hinweis auf Kontakte zu Dritten.

Vom Nutzen feindlicher Kontakte

Genies der Diplomatie beziehen in ihr Netzwerk nicht nur Gleichgesinnte ein. Im Gegenteil, die Kontakte zu Personen aus gegnerischen Lagern sind unter Umständen noch wertvoller. Heutzutage können das Entscheidungsträger aus der Konkurrenzfirma sein, Kollegen oder freie Mitarbeiter, die auf denselben Posten scharf sind, den auch Sie ins Auge gefasst haben – und überhaupt jeder, von dessen Ansichten und Tätigkeitsfeldern Sie Welten trennen. Die meisten Netzwerke haben den Nachteil, dass sie nur Menschen verknüpfen, die sich ohnehin schon durch Job oder Lebensumfeld jeden Tag über den Weg laufen. Selbst große Firmen kennen oftmals nur ihre Kunden, wissen aber nichts über die Leute, die sie gern als Kunden hätten, aber sich bisher für ihr Produkt nicht interessieren.

Wenn Einzelkämpfer, Firmen oder Organisationen mit ihrer üblichen Strategie nicht mehr vorankommen, gibt es nur eins: den toten Punkt überwinden, indem sie an neue Personenkreise herantreten. Dann schlägt die Stunde der diplomatischen Talente.

Wer Kontakte zu fremden Netzwerken hat und deren Bedürfnisse kennt, kann sich jetzt ein goldene Nase verdienen.

Noch wichtiger wird das Standbein im gegnerischen Lager, wenn ein Machtwechsel droht. Wer nur die Leute kennt, die mit ihm abstürzen, verschwindet von einem Tag zum anderen in der Versenkung. Werden Sie dagegen von Leuten geschätzt, die vom Umsturz nicht berührt werden oder gar von ihm profitieren, kann keine Veränderung Sie ernsthaft beschädigen.

GESETZ 6

ÜBERNEHMEN SIE DIE GESPRÄCHSFÜHRUNG MIT DER INTERVIEW-METHODE

Metternich & Co. traten nur selten durch glänzende Reden in Erscheinung. Dennoch galten sie als begnadete Rhetoriker, die allein mit der Überzeugungskraft des Wortes Machtkämpfe für sich entscheiden konnten. Ihre Stärke entfalteten sie nicht vor großem Publikum, sondern im kleinen Kreis. Bei Verhandlungen unter acht, sechs oder gar nur vier Augen. Denn je mehr Personen zusammenkommen, desto schwerer fällt es, ihre unterschiedlichen Interessen unter einen Hut zu bringen. Deswegen bringen große Gipfelkonferenzen mit über hundert Teilnehmern zwar unverbindliche Absichtserklärungen zustande, aber nur selten ein greifbares Resultat. Diplomaten geht es aber um praktische Ergebnisse. Sie wollen ihre Ziele verwirklichen. Ihren guten Willen zu verkünden genügt ihnen nicht. Deshalb ziehen sie sich lieber mit dem ausschlaggebenden Kontrahenten zum Zwiegespräch zurück.

Zusammenkünfte von zwanzig und mehr Personen folgen zudem einem reglementierten Ablauf, den der Veranstalter vorher plant. Da bleibt wenig Raum für Spontaneität – ein weiterer Grund, warum Diplomaten mit ihrem Hang zu Flexibilität und Überraschungen den zwanglosen Vier-Augen-Talk vorziehen. Allerdings verlaufen auch Gespräche im kleinen Kreis nicht völlig regellos. Kommunikationsforscher haben herausgefunden, dass in einer Gruppe derjenige, der den höchsten Rang einnimmt, in aller Regel auch am meisten redet. Der Chef spricht am häufigsten und längsten, der Praktikant dagegen nur, wenn er gefragt wird. Meldet sich ein Mitarbeiter öfter zu Wort, als es seiner Stellung zukommt, sagen die anderen: «Der macht sich wichtig.» Reden übermittelt nicht nur Informationen. Es ist auch eine Form, seine Macht vorzuführen: «Ich habe das Wort, und du musst zuhören.» Ein wichtiger Grund, warum viele Frauen mehr reden als ihre Männer. Sie versuchen unbewusst, das Machtgefälle in der Beziehung zu ihren Gunsten auszugleichen, also in der familiären Kommunikation die Führung zu übernehmen.

Wenn das so einfach wäre! Zum Leidwesen aller, die sich selbst gern reden hören, spielen die Zuhörer nicht mit. Der Zwang, sich lange Reden anzuhören, erzeugt Widerwillen. Erinnern Sie sich an Ihre Gefühle, wenn Sie als Kind stumm Strafpredigten Ihrer Eltern über sich ergehen lassen mussten! Selbst die vernünftigsten Argumente stießen da auf taube Ohren.

Wer argumentiert, der verliert

Diplomaten stehen also vor einem Problem. Einerseits wollen sie die Führung des Gesprächs an sich ziehen. Das bedeutet, sie wollen

- die Themen bestimmen: zur Sprache bringen, was sie ihren Zielen ein Stück näher rückt,
- die Richtung vorgeben: Übereinkünfte erzielen, statt um Prinzipien zu streiten,
- den Stil beeinflussen: praktische, positive Lösungen hervorzaubern statt Vorwürfe und Kritik,
- die Umgangsformen verbessern: zur Zusammenarbeit und gegenseitigen Wertschätzung ermuntern, statt Differenzen in den Anschauungen auszufechten.

Andererseits führt das Aneinanderreihen von Argumenten – und seien sie noch so gut – in eine Sackgasse. Der Partner wird

- Gegenargumente formulieren. Jeder verteidigt seinen Standpunkt. Am Ende ergibt sich ein Unentschieden, ohne dass die beiden einander näher gekommen wären.
- Wenn ihm treffende Gegenargumente fehlen, wird sich der Partner in eine Verweigerungshaltung zurückziehen: «Alles schön und gut – trotzdem, ich bleibe bei meiner Meinung.»
- Er wird Ausflüchte suchen, um die Entscheidung zu verschieben. Oder sich eine Vereinbarung aufdrängen lassen, sie aber anschließend sabotieren – also «beweisen», dass die Lösung, zu der er sich überreden ließ, in der Praxis nicht funktioniert.

Verstehen, ohne zu bewerten. Die wörtliche Bedeutung des Wortes «über-reden» verrät alles: Der Sprecher **redet über** die inneren Widerstände seine Zuhörers hinweg. Erfahrene Diplomaten haben einen anderen Weg gefunden, Gespräche zu «führen» – anstatt sie zu erleiden. Ihre Biographen bestätigen einhellig die erstaunliche Zurückhaltung der gewieften Taktiker. Sie übten ihre Macht aus, ohne große Reden zu schwingen und sich in den Vordergrund zu spielen. Diese Rolle überließen sie ihren Königen und Kaisern. Sie agierten lieber aus der zweiten Reihe – mit dem Ergebnis, dass ihre Umgebung unterschätzte, wie viel Macht sie wirklich in ihren Händen hielten.

Was ist ihr Geheimnis? Vergleichen Sie dazu die beiden folgenden Ausschnitte aus einem Alltagsdialog, der sich unter Kollegen, Freunden, aber auch in einer größeren Familie abspielen könnte. Der Sprecher (S) beklagt sich, dass ihn die anderen aus der Gruppe in eine Außenseiterposition abschieben. Im ersten Fall redet er – was das kommunikative Geschick betrifft – mit einem Nichtdiplomaten (N), im zweiten Fall mit einem Diplomaten (D).

S: Kannst du mir mal erklären, was hier neuerdings los ist? Ich frage René, ob er mir mal bei meinen Berechnungen helfen kann ..., du weißt, er sagt sonst nie Nein, und jetzt auf einmal: «Nö, keine Lust»! Und als ich Karsten frage – er hat mich nicht mal ausreden lassen! Wieso schneiden mich auf einmal alle?
N: Nun mal langsam. Bloß weil heute mal jemand keine Zeit für dich hat ...
S: Heute mal? Und vorgestern, als ich vorschlug, diesmal bei unserm jährlichen Ausflug in die Berge zu fahren? Karsten sofort, er will an den See wie letztes Mal. Und alle stimmten zu!
N: Es hat ihnen da eben gut gefallen.
S: Für wie naiv hältst du mich? Das war abgesprochen! Weil der Vorschlag von mir kam.
N: Meinst du nicht, du übertreibst da ein wenig? Hör mal, zu mir hat René auch schon mal Nein gesagt, und das nicht nur einmal. Und Karsten, du weißt doch, dass er ein Bade- und Angelfreak ist.
S: Du also auch ... Ich hatte gehofft, wenigstens du stehst auf meiner Seite.
N: Das tu ich! Pass auf, ich rede mit René, dass er dir hilft. Manchmal braucht der bloß einen kräftigen Schubs.
S: Und dann heißt es, ich habe ihn angeschwärzt. Nein, danke.

Unser Nichtdiplomat hat versucht, den Konflikt nach bestem Wissen diplomatisch zu entschärfen. Nicht sehr erfolgreich. Der Klageführer (S) hört folgende Botschaften heraus:

- Du reagierst überempfindlich.
- Du irrst dich, alle Ereignisse sind harmlos.
- Du kommst allein nicht zurecht.

Kein Wunder, dass das Hilfsangebot am Schluss auf wenig Gegenliebe stößt.

Schauen wir nun, wie unser Diplomat mit der Klage umgeht. Der Anfang ist der gleiche.

S: Kannst du mir mal erklären, was hier neuerdings los ist? Ich frage René, ob er mir mal bei meinen Berechnungen helfen kann ..., du weißt, er sagt sonst nie Nein, und jetzt auf einmal: «Nö, keine Lust»! Und als ich Karsten frage – er hat mich nicht mal ausreden lassen! Wieso schneiden mich auf einmal alle?
D: Du meinst, es hat sich was verändert im Umgang miteinander.
S: Schon vorgestern, als alle gegen mich stimmten, hatte ich dieses Gefühl. Als ich in die Berge wollte und alle sofort: «Nein, wir wollen wieder an den See.»
D: Ich verstehe, dass du dir Sorgen machst. Gut, nehmen wir an, da steckt Absicht dahinter: Womit kann ich dir helfen?
S: Sag mir, ob ich euch irgendwie auf den Schlips getreten bin.
D: Mir nicht. Und ich werde nicht zulassen, dass einer von uns zum schwarzen Schaf gestempelt wird. Was hältst du davon, wenn wir das noch eine Woche gemeinsam beobachten? Und wenn sich die Vorfälle wiederholen, rede ich mit den Betreffenden unter vier Augen, ob sie neuerdings Einwände gegen dich haben?
S: Na ja ... aber nicht sagen, dass ich deswegen bei dir war.
D: Ehrensache. Und deine Berechnungen?
S: Ich schaff's schon allein. Wird halt ein bisschen länger dauern.

Hier sind mehrere diplomatische Erfolgsrezepte zum Einsatz gekommen, die ich später noch im Einzelnen erläutern werde. An dieser Stelle soll es zunächst nur um den Stil der Unterhaltung gehen. Was fällt auf, wenn wir Dialog 2 mit Dialog 1 vergleichen?

Ich frage und du folgst. Der Diplomat vermeidet es im Gegensatz zum ersten Dialog, die Klagen zu bewerten. Er diskutiert nicht, ob der Sprecher Recht hat oder überempfindlich reagiert. Sein Gegenüber fühlt sich gekränkt – das genügt dem Diplomaten, um die Klage ernst zu nehmen. In seinen ersten beiden Reaktionen zeigt er Verständnis für die Sicht und die Gefühle seines Partners. Wohlgemerkt, er sagt nicht, dass er die Situation genauso beurteilt. Ob die Beobachtungen des Sprechers stimmen oder nicht – dazu sagt der Diplomat kein Wort. Sobald der Sprecher erkennt, dass seine Klage akzeptiert wird, wechselt der Diplomat seinen Stil. Er zieht nun die Führung des Gesprächs an sich, in dem er den Sprecher mit gezielten Fragen zu einer praktikablen Lösung leitet.

In Vertreterkreisen kursiert der Spruch: «Wer argumentiert, der verliert, wer fragt, der führt.» Wer eine Frage stellt, gibt das Thema vor, zu dem sein Partner sich äußern soll. Er hat damit, auch wenn er selbst nur wenig redet, die Führung in der Hand. Das können Sie in jedem gelungenen Interview beobachten. Eine Journalistin gibt ihrem Gast ausführlich Gelegenheit, sich darzustellen. Und dennoch lenkt sie das Interview mit ihren wenigen, zurückhaltenden Fragen: Sie gibt mit der Eingangsfrage vor, worüber gesprochen wird. Und in welchem Stil: locker, plaudernd oder eher sachlich, auf den Punkt konzentriert. Weicht der Gast vom gewünschten Thema ob, lenkt sie ihn mit einer neuen Frage auf den Hauptpfad zurück. Am Ende hat der Gast zwar mehr als 80 Prozent der Redezeit bestritten, aber nur das gesagt, was die Journalistin hören wollte.

Antworttendenzen: Sechs sind gut, zwei sind besser

So vielfältig zwischenmenschliche Gespräche auch sind, die Art und Weise, wie wir auf Äußerungen unserer Mitmenschen über Probleme und Schwierigkeiten reagieren, lässt sich auf sechs mögliche Stile zurückführen. Jeder von ihnen hat Vor- und Nachteile. Wir werden jedoch sehen, dass Diplomaten zwei von ihnen bevorzugen.

Stellen Sie sich vor, Sie sind Chef einer kleinen Firma. Ihr bester Mitarbeiter teilt Ihnen mit, dass Ihr schärfster Konkurrent ihm eine Stelle angeboten hat – mit einem um 300 Euro höheren Gehalt. Etwas zögerlich bringt Ihr Mitarbeiter die Angelegenheit zur Sprache: «Na ja, ich gebe zu, ich fühle mich in Ihrer Firma wie zu Hause, ich kenne die Leute, die Kunden ... aber andererseits ... Sie werden zugeben, jetzt, wo ich ein Haus abzuzahlen habe, sind 300 Euro mehr im Monat auch nicht zu verachten.»

Ihre Firma macht zurzeit kaum Gewinn. Das Gehalt des Mitarbeiters zu erhöhen würde Ihre Lage verschärfen – ihn an die Konkurrenz zu verlieren aber auch. Wie reagieren Sie?

1. «Sie sollten sich überlegen, ob Geld allein glücklich macht.» Dieser Stil heißt **wertend**. Sie bewerten das Verhalten Ihres Mitarbeiters anhand einer moralischen Norm. In diesem Fall negativ, denn indirekt sagen Sie: «Sie schauen zu sehr aufs Geld.» Ihr Konkurrent würde die Überlegung des Mitarbeiters wahrscheinlich positiv bewerten, etwa so: «Sie haben erkannt, dass Sie mir mehr wert sind als Ihrem bisherigen Chef.» Wertende Äußerungen sind leicht zu erkennen: Sie berufen sich auf ein moralisches Gebot oder ein Sprichwort. In diesem Fall «Geld allein macht nicht glücklich.» Und sie enthalten fast immer die Wörter können, sollen, dürfen oder müssen: «Du (man, wir, jemand) solltest mal darüber nachdenken, ob ...»

Der Vorteil des wertenden Stils: Sie beziehen eine klare moralische Haltung. Der Gesprächspartner weiß, woran er bei Ihnen ist. Der Nachteil: Sie messen sein Verhalten an einer anonymen Allgemeinheit. Ungewollt schlüpfen Sie in die Rolle eines Richters. Darauf reagiert so gut wie jeder mit Ärger und Widerstand. Dieser Stil ist daher alles andere als diplomatisch.

2. «Das heißt, Sie würden bleiben, wenn ich bei Ihrem Gehalt noch etwas drauf lege.»

Das ist ein **interpretierender** Stil. Sie lesen aus der Mitteilung Ihres Mitarbeiters eine Gehaltsforderung heraus: Entweder mehr Geld, oder er wechselt die Firma. Diese Auslegung muss aber nicht zutreffen. Ihr Mitarbeiter hat vielleicht nie daran gedacht, das Angebot der Konkurrenz anzunehmen. Er teilt es Ihnen nur mit, um ein bisschen anzugeben. Oder weil er findet, dass Sie seine Leistung in letzter Zeit zu selbstverständlich nehmen und ihm ruhig mal ein Lob spenden könnten. Mit dem interpretierenden Stil haben Sie es immer dann zu tun, wenn Ihnen jemand erklärt, was Sie (oder ein Dritter) mit seiner Äußerung eigentlich gemeint hat.

Der Vorteil des interpretierenden Stils: Sie zeigen die Bereitschaft, auf den Standpunkt Ihres Gegenübers einzugehen. Wenn Ihre Interpretation zutrifft, kommen Sie schnell in ein sachliches Gespräch. Der Nachteil: Sie geben vorschnell eigenes Terrain preis. In unserem Beispiel gehen Sie auf eine Gehaltsforderung ein, die noch gar nicht ausdrücklich gestellt wurde. Falls Ihre Interpretation falsch sein sollte, fühlt sich Ihr Partner zudem missverstanden. Ihre Interpretation wirkt dann auf ihn wie eine Unterstellung unlauterer Motive. Anfänger auf dem Feld der Diplomatie verfallen oft in diesen Stil, um ihre Partner nicht vor den Kopf zu stoßen. Erst aus Erfahrung lernen sie, dass sie damit leichtfertig ihre Position schwächen. Meisterdiplomaten meiden jegliche Interpretation.

3. «Haben Sie noch etwas Geduld. Sobald die Konjunktur wieder anzieht, wird sich auch bei uns in finanzieller Hinsicht etwas tun.»

Mit dem **tröstenden** Stil zielen Sie darauf ab, Ihre Mitmenschen zu ermutigen, zu beruhigen und dem Problem seine Dramatik zu nehmen. Um den Konflikt zu entschärfen, spielen Sie das Ganze herunter. Zugleich äußern Sie Mitgefühl und zeigen sich überzeugt, dass ein wenig Abstand genügt, um eine befriedigende Lösung zu finden. Typisch für diesen Stil sind vage Versprechungen.

Der Vorteil: Ihre Anteilnahme und Zuwendung empfindet der Partner als angenehm. Besonders wenn er innerlich leidet, wird er für Ihre Worte dankbar sein. Der Nachteil: Sie bagatellisieren sein Problem. Sie geben ihm das Gefühl, dass er übertreibt. Darauf reagieren die meisten, indem sie noch mehr über die Zwickmühle klagen, in der sie stecken, statt nach einem Ausweg zu suchen. Als Diplomat werden Sie diesen Stil gebrauchen, wenn Ihr Gegenüber ein starkes Bedürfnis nach Trost zeigt. Dann aber werden Sie den Stil wechseln, weil es Ihnen um eine Verbesserung der Lage geht, nicht um ein ewiges Verharren im Jammertal.

4. «Überschlafen Sie das Ganze noch einmal. Und wenn Sie dann genau wissen, was Sie wollen, reden wir konkret darüber, was ich für Sie tun kann.»

Der **belehrende** Stil erteilt Ratschläge und bietet einen sofortigen Ausweg aus dem Dilemma an. Für ihn gibt es keine unlösbaren Probleme, sondern bestenfalls mangelndes Wissen. Auf diesen Stil werden Sie sehr häufig treffen. Denn wer Belehrungen erteilen kann, fühlt sich überlegen. Das schmeichelt seinem Ego.

Der Vorteil: Sie beziehen eine klare Position, und Sie wissen sofort eine Lösung. Der Nachteil: Meistens ist es nicht die Lösung, die der Partner sich wünscht. Häufig geht sie auch an seinem tatsächlichen Dilemma vorbei, da der Sprecher sofort mit seinem Vorschlag herausplatzt, ohne sich erst genauer anzuhören, warum die Lage für den anderen so verzwickt ist. Wäre dem Problem mit einer einfachen Lösung beizukommen, hätte er sie selbst schon gefunden. Diplomaten sagen niemandem, was er tun soll. Wie sie ihre Ideen einbringen, erfahren Sie im achten Gesetz.

5. «Hm. Sie sind sich unsicher. Einerseits reizt Sie das zusätzliche Geld, andererseits fühlen Sie sich bei uns wohl.»

Der **Verständnis zeigende** Stil scheint auf den ersten Blick nicht mehr zu bieten als eine bloße Wiederholung der Worte des Mitarbeiters. Ist diese Antwort nicht überflüssig? Durchaus nicht. Bevor der Mitarbeiter bei seinem Chef anklopfte, hat er sicher lange überlegt, wie der wohl reagieren wird. Schwere Vorwürfe? Beleidigtes Schweigen? Glatter Hinauswurf? Da fällt ihm ein Stein vom Herzen, wenn der Chef als Erstes Verständnis zeigt. Und zwar nicht, indem er nur die Floskel «Ich verstehe» von sich gibt. Sondern die Zwangslage seines Mitarbeiters mit eigenen Worten wiedergibt. Außerdem benennt er das Gefühl, das der Mitarbeiter in dieser Situation empfindet: «Sie sind sich unsicher.»

Der Vorteil: Der Mitarbeiter fühlt sich verstanden und erleichtert. Er versteht dies als Aufforderung, genauer zu erläutern, warum beide Alternativen für ihn gleich attraktiv sind. Der Chef braucht bloß noch genau zuzuhören. Häufig findet sich in den Erläuterungen seines Gegenübers schon der Ansatz für eine Lösung, die beide zufrieden stellt. Der Nachteil: Er überlässt die Führung des Gesprächs dem Mitarbeiter und gerät in eine passive Rolle. Diplomaten verwenden diesen Stil (wie im Beispieldialog 2) gern, um Gespräche in Gang zu bringen, die Ausgangslage zu sondieren und einen Draht der Sympathie zu finden.

6. «Ist die Tätigkeit, die Sie dort ausfüllen sollen, die gleiche wie bei uns, oder gibt es Unterschiede?»

Der **forschende** Stil bevorzugt die Frageform. Bevor Sie reagieren oder gar eine Entscheidung fällen, wollen Sie sich erst einmal mehr Informationen verschaffen. Mit Ihren Fragen lenken

Sie das Gespräch auf Gebiete, die Ihnen wichtig sind und auf die der andere von sich aus vielleicht nicht eingehen würde.

Der Vorteil: Sie führen das Gespräch, ohne den anderen mit einem Redeschwall zu überschütten. Ihre Fragen zeigen ihm Ihr Interesse. Der andere fühlt sich kompetent – sonst würden Sie ja keine Antworten von ihm erhoffen. Der Nachteil: Möglicherweise lenken Sie das Gespräch voreilig von Themen weg, die dem anderen wichtig sind, um sein Problem verständlich zu machen. Ein Feuerwerk von Fragen kann außerdem wie ein Verhör wirken. Diplomaten wenden diesen Stil an, um ihre Gespräche zu «führen» – im wörtlichen Sinne. Um die Gefahren dieses Stils zu vermeiden, mischen sie ihn mit dem Verständnis zeigenden Stil und achten besonders auf die Form ihrer Frage.

Das Prinzip der verständnisvollen Führung

Führung hat ein Doppelgesicht:

1. Sie benötigen die Fähigkeit, im Gespräch zu führen, um Ihre Ziele zur Sprache zu bringen und herauszufinden, inwieweit Ihre Partner bereit sind, Ihnen Unterstützung zu gewähren.
2. Es besteht die Gefahr, das Gespräch über die Köpfe Ihrer Partner hinweg zu führen. Doch Sie werden sich nur dann verständigen, wenn Sie auch ein offenes Ohr für ihre Anliegen haben.

Diplomaten beginnen daher in aller Regel mit dem Verständnis zeigenden Stil. Sie hören sich erst einmal die Wünsche Ihrer Partner an. Sie informieren sich genau über deren Bedürfnisse. Dann wechseln sie zum forschenden Stil, um herauszufinden, wo sie mit Unterstützung rechnen können. Nach drei bis vier Fragen kehren sie zum Verständnis zeigenden Stil zurück. In längeren Gesprächen wechseln kluge Diplomaten mehrmals zwischen beiden Stilen.

Nach einiger Zeit stellen ihre Gesprächspartner von sich aus ebenfalls Fragen. Hat sich der Diplomat zum Beispiel erkundigt, unter welchen Bedingungen die Gegenseite einem Abkommen zustimmen würde, muss er mit der Rückfrage rechnen: «Und Sie? Sind Sie bereit, für uns das Gleiche zu tun?»

Optionen offen halten. Dies ist eine entscheidende Stelle im Gesprächsverlauf. Der Wechsel zwischen den Stilen 5 und 6 kombiniert nicht nur Verständnis und Führung. Er bringt außerdem die Partner zum Plaudern und erspart es dem Diplomaten, sich selbst festzulegen, bevor er herausgefunden hat, wie weit die andere Seite bereit ist, ihm entgegenzukommen. Doch je mehr Sie fragen, desto schneller kommt der Punkt, wo Sie aufgefordert werden, selbst Farbe zu bekennen.

Die Grundregel der diplomatischen Kunst lautet hier: Was Sie auch antworten – halten Sie Ihre Optionen offen. Wie Sie eine solche «diplomatische» Antwort geben, ohne dass Ihre Partner nachbohren, bis Sie ein vorschnelles Versprechen abgegeben haben, erfahren Sie im folgenden und im 15. Gesetz. Eine andere Möglichkeit: Sie antworten nicht. Obwohl Sie gefragt wurden. Sie machen weiter wie bisher, indem Sie auf obige Rückfrage entgegnen

- im Verständnis zeigenden Stil: «Sie haben Sorge, dass Sie sich zu schnell festlegen»;
- im forschenden Stil: «Das möchte ich Ihnen gern sagen, aber dafür muss ich noch Folgendes wissen ...».

Um mit wenigen Fragen möglichst viel Information zu erlangen, achten Sie auch auf die Form der Frage. Jede Frage kann in offener, aber auch in geschlossener Form gestellt werden.

Geschlossene Fragen. Sie lassen nur wenige Antwortmöglichkeiten zu. Sie zielen auf eine kurze Antwort nach einem konkreten Fakt. Beispiele:

Geschlossene Fragen	Mögliche Antworten
Habt ihr gut hergefunden?	Prima. – Ging so. – Naja, mit einigen Schwierigkeiten.
Glauben Sie, Sie schaffen das bis Freitag?	Klar. – Ich hoffe. – Auf keinen Fall. – Wenn Karin mir hilft.
Wann warst du das letzte Mal bei Bernd?	Vorige Woche. – Das ist ewig her. – Keine Ahnung.

Geschlossene Fragen sind die Domäne von Polizeikommissaren und Berichterstattern, die schon in der Ausbildung lernen, dass sie in jeder Meldung vorrangig die Fragen nach den fünf Ws zu beantworten haben: Wer hat wann wo was weshalb getan? Zumindest für die ersten vier W genügt oft ein einziges Wort als Antwort. Da Sie auf geschlossene Fragen nur kurze Antworten erhalten, sind Sie gezwungen, sehr viele Fragen zu stellen, um das Gespräch in Gang zu halten.

Offene Fragen. Geschickte Plauderer, zu denen auch die Diplomaten gehören, bevorzugen deshalb den offenen Fragetyp. Er lässt viele, ausführliche Antworten zu. Er ermuntert zum Erzählen:

Offene Fragen	Mögliche Antwort
Wie war eure Fahrt hierher?	Ganz gut. Am Anfang hatten wir das Problem, die richtige Abfahrt zu finden, aber dann hat Jörg …

Offene Fragen	Mögliche Antwort
Auf welche Weise werden Sie diese Aufgabe erledigen?	Wenn ich es schaffe, bis heute Abend ein Konzept zu entwerfen, könnte ich morgen ins Archiv gehen und dann …
Warum besuchst du eigentlich Bernd nicht mehr?	Ich wollte schon, aber letztens erzählte er, er brauche mehr Zeit für sich selbst …

Die folgende Tabelle zeigt, wie Sie geschlossene und offene Fragen schon an ihren Satzanfängen erkennen:

Geschlossene Fragen	Offene Fragen
Ohne Fragewort (z. B.: Sind Sie …?)	Auf welche Weise?
Wer? Wann? Wo?	Warum? Weshalb? Wieso?
Was? (Bei Frage nach einem Objekt: Was ist das?)	Was? (Bei Frage nach einer Handlung: Was machst du?)
Woher? (Bei Frage nach einem Ort: Woher kommst du?)	Woher? (Bei Frage nach einer Ursache oder Informationsquelle: Woher kommt das? Woher hast du das?)
Wie … (…oft, … lange, …alt)?	Wie? (Ohne Zusatz)

Jede geschlossene Frage können Sie in eine offene Frage umformulieren. Einige Beispiele:

Geschlossene Frage	Offene Frage
Hattet ihr eine gute Fahrt?	Wie war die Fahrt hierher?
Sind Sie mit dieser Lösung einverstanden?	Was halten Sie davon, wenn wir uns auf eine vorläufige Lösung verständigen?
Was hast du da in deinem Fach?	Warum versteckst du deine Sachen vor mir?

GESETZ 7
SEIEN SIE EHRLICH, ABER GEBEN SIE NUR INFORMATIONEN PREIS, DIE MAN VON IHNEN ERWARTET

Braucht ein Diplomat also überhaupt nichts von sich zu erzählen? Darf er einen Kult der Verschwiegenheit pflegen? Das wäre sehr unklug. Als Fernsehzuschauer haben Sie sich bestimmt schon oft über Politiker geärgert, die Interviewer mit nichts sagenden Sprüchen hinhalten wie:

«Jetzt sprechen wir in der Koalition erst einmal in Ruhe miteinander, und dann werden wir weiter sehen.»

«Wir haben da eine ganz klare Position. Wir schauen, wie sich die Lage entwickelt, und dann entscheiden wir.»

«Ganz konkret: Wir machen auf dem bisherigen Kurs entsprechend den neuen Bedingungen weiter und reagieren flexibel auf Veränderungen.»

Entscheiden Sie über Spannung und Langeweile

Ausflüchte machen, über bohrende Fragen mit nichts sagenden Floskeln hinweggehen – diese Taktik hatte in früheren Jahrhunderten einige Erfolgsaussichten. Die Informationswege waren lang und die Presse oft durch Zensur und Verbotsdrohungen geknebelt. Doch seit es das Fernsehen gibt, können wir Amtsträger live beim Ausweichen beobachten. Sie machen dabei nur selten eine gute Figur. Seit jede Privatperson ihr Wissen in Sekundenschnelle per Internet um den Erdball verbreiten kann, hat die Taktik des Verbergens ausgespielt. Ob es um die Schlafzimmergeheimnisse amerikanischer Präsidenten oder Bilanzfälschungen in der Wirtschaft geht: Es gibt immer irgendwo eine undichte Stelle.

Wie sollen wir in Zukunft mit heiklen Informationen umgehen? Denn schließlich hat jeder seine kleinen Geheimnisse:

- eine nette, kleine Affäre, von der der Ehepartner nichts wissen darf,
- ein kleines Zusatzeinkommen, das kein neidischer Nachbar dem Finanzamt melden soll,
- Schulden, die die weitere Kreditwürdigkeit beeinträchtigen,
- eine verborgene Leidenschaft, für die viele Bekannte kein Verständnis haben würden,
- eine Krankheit, die künftige Arbeitgeber an der Einsatzfähigkeit zweifeln lassen könnten.

Auf Fragen nach solchen delikaten Informationen können Sie auf vier Arten reagieren:

1. **Ausflüchte, verschwommene Beschwichtigungssätze.** Damit wecken Sie erst recht die Neugier. Denn je nebulöser Sie antworten, desto sicherer kann der Fragende sein, dass Sie etwas zu verbergen haben.
2. **Klares Nein.** Damit sind Sie den Fragesteller erst einmal los. Sollte Ihr Nein jedoch nicht der Wahrheit entsprechen, müssen Sie von nun an auf der Hut sein, dass Sie nicht ertappt werden.
3. **Klares Ja.** Ein offenes Bekenntnis ist häufig die beste Lösung. Vor allem dann, wenn Sie dabei keine fremden Geheimnisse zu enthüllen brauchen. Ihre Ehrlichkeit wird Ihnen hoch angerechnet. Dass Sie eine Schwäche offenbaren, macht Sie menschlich und sympathisch.

4. **Offensives Informationsmanagement.** Sie warten nicht ab, bis man Ihnen die Würmer aus der Nase zieht. Sie nehmen mit diplomatischem Geschick Einfluss darauf, was die Neugier Ihrer Mitmenschen weckt und was sie kalt lässt.

Die vierte Variante gehörte schon immer zum Repertoire gewiefter Diplomaten. Im Zeitalter der Postkutsche streuten sie gezielt Gerüchte aus, ließen ihre Gegner falsche Depeschen abfangen und verbreiteten über ihre Absichten einander widersprechende Informationen, sodass niemand wusste, woran er sich halten sollte. Heute ist es nicht mehr so einfach, falsche Fährten zu legen, da die Möglichkeit, Information blitzschnell anhand anderer Quellen zu überprüfen, stark angewachsen ist.

Ihr Trumpf: die Informationsflut. Dass heutzutage mehr Nachrichten hereinströmen, als wir verarbeiten können, bietet diplomatischen Talenten eine Chance. Die Zeiten, wo die Bürger regelrecht nach Meldungen aus den Zentren der Macht hungerten, sind längst vorbei. Es fällt immer schwerer zu entscheiden, welche der vielfältigen Nachrichten eine interessante Neuigkeit enthält. Nur einen Bruchteil können wir verarbeiten. Wir sind also auf vorsortierte Nachrichten angewiesen. Die Mitmenschen, mit denen Sie in Kontakt treten, werden Ihnen dankbar sein, wenn Sie Ihnen eine Entscheidungshilfe liefern. Beeinflussen Sie aktiv, für welche Seiten Ihres Tuns und Ihrer Persönlichkeit sich die Leute um Sie herum interessieren werden und für welche nicht.

Zwei Tatsachen können Sie für sich nutzen:

Ermüdete Neugier. Die Aufmerksamkeit der Menschen füreinander ist viel geringer, als die meisten von uns annehmen. Sie müssen immer schrillere Signale setzen, wenn Sie überhaupt noch wahrgenommen werden wollen. Umgekehrt heißt das: Nach den meisten Ihrer heiklen Geheimnisse wird nie jemand fragen – es sei denn, Sie machen durch ungeschickte Manöver auf sie aufmerksam. Trotz täglicher Horrorschlagzeilen ist die

Bereitschaft, dem äußeren Anschein zu vertrauen, sehr groß. Sogar wer eine Heirat plant – also sich einem anderen Menschen mit Leib und Seele ausliefert –, zeigt erstaunlich wenig Interesse für dessen charakterliche Abgründe und heimliche Vorlieben. Umso böser ist hinterher das Erwachen – und der Scheidungsprozess schmerzt. Das Gleiche können Sie bei Verhandlungen beobachten, bei denen es um hohe Summen geht. Selbst erfahrene Banker vergeben Millionenkredite anhand des äußeren Auftretens, statt sich gründlich zu informieren, wie vor Jahren der Skandal um den Bankrott des Baulöwen Schneider bewies. Und wenig später der Zusammenbruch vieler Blenderfirmen des Neuen Marktes. Als diplomatisches Talent werden Sie diesen Fehler von Anfang an meiden und systematisch alles Wissenswerte über Ihre Kontaktpersonen sammeln (siehe Gesetz 5).

Bedürfnis nach Auswahl. Sie lenken die Neugier Ihrer Mitmenschen gezielt auf diejenigen Informationen, die Sie ihnen gern mitteilen möchten. Gelingt Ihnen das, wird niemand Sie nach anderen, heikleren Informationen fragen. Leider genügt es nicht zu sagen: «Das hier ist wichtig für dich.» Das versucht die Werbeindustrie – wie Sie wissen, mit mäßigem Erfolg. Was man uns zu offensichtlich anbietet, kann nicht spannend sein.

Langweilig sind Informationen, wenn sie

- längst Bekanntes wiederholen,
- sich im Rahmen der Erwartungen bewegen,
- über gewöhnliche, vertraute Ereignisse und Eigenschaften berichten,
- leicht zu erlangen sind,
- keine Gefühle wecken,
- nicht die persönlichen Interessen Ihrer Zuhörer berühren.

Die Neugier weckt dagegen, was

- neuartig, sensationell und exotisch ist,
- von Veränderungen berichtet oder sie ankündigt,
- unerwartete Entwicklungen beschreibt,

- nur unter Schwierigkeiten in Erfahrung zu bringen ist,
- Wut, Freude, Mitleid und andere Gefühle weckt,
- Auswirkungen auf das Leben Ihrer Zuhörer hat.

Die Regeln offensiven Informationsmanagements

Daraus ergeben sich die Regeln für den diplomatischen Umgang mit Wahrheit, Verschwiegenheit und fremder Neugier:

Basteln Sie keine Lügengewebe. Kleine Lügen können durchaus diplomatisch sein. Wenn Ihre beste Freundin fragt: «Wie steht mir das Kleid?» und ihrem Gesicht anzusehen ist, dass sie ein Kompliment erwartet, tun Sie ihr die unschuldige Freude. Sollte sie allerdings in dem neuen Teil völlig verboten aussehen und beabsichtigen, damit zu einem Bewerbungsgespräch zu gehen, sagen Sie ihr: «In deinem dunklen Kostüm würdest du seriöser wirken.» (Mehr zum diplomatischen Kritisieren im nächsten Kapitel.) Kleine Notlügen sind erlaubt, wenn sie ohne Fortsetzung bleiben. Müssen Sie jedoch immer weiter schwindeln, damit die anfängliche Unwahrheit nicht auffliegt, geraten Sie früher oder später in Erklärungsnöte. Wer Sie ertappt, wie Sie an einem größeren Lügengewebe stricken, wird Ihnen nie mehr vertrauen.

Reizen Sie die Neugier auf harmlose Informationen. Damit können Sie von delikaten Dingen ablenken. Lassen Sie zunächst nur einen Spalt Licht nach draußen: «Es gibt da noch eine Sache … aber darüber möchte ich im Moment lieber nichts sagen. Nur so viel: Es gibt noch einen weiteren Grund, warum ich mich so verhalten habe.» Solange Ihre Partner versuchen herauszubekommen, was sich hinter Ihren Andeutungen verbirgt, ruhen Ihre übrigen Geheimnisse in Frieden. Was Sie angedeutet haben, geben Sie nur in kleinen Häppchen preis. Schritt für Schritt. Unter Umständen können Sie dabei sogar Ihr delikates Problem wie nebenbei ausplaudern, ohne dass es allzu sehr beachtet wird, weil Ihre Partner aufgrund Ihrer Andeutungen von Ihnen die Enthüllung eines noch viel größeren Skandals erwarten.

Erzählen Sie nur, wonach Sie gefragt werden. Direkte Fragen schaffen Sie sich am schnellsten vom Hals, wenn Sie sie ebenso direkt beantworten. Auch wenn sie unangenehm sind. Aber beantworten Sie nur das, wonach Sie auch gefragt werden. Es ist erstaunlich, wie viele Leute nach einem ersten Geständnis in eine regelrechte Bekenntniswut hineingeraten. Haben sie erst eine Sache zugegeben, reden sie sich nun alle Sünden von der Seele, die noch keiner geahnt hat. Ehe Sie zu viel ausplaudern, schützen Sie sich mit der Frage: «Was genau möchtest du wissen?»

Antworten Sie knapp und präzise, verzichten Sie auf längere Rechtfertigungen. Eine kurze, konkrete Antwort wirkt ehrlich. Wer seiner Erklärung längere Begründungen anfügt – meist um sein Verhalten zu entschuldigen –, weckt Misstrauen. Eine Sache, die so weitschweifiger Rechtfertigung bedarf, kann nicht ganz sauber sein.

Stellen Sie einen persönlichen Bezug her. Mit dem schlichten Satz «Das Folgende könnte interessant für Sie sein» ist Ihnen erhöhte Aufmerksamkeit sicher. Niemand will verpassen, was für ihn nützlich sein könnte. Setzen Sie diesen Satz vor eine Information, die Sie gern preisgeben. Und wenn Ihnen partout kein Nutzen für Ihre Zuhörer einfallen will? Kein Problem. Es genügt, wenn Sie eine Vermutung dazu äußern: «Vielleicht werden Sie sich an diese Tatsache erinnern, wenn Sie das nächste Mal eine neue Software installieren wollen.» Informationen, denen Sie weniger Aufmerksamkeit wünschen, kleiden Sie stattdessen in den Satz: «Der Vollständigkeit halber will ich noch hinzufügen ... auch wenn das für Sie persönlich weniger wichtig sein mag.»

Holen Sie sich mit Gegenfragen die Führung zurück. Sie erinnern sich: Wer fragt, der führt. Daraus folgt: Wenn Sie Auskünfte auf Fragen anderer erteilen, werden Sie geführt. Nutzen Sie deshalb jede Gelegenheit, selbst zu fragen, zum Beispiel:

- Möchten Sie mehr über meine Motive erfahren oder wie ich in Zukunft weiter verfahren will?
- Weshalb interessieren Sie sich dafür?
- Wie würden Sie an meiner Stelle handeln?

Auf diese Weise erfahren Sie genauer, worüber Sie Auskunft geben sollen und worüber Sie schweigen dürfen. Außerdem wäre es nicht das erste Mal, dass ein Fragesteller, sobald er selbst in die Rolle des Befragten gedrängt wird, lieber das Thema fallen lässt.

Liefern Sie ein überraschendes Eingeständnis. Richelieu hatte einst als junger Mann sein Taufzeugnis gefälscht, um sich zwei Jahre älter zu machen. Der Grund: Er musste 21 Jahre alt sein, um zum Bischof ernannt zu werden. Um rasch an den begehrten Titel zu gelangen, begab er sich an den päpstlichen Hof. Dort gelang es ihm so erfolgreich, seinen Ehrgeiz und seine diplomatische Intelligenz mit christlicher Demut zu ummänteln, dass ihm Papst Paul V. nach der Rekordzeit von nur sechs Monaten die ersehnte Beförderung zukommen ließ. Dazu musste er nun freilich weitere Dokumente vorlegen, in denen sein wahres Geburtsjahr (1585) stand. Richelieu widerstand der Versuchung, durch neue Fälschungen die Entlarvung aufzuschieben. Er meldete sich beim Papst zur Beichte und legte ein umfassendes Geständnis ab. Seine Verfehlung begründete er mit seinem Wunsch, der Kirche zu dienen. Mit Erfolg. Der Papst verzieh und erteilte ihm die Absolution. Richelieu wurde Bischof.

Sagen Sie mitten in Ihrer Erklärung: «Ich muss Ihnen ein Geständnis machen.» Wem Sie auch Auskunft zu geben haben – Sie werden mit dieser Ankündigung Pluspunkte einheimsen.

VARIANTE EINS: Ihr Geständnis braucht nichts mit der Frage zu tun zu haben, die Ihnen zuvor gestellt wurde. Offenbaren Sie etwas anderes, das Ihnen mildernde Umstände einbringt. Sie können sagen, dass Ihnen heute durch ein Versehen eine bestimmte Akte nicht zur Verfügung steht. Dass Sie Magenschmerzen haben und sich nur schwer konzentrieren können. Dass Sie gerade einen Anruf wegen einer familiären Katastrophe erhalten haben und deswegen nicht so ganz bei der Sache sind. Solche Bekenntnisse stoßen auf Verständnis – vorausgesetzt

- Sie nennen nicht mehr als eine Katastrophe auf einmal,
- Ihre Verlegenheit ist echt,
- Ihr Geständnis kann nicht sofort widerlegt werden.

Kurz, Ihr Geständnis sollte wahr sein oder unter die Rubrik «kleine Notlüge» fallen.

VARIANTE ZWEI: Sie bieten eine Information, die Sie ohnehin preisgeben wollten, als Bekenntnis dar. Sie lassen nach der Frage Ihres Gegenübers drei Sekunden verstreichen, bevor Sie sagen: «Sie haben da einen heiklen Punkt angesprochen. Ich muss Ihnen Folgendes beichten ...» Damit werten Sie die darauf folgende Information zum Dreh- und Angelpunkt Ihrer Mitteilung auf. Wichtig ist auch der Zeitpunkt. Je nachdem, wann Sie mit Ihrem Bekenntnis herausrücken, erreichen Sie unterschiedliche Wirkungen:

Zu Anfang: «Da Sie mich ohnehin danach fragen werden, möchte ich Ihnen zu Beginn gleich ein Geständnis ablegen ...» Mit einer vollständigen Offenbarung können Sie ein unangenehmes Verhör abkürzen, indem Sie den Leuten, die Sie mit Fragen löchern wollten, mit einer umfassenden Beichte zuvorkommen. Es ist aber auch das Umgekehrte möglich. Indem Sie absichtlich nur ein Teilgeständnis ablegen, reizen Sie die Neugier so weit, dass Ihre Zuhörer sich hartnäckig auf die fehlenden Details einschießen. Andere, gefährlichere Themen zur Sprache zu bringen – daran denkt niemand mehr.

Zwischendurch: «Ich glaube, an dieser Stelle sollte ich Ihnen gestehen, dass ...» Sie setzen einen Spannungspunkt in einer bisher eher langweiligen Runde. Oder Sie leiten erfolgreich einen Themenwechsel ein.

Am Schluss: «Ihr macht es mir wirklich nicht leicht. Also gut, eine Sache habe ich bisher verschwiegen ...» Ihre Partner gewinnen den Eindruck, Sie durch ihre Gesprächsführung bis zu dem Geständnis getrieben zu haben. Vor allem, wenn das, was Sie bis dahin anzubieten hatten, etwas mager war, bringen Sie die Unterhaltung so noch zu einem befriedigenden Ende.

Bekennen Sie sich zur Verschwiegenheit. Manchmal ist es nicht zu umgehen: Sie werden um eine Auskunft gebeten, und genau diese Auskunft dürfen oder wollen Sie nicht geben. In diesem Fall gibt es nur eine Antwort: «Es tut mir Leid, aber ich habe Herrn (Frau) X versprochen, darüber keine Auskunft zu erteilen.» Jeder wird eine solche Reaktion akzeptieren, denn sie garantiert ihm, dass Sie im Gegenzug auch seine Mitteilungen vertraulich behandeln werden. Gebrauchen Sie diese Taktik aber nur im Ausnahmefall. Wer sich in jedem zweiten Satz auf sein Schweigegelöbnis beruft – selbst als Arzt oder Anwalt –, wirkt entweder extrem misstrauisch oder wie jemand, der sich interessanter machen möchte, als er ist.

Der Vorzug entwaffnender Ehrlichkeit

Dreißig Jahre nach seiner Jugendbeichte beim Papst, als Richelieu längst Kardinal und Herzog geworden war, schrieb er als Summe seiner Erfahrung, «dass am Hofe wie im Kriege derjenige, der sich vor dem Feinde zurückzieht, Gefahr läuft, verfolgt und zugrunde gerichtet zu werden». Ausweichen, sich verstellen und seine Absichten verleugnen – wer dauernd mit Ablenkungsmanövern beschäftigt ist, kann nicht energisch und überzeugend auftreten.

Wahrheit als Waffe. Kluge Diplomaten verhalten sich geradliniger als ihre weniger begabten Kollegen. Sie legen ihre Karten offen auf den Tisch. Besonders in einer Umgebung, wo Intrigieren und Täuschen an der Tagesordnung sind, ist Ehrlichkeit allen Winkelzügen überlegen. Als Bismarck in jungen Jahren erklärte, über die Vorherrschaft Preußens oder Österreichs im künftigen deutschen Einheitsstaat müsse auf dem Schlachtfeld entschieden werden, hielten ihn die übrigen Gesandten für einen vorlauten, gewalttätigen Spinner. Vor allem als Preußen an der Seite Österreichs gegen Dänemark in den Krieg zog, als dessen König Christian IX. Schleswig von Holstein abtrennte, um es seinem Lande einzuverleiben. Doch zehn Jahre nach seiner Ankündigung war es so weit. Preußen siegte bei Königgrätz (im heutigen Tschechien). Österreich schied aus dem deutschen Staatenbund aus und richtete seine Interessen von nun an auf Ungarn und den Balkan. Der Preußenkönig Wilhelm I. aber setzte nur fünf Jahre später die deutsche Kaiserkrone auf sein Haupt.

Wenn Sie Ihre Absichten offen verkünden und sich exakt an Ihre Ankündigung halten, festigen Sie Ihren Ruf, vertrauenswürdiger als andere zu sein – vor allem dann, wenn Ihre Mitmenschen fürchten, dass Sie hinter Ihrer Erklärung andere, geheime Ziele verbergen könnten. Alle großen Diplomaten verdankten dieser Regel ihren immensen Einfluss. Metternich behauptete stets, er sei für ein Gleichgewicht aller europäischen Mächte. Keiner solle unter die Räder kommen, weder Napoleon noch seine Gegner. Anfangs vermuteten viele dahinter einen Trick. Doch bald zeigte sich, dass genau dieses Verhalten Österreichs Existenz in der Zeit der Napoleonischen Kriege sicherte. Die Wiener Diplomatie wurde das Zünglein an der Waage in den

Friedensverhandlungen. Sämtliche verfeindeten Regierungen fragten Metternich um Rat und baten um seine Vermittlung.

Das Prinzip Eigennutz. Behaupten Sie niemals, Sie hätten nur die Interessen Ihrer Firma, Ihres Chefs oder Ihrer Familie im Sinn. Jeder fragt sich dann unwillkürlich, wo Ihre eigenen Interessen liegen. Sie engagieren sich für die Firma, weil Sie dort Karriere machen wollen? Sie leisten Überstunden für Ihren Chef, weil Sie von seinen Kontakten profitieren wollen? An Ihrer Familie schätzen Sie die Geborgenheit und die Wertschätzung, die Sie dort finden? Das alles sind ehrenwerte Motive. Sprechen Sie darüber. Denn auch Ihr Partner, Ihre Kollegen und Ihr Chef verfolgen eigennützige Ziele. So manche Ehe hätte bessere Chancen, wenn die Verheirateten einander nicht fragen würden: «Liebst du mich noch?», sondern: «Warum möchtest du weiter mit mir zusammenbleiben?»

Kommen Sie jedem entgegen, der Ihnen in die Karten schauen will. Sagen Sie nie mehr: «Das geht dich nichts an!» oder: «Das ist allein meine Sache.» Fragen Sie lieber: «Warum möchtest du das wissen?»

Wenn Sie etwas verschweigen, weil Sie fürchten, Ihren Partner zu verletzen – wie verletzt wäre er erst, wenn er hintenherum, über Dritte, davon erfährt! Eine typische diplomatische Konstellation ist die folgende: Sie haben verhandelt, wollen aber auch mit der Gegenseite sprechen. Tun Sie es nicht heimlich! Wenn Sie mit dem Kontrahenten zu einer Abmachung kämen, müssten Sie doch davon berichten. Und hätten das Vertrauen in Ihre Ehrlichkeit verspielt. Kündigen Sie Ihr Vorhaben an, auch wenn Ihr erster Partner davon nicht erbaut ist. Sagen Sie: «Ich werde bei dem Gespräch Ihre Interessen einbringen.»

Ihre geheimen Gesetze. Über eines reden Diplomaten allerdings nie: die zwanzig Gesetze ihres Handelns. Sie bekennen sich zu ihren Absichten – ihre Taktik behalten sie dagegen schön für sich. Das hat seinen guten Grund. Im zweiten Gesetz

(«Beweisen Sie mehr Geduld als Ihr Gegenüber») haben Sie schon erfahren: Ein Gegner kann versuchen, das Wissen, dass Sie sich an eine Verhaltensregel halten, zu Ihrem Schaden auszunutzen. Er könnte zum Beispiel die Reißfestigkeit Ihres Geduldsfadens testen. Zwar haben Richelieu in seinen Maximen sowie Bismarck und Churchill in ihren Autobiographien über einige Richtlinien ihres Handelns geschrieben. Aber da hatten sie ihre entscheidenden Erfolge bereits errungen oder befanden sich schon im Ruhestand.

Talleyrand nutzte sein letztes öffentliches Auftreten in seinem Todesjahr 1838, um erstmals über die Gesetze seines diplomatischen Handelns zu reden. Vor den Mitgliedern der Akademie sprach er von patriotischem Gewissen, von der Heiligkeit der Berufung ... Über seine Methoden, einen bevorstehenden Machtwechsel rechtzeitig zu erahnen und mit fliegenden Fahnen ins neue Lager zu wechseln, kein Wort. Er nahm sein Wissen mit ins Grab. Erst seine Biographen enthüllten nach und nach die Geheimnisse seines Erfolgs.

GESETZ 8

UNTERBREITEN SIE VORSCHLÄGE STATT FORDERUNGEN

Thérèse Lachmann war eine der teuersten Kurtisanen im Paris des 19. Jahrhunderts. Sie entfloh ihrem ärmlichen russischen Elternhaus und ging zunächst nach Baden-Baden, wo sie sich den vermögenden portugiesischen Herzog de Paiva-Araujo angelte. Doch der zog sich bald in seine Heimat zurück und hinterließ ihr nichts weiter als ein kleines Startkapital und seinen Familiennamen. La Païva, wie sie sich von nun an nannte, zog nach Paris in ein kleines Palais auf den Champs-Élysées, trug Schmuck im Wert von Millionen um den Hals und empfing die Prominenz in ihrem mondänen Salon. Trotz ihrer Ansprüche – die Männer standen Schlange um ihre Gunst. Ein Verehrer war besonders lästig. Trotz mehrfacher Zurückweisungen kam er immer wieder. Schließlich forderte sie: «Bringen Sie mir zehntausend Franc in Scheinen. Die zünden wir an, und ich werde die Ihre sein, solange sie brennen.»

Der junge Mann zeigte sich überaus großzügig. Er brachte mehr als die geforderte Summe, insgesamt zwölftausend Franc. Sobald die Païva den ersten Schein in Brand gesteckt hatte, stürzte er sich eilig in sein Glück. Er wusste – hier bedeutete Zeit im wahrsten Sinne des Wortes Geld. Als er den Liebesrausch genossen hatte und der letzte Schein verbrannt war, machte er ihr ein Geständnis: Was da in Flammen aufging, war wertloses Falschgeld gewesen.

Forderungen sind ein beliebtes Mittel im Machtkampf. Aber auch gefährlich. Sie lösen die Überlegung aus: Wie unterlaufe ich die Forderung, ohne dass der andere es merkt?

Vier Verbotsschilder, die jeder kennen sollte

Als ich anfing, mich mit dem Thema dieses Buches zu beschäftigen, stellte ich Bekannten und Studenten die Frage: «Welche undiplomatischen Verhaltensweisen haben euch bisher am meisten geärgert?» Einige kamen mit viel Mühe auf zwei oder drei wenig präzise Formulierungen wie «Allzu direkt mit der Tür ins Haus fallen» oder «Taktlos und rücksichtslos sein». Andere füllten im Nu lange Listen aus. Offenbar hatten sie schon eine Menge schlechter Erfahrungen gesammelt.

Ich weiß nicht, was Ihnen auf meine Frage als Erstes eingefallen wäre. Die von mir Befragten nannten am häufigsten:

Vorwürfe. «Kannst du nicht einmal pünktlich sein?»

«Du stellst dich wieder mal selten dämlich an!»

«Hätten Sie gleich reagiert, müsste ich Sie heute nicht schon wieder behelligen.»

Niemand lässt sich gern beschuldigen. Haben Sie jemals auf Vorwürfe mit einem einsichtigen «Du hast Recht» reagiert? Die normale Reaktion: Ärger, Verteidigung, Gegenvorwürfe. Wir wissen, dass Vorwürfe nichts bessern, aber die Atmosphäre vergiften. Warum verzichten wir dann nicht auf sie?

Drohungen. «Wenn du dich nicht änderst, werde ich andere Seiten aufziehen.»

«Ich werde mich über Sie bei Ihrem Vorgesetzten beschweren.»

«Möchten Sie einen sicheren Arbeitsplatz bei uns? Dann sollten Sie etwas mehr Engagement zeigen.»

Unliebsame Konsequenzen in Aussicht stellen – das ist in der Arbeitswelt immer noch die beliebteste Form, Mitarbeiter zu motivieren. Mit der Folge, dass sich die besten Leute – die keine Schwierigkeit haben, einen anderen Arbeitsplatz zu finden – schnell auf die Suche nach einem freundlicheren Arbeitgeber machen. Kein Wunder, dass der Chef bald das Gefühl hat, nur noch von Versagern umgeben zu sein. Der selbst auferlegte Zwang, seinen Worten auch Taten folgen zu lassen, um glaubwürdig zu bleiben, vernichtet auch im Privatleben jedes Jahr Tausende von funktionierenden Beziehungen. Warum ist dieses selbstzerstörerische Verhalten so beliebt?

Kritik. «So wird das nie was. Kauf dir endlich mal eine neue Maschine.»

«Also ehrlich, jedes Kind kann das besser.»

«Ihre Arbeitsmoral lässt sehr zu wünschen übrig.»

Die meisten Befragten bezeichneten solche Kritik als «böse», «negativ» oder «abwertend». Sie ist wenig hilfreich, weil sie angreift, ohne sich um verletzte Gefühle zu scheren. Warum kanzeln wir andere in einer Weise ab, die wir uns selbst nicht gefallen lassen würden?

Forderungen. «Gewöhn dir endlich das Rauchen ab.»

«Bis Freitag müssen Sie das erledigt haben.»

«Halte dich immer an dein Versprechen, und wir werden prima miteinander auskommen.»

Überlegen Sie einmal: Wie viele von den Forderungen, die jemals an Sie gestellt wurden, haben Sie freiwillig und gern erfüllt? Wie viele Forderungen haben Sie selbst durchsetzen können? Obwohl die Erfolgsbilanz recht mager ausfällt, stirbt der Versuch, sich mit aller Macht durchsetzen zu wollen, nicht aus. Warum?

Auch wenn die von mir Befragten zugaben, dass diese Verhaltensweisen nicht von Diplomatie zeugen, glaubte kaum einer, dass er selbst ohne sie auskommen könne: «Ich weiß, schön ist das nicht. Aber manchmal muss man eben Klartext reden und mit der Faust auf den Tisch hauen. Manches kann man einfach nicht durchgehen lassen.»

Warum Drohungen und Co. nicht funktionieren

Warum halten wir ein Gesprächsverhalten für notwendig, das offenbar erfolglos ist und nur für schlechte Stimmung sorgt? Drei Motive spielen hier eine unheilvolle Rolle:

1. Ich will in erster Linie meinen Ärger abreagieren. Ich kritisiere nicht, um jemandem zu helfen, sondern um mich selbst zu bestätigen. Kein Wunder, dass ich damit nicht auf Dankbarkeit stoße. Wer möchte schon der Punchingball eines anderen sein?
2. Fordern und Kritisieren ist einfach. Es erspart mir die Mühe, mich in mein Gegenüber hineinzuversetzen. Ich artikuliere nur, was ich geändert haben will. Aber dass ich meine Wünsche einfordern muss, zeigt leider, dass nicht jeder die Dinge so sieht wie ich.
3. Da ich nicht weiß, wie ich mich anders durchsetzen soll, will ich wenigstens Flagge zeigen. Hinterher soll keiner sagen können, ich hätte nicht deutlich meine Meinung gesagt. Dann kann ich mich zumindest als einsamer Rufer in der Wüste fühlen.

Das Dilemma kennt jeder: Je nachdrücklicher ich fordere, desto stärker wird der Widerstand, den ich provoziere. Aber wenn jemand sich dümmer anstellt, als sein Gehalt erlaubt? Wenn er seine Versprechen nicht hält? Wenn meine berechtigten Anliegen auf taube Ohren stoßen?

Die magische Formel, die Widerstand schmelzen lässt. Diplomaten haben vor Jahrhunderten schon das Mittel gefunden, wie sie ihre Interessen artikulieren, ohne Gegenwehr zu provozieren. Die magische Formulierung lautet: «Ich schlage vor …» Zwar begeben sich Unterhändler oft mit Forderungskatalogen an den Verhandlungstisch, aber lassen Sie sich davon nicht täuschen. Es besteht bei ihnen eine stillschweigende Übereinkunft, unter «Forderung» einen «nachdrücklichen Vorschlag» zu verstehen. Sonst gäbe es nichts zu verhandeln.

Ob Drohung, Vorwurf, Kritik oder Forderung – sie alle lassen sich ohne weiteres in Vorschläge umformulieren. Und das genügt bereits, um ein konstruktives Gespräch über Ihre berechtigten Anliegen in Gang zu bringen. Sie erkennen das Prinzip, wenn Sie probeweise die vier mal drei undiplomatischen Beispielsätze vom Anfang dieses Abschnitts in Vorschläge verwandeln. Je eine mögliche Variante zeigt die folgende Tabelle:

Undiplomatisch	Diplomatisch
Kannst du nicht einmal pünktlich sein?	Mein Vorschlag: Wenn wir jeden Morgen Punkt sieben anfangen, kannst du pünktlich halb drei nach Hause.
Stell dich nicht so dämlich an!	Darf ich dir zeigen, wie man diese Sache mit weniger Anstrengung erledigen kann?
Hätten Sie gleich reagiert, müsste ich Sie heute nicht schon wieder behelligen.	«Können wir kurz mal das Papier durchgehen? Dann muss ich Sie nicht noch einmal behelligen.
Wenn du dich nicht änderst, werde ich andere Seiten aufziehen.	Erklär mir bitte, warum du dich so verhältst. Vielleicht ärgere ich mich weniger, wenn ich deine Gründe verstehe.

Undiplomatisch	Diplomatisch
Ich werde mich über Sie bei Ihrem Vorgesetzten beschweren.	Sie haben sicher schon kompliziertere Fälle als meinen bearbeitet. Vielleicht kennen Sie eine Möglichkeit, wie Sie mir helfen können.
Möchten Sie einen sicheren Arbeitsplatz bei uns? Dann sollten Sie etwas mehr Engagement zeigen.	Ich möchte Ihnen gern erläutern, was wir von unseren Mitarbeitern erwarten. Und dann sagen Sie mir, ob Sie da für sich Schwierigkeiten sehen. Einverstanden?
So wird das nie was. Kauf dir endlich mal eine neue Maschine.	Lass uns mal durchrechnen, ob du mit einer neuen Maschine nicht langfristig günstiger fährst.
Also ehrlich, jedes Kind kann das besser.	Es fällt dir schwer, nicht wahr? Was hältst du von einem Trainingskurs?
Ihre Arbeitsmoral lässt sehr zu wünschen übrig.	Vielleicht würden Sie sich bei einem anderen Arbeitgeber wohler fühlen?
Gewöhn dir endlich das Rauchen ab.	Wir sind alles Nichtraucher. Wir bitten dich, in Zukunft auf dem Flur zu rauchen.

Undiplomatisch	Diplomatisch
Bis Freitag müssen Sie das fertig erledigt haben.	Wenn Sie bis Freitag damit fertig werden, können wir Montag das Projekt abgeben. Geht das?
Halte dich immer an dein Versprechen, und wir werden prima miteinander auskommen.	Ich verlass mich auf dich. Solltest du mal Probleme haben, deine Zusage einzuhalten, dann sag mir Bescheid, dass wir gemeinsam nach einer Lösung suchen. Okay?

Sie sehen, auch die diplomatische Redeweise verzichtet nicht auf klare Worte. Aber statt den Menschen, der Ihnen gegenübersteht, anzugreifen, sagen Sie: So ist die Lage, das ist mein Vorschlag, nun entscheide oder verhandle mit mir. Der diplomatische Stil bietet keine Garantie, dass Ihre Bitten und Angebote sofort auf Gegenliebe stoßen. Aber wenn Sie in Zukunft jedes Mal, wenn es Sie juckt, verbal zuzuschlagen, Ihre Attacke in einen Vorschlag umformulieren, erreichen Sie dreierlei:

1. Ihnen unterlaufen keine negativen Äußerungen mehr. Mit einem Vorschlag legen Sie automatisch eine positive Idee vor.
2. Sie bieten Ihrem Partner ein Gespräch über seine Wünsche an, denn indirekt fragen Sie mit einem Vorschlag stets: «Was hältst du davon?»
3. Da Sie keinen Angriff mehr vortragen, werden Ihre Ideen nicht mehr von vornherein abgeblockt. Einer Forderung entziehen wir uns möglichst, Vorschläge sind wir bereit in Erwägung zu ziehen.

Sanfte Initiativen gesucht

Vorschläge sind aber auch eine Methode, in einem Gespräch die Initiative an sich zu ziehen. Sie enthalten die Frage: «Was ist deine Meinung dazu?» Und Sie wissen: Wer fragt, der führt.

Überprüfen Sie meine Behauptung, wenn Sie das nächste Mal mit einer Gruppe von Leuten vor einem Problem stehen. Jeder von Ihnen weiß, was er nicht will. Aber einen Vorschlag zur Lösung, der nicht nur die eigene Bequemlichkeit, sondern das Interesse der Gruppe ins Auge fasst, hat nur selten jemand zu bieten. Wenn Sie jetzt als Erste(r) einen Vorschlag vorlegen, haben Sie gute Chancen, dass er angenommen wird – einfach weil niemand etwas Besseres auf Lager hat.

Noch einmal die Zielkurs-Formel. Erfahrene Vorgesetzte kennen diesen diplomatischen Trick. Sie kommen mit einem vorbereiteten Beschluss in die Beratung und können sich getrost auf eine Diskussion nach allen demokratischen Spielregeln einlassen. Selbst wenn wider Erwarten einem Kollegen ein Gegenvorschlag einfällt – der Chef hat gute Aussichten, trotzdem zu gewinnen. Nicht wegen seiner höheren Autorität – sondern weil sein Vorschlag präziser formuliert ist. Eine überzeugende Idee besitzt nämlich dieselben acht Eigenschaften wie eine klare Zielvorgabe. Erinnern Sie sich noch an die ZIELKURS-Formel aus dem ersten Gesetz? Versehen Sie Ihre Vorschläge von nun an mit Angaben über:

1. **Z**EITRAHMEN: Bis wann kann er umgesetzt werden?
2. **I**NVESTITION: Was für Voraussetzungen müssen bereitgestellt werden?
3. **E**NTBEHRUNGEN: Worauf muss die Gruppe verzichten?
4. **L**AGE: Wie sind die Ausgangsbedingungen?
5. **K**ONKRETHEIT: Was genau enthält Ihr Vorschlag?
6. **U**NABHÄNGIGKEIT: Von welchen Außenfaktoren ist der Erfolg abhängig?

7. **R**EALISMUS: Wie realistisch ist der Vorschlag?
8. **S**PEZIFIZIERUNG: Hat Ihre Gruppe überhaupt die Mittel und Möglichkeiten, ihn umzusetzen?

Können Sie all diese Fragen beantworten, wirkt Ihr Vorschlag überzeugend. Müssen Sie dagegen sagen: «Da muss ich mich erst erkundigen» oder «Das werden wir schon irgendwie hinkriegen», brauchen Sie sich über zweifelnde Mienen nicht zu wundern.

Trumpfkarte geteilte Verantwortung. Es gibt noch einen weiteren Grund, warum Vorschläge Forderungen überlegen sind. Wenn Sie eine Forderung durchsetzen, fällt Ihnen die gesamte Verantwortung für das Gelingen zu. Sollte die Sache wider Erwarten schief gehen, können Ihre Gefolgsleute sagen: «Ja, wir waren gleich skeptisch. Aber er hat uns die Pistole auf die Brust gesetzt. Und schließlich – er ist der Experte.»

Haben Sie dagegen einen Vorschlag unterbreitet, sind Sie fein heraus. Es war zwar Ihre Idee, aber die anderen haben sie diskutiert und für gut befunden. Die Verantwortung für das Resultat tragen Sie alle gemeinsam. Wenn es ein Erfolg war, fällt der Ruhm Ihnen zu. Die Gruppe darf sich bei Ihnen für Ihre tolle Idee bedanken. Ging die Sache daneben: Warum hat keiner aus der Gruppe rechtzeitig die Gefahr erkannt? Weshalb kam keiner auf eine bessere Idee?

Da ein Vorschlag immer eine Einladung zu einem Gespräch über eine Idee darstellt, haben Sie gute Karten in der Hand, falls Ihre Anregung abgelehnt wird:

- Sie können um eine Begründung bitten und dann verhandeln, ob Ihre Empfehlung nicht wenigstens zum Teil Berücksichtigung finden kann.
- Sie bieten weitere Vorschläge an. Kaum jemand besitzt die Unverfrorenheit, vier oder fünf konstruktive Anregungen hintereinander in Bausch und Bogen abzulehnen. Mit jeder neuen Idee steigt daher Ihre Chance, ein Ja zur Antwort zu

erhalten. Jeder erfahrene Unterhändler weiß, dass er eine längere Liste an Zielvorgaben mitbringen muss, wenn er wenigstens einige Positionen durchsetzen möchte.

- Eine Forderung drückt Ihr Verlangen aus, weiter nichts. Ein Vorschlag ist hingegen ein Angebot an Ihren Partner. Sein Nein bedeutet daher kein Aus für Sie. Sie können das gleiche Anliegen auch mit einem anderen Vorschlag realisieren. Solange Sie Ihre Ziele diplomatisch in der Form von Anregungen, Empfehlungen und vorläufigen Überlegungen vortragen, halten Sie die Tür zu Ihren Mitmenschen offen. Sie bleiben im Gespräch.

GESETZ 9

FAHNDEN SIE NOCH IM SCHÄRFSTEN GEGENSATZ NACH DER VERBINDENDEN GEMEINSAMKEIT

Der Geschichtsschreiber Titus Livius überliefert folgende Erzählung aus der Frühzeit des antiken Rom (494 v. Chr.):

Weil die Patrizier Forderungen der Volksschicht Roms nicht erfüllten, zogen die Plebejer aus Protest auf den Heiligen Berg, drei Meilen vor der Stadt. Sie richteten sich dort in einem befestigten Lager ein. Unter den Zurückgebliebenen war der Schrecken ungeheuer. Wollten sie etwa ihre Heimatstadt angreifen und erobern? Blutige Rache nehmen? Was wäre, wenn ein auswärtiger Feind dazukäme?

Der Senat beschloss, den redegewandten Menenius Agrippa, einen aus dem einfachen Volk stammenden Patrizier, als Vermittler in das Lager der Plebejer zu senden. Als der Gesandte sah, dass die aufgebrachte Menge keine versöhnliche Botschaft hören wollte, erzählte er eine Fabel:

«Vor langer Zeit hatten sich die menschlichen Körperteile geärgert, weil sie in mühsamer Arbeit Nahrung für den Magen herbeizuschaffen hatten. Der Magen aber liege nur müßig in der Mitte herum und tue nichts weiter, als die Früchte ihrer Arbeit zu genießen. Da verschworen sie sich gegen den Faulpelz. Die Zähne stellten das Kauen ein. Der Mund nahm nichts Essbares mehr an. Die Hände führten keine Lebensmittel mehr zum Mund. Zu ihrem Erstaunen bemerkten sie in den nächsten Tagen, dass sie immer schwächer wurden, weil das Blut, aus dem sie ihre Kraft bezogen, dünn und saftlos durch ihre Adern floss. Da begriffen sie, dass der Magen unbemerkt einen beachtlichen Dienst für sie alle verrichtete.»

Durch diese Erzählung ließen sich die Plebejer umstimmen, mit den Patriziern zu verhandeln. Am Ende setzten sie die Wahl von zwei Volkstribunen durch, die in Zukunft gegenüber den adligen Konsuln die Interessen des Volkes vertreten sollten.

Dies ist einer der ältesten Berichte aus den Anfängen der Diplomatie über die Suche nach einer verbindenden Gemeinsamkeit, die eine Einigung trotz scharfer Gegensätze ermöglicht.

Sammeln Sie Übereinstimmungen

Die späteren Generationen haben diese Kunst immer weiter verfeinert. In manchen Fällen entschied dieses Gesetz über den Ausgang von Kriegen und das Schicksal ganzer Völker. Wenzel von Kaunitz, dem Vorgänger Metternichs im Amt des österreichischen Staatskanzlers, gelang mit ihm ein Coup, der als «diplomatische Revolution» in die Geschichte einging. Seit Richelieu Frankreich auf Kosten Österreichs zu einer führenden europäischen Großmacht aufgebaut hatte, waren beide Länder verfeindet. Kaunitz gelang es, den Feind in der Auseinandersetzung während des Siebenjährigen Kriegs mit Preußen (1756–63) auf seine Seite zu ziehen. Er überzeugte die Franzosen, dass die neue Militärmacht aus Berlin für beide, Paris und Wien, eine Bedrohung darstellte.

Die Bildung von Koalitionen ist das wichtigste Geschäft der Diplomatie. Sie fragt stets: Durch welche neuen Bündnispartner kann ich meine Stärke vervielfachen? Woraus sich sofort die Frage ergibt: Auf welche Übereinstimmungen berufe ich mich, um ein gemeinsames Vorgehen zustande zu bringen?

Da keine zwei Menschen völlig gleich sind, fällt es leicht, sich über Unterschiede und gegensätzliche Interessen zu ärgern. Manchmal genügt schon eine einzige Meinungsverschiedenheit, um zwei Menschen zu erbitterten Feinden zu machen. Ich habe einmal auf einer Party beobachtet, wie zwei Gäste sich wegen der Frage, ob es übersinnliche Erscheinungen gibt, in die Haare gerieten. Sie begeisterte sich für Esoterik, er hielt alles für Humbug, was die Wissenschaft nicht zählen und messen kann. Am Ende gingen sie mit wütenden Gesichtern auseinander. Vielleicht hätten die beiden bei einem Gespräch über Kunst oder Psychotherapeuten (den Beruf unseres Gastgebers) viel Verbindendes entdeckt und sich prächtig miteinander amüsiert?

Dagegen können sogar ein Chemievertreter und ein Ökobauer einander auf Anhieb sympathisch finden, wenn sie sich nicht im Berufsleben begegnen, sondern in der Freizeit auf einem Gestüt, weil beide begeisterte Westernreiter sind. Ja, Sie müssen nicht einmal das gleiche Hobby praktizieren wie Ihr Bündnispartner. Es genügt schon, dass Sie lebhaftes Interesse äußern für die Dinge, an denen das Herz eines Mitmenschen hängt, um ihn für sich einzunehmen. Diplomaten, die ja oft mit Gegnern verhandeln müssen – also Personen, die ihnen mit Gefühlen begegnen, die von Skepsis bis zu unverhohlener Abneigung reichen –, nutzen das Gesetz der verbindenden Gemeinsamkeit, um Misstrauen und Antipathie zu überwinden. Sie halten sich an folgende Regeln:

Über Verbindendes reden, alles Trennende ignorieren. Eine Gemeinsamkeit gibt es immer: den Wunsch, im Gespräch eine Übereinkunft zu erzielen. Beide möchten außerdem, dass die Abmachung alle zufrieden stellt. Dass der Konflikt enden und beide Unterhändler Anerkennung für ihr Ergebnis erhalten mögen. Sobald es zur Sache geht, halten Sie sich nicht bei den Gegensätzen auf. Verzichten Sie darauf, Behauptungen zu widerlegen, Dinge richtig zu stellen oder darüber zu streiten, wer Recht hat. Nehmen Sie die Ansichten Ihres Partners als gegeben hin. Prüfen Sie, wo sich Ihre Ansichten decken, und gestalten Sie Ihr Verhältnis zueinander erst einmal nur auf diesen Gebieten.

Bekennen Sie sich zu Ihrem Interesse an der Einigung. Täuschen Sie keine Selbstlosigkeit vor. Niemand wird Ihnen glauben, dass Sie nur das Glück des anderen im Sinn haben und für sich selbst keine Belohnung erwarten. Es fällt viel leichter, zu einem Ergebnis zu gelangen, wenn beide genau wissen, was sie voneinander erwarten.

Sprechen Sie über die guten Seiten des anderen und seine Erfolge. Unter Freunden fällt das leicht – aber unter missgünstigen Kollegen? In ein verfeindetes Team wurde ein Psychologe geholt, als die Truppe allein ihre Konflikte nicht mehr zu lösen vermochte. Als der Experte den ersten Mitarbeiter aufforderte zu sagen, was er an seinem Verkaufsleiter gut fände, antwortete er: «Dass er sich acht Wochen im Jahr krankschreiben lässt und in dieser Zeit meine Arbeit nicht stört.» Nicht gerade ein Kompliment. Und doch der Anfang zu einem Gespräch, an dessen Ende sich herausstellte, dass er insgeheim einige Fähigkeiten des Verkaufsleiters zu schätzen wusste, auch wenn er seinen Charakter nicht mochte.

Nennen Sie möglichst viele Übereinstimmungen. Es genügt nicht, im Stillen die Gemeinsamkeiten zu kennen. Es kommt darauf an, laut zuzugeben: «In dieser Frage denke ich wie Sie.» Langjährige Beziehungen kranken meist daran, dass die Partner einander unaufhörlich wegen Kleinigkeiten das Leben schwer machen, aber kein Wort mehr über das verlieren, was sie einst zusammengeführt hat. Weil sie meinen: «Der andere weiß doch, was ich an ihm schätze.» Wenn jedoch Sticheleien den Alltag bestimmen, gerät die gemeinsame Basis in Vergessenheit. Die Angewohnheit, täglich mehrere Vorzüge zur Sprache zu bringen, verbessert das Beziehungsklima nachhaltig.

Fragen Sie auch Ihren Partner, wo er Übereinstimmungen mit

Ihnen sieht. Damit bringen Sie selbst unwillige Gegner dazu, mehr auf das Verbindende statt auf Trennendes zu schauen – eine Wendung, die den Willen zur Einigung nachhaltig fördert. Nun brauchen Sie nur noch zu fragen: «Was müssen wir ändern, um eine Verständigung zu erreichen?»

Tragen Sie Ihre Ansicht so vor, dass der Partner nur mit Ja antworten kann. Vielleicht erinnern Sie sich an folgendes Kinderspiel: Ein Spielkamerad forderte Sie auf, zehnmal hintereinander «Blut» zu sagen. Dann fragte er: «Bei welcher Farbe gehst du über die Ampel?» Wenn Sie dann «Rot» geantwortet haben, merkten Sie an seinem Kichern, dass er Sie aufs Glatteis geführt hatte. Unser Gehirn ist sehr empfänglich für Gewohnheiten. Wir besitzen einen angeborenen Lernmechanismus, der uns sagt: Was einmal klappte, wird mit hoher Wahrscheinlichkeit auch in Zukunft richtig sein. Wer dreimal zu Ihnen Ja sagte, neigt dazu, es auch beim vierten Mal zu tun. Fragen Sie also:

- Sind Sie einverstanden, dass wir uns mindestens eine halbe Stunde Zeit für das Problem nehmen?
- Meinen Sie nicht auch, dass eine Verständigung uns beiden nützen könnte?
- Sind Sie einverstanden, dass jeder zu Beginn seine Position darlegt? Würden Sie anfangen?

Verzichten Sie nie auf diese scheinbaren Selbstverständlichkeiten, nur weil Sie Zeit sparen und gleich zur Sache kommen wollen! Wenn Sie mehrere Ja zur Antwort erhalten haben, wird es Ihrem Partner bei Ihrer ersten Frage zur Sache viel schwerer fallen, nun auf ein Nein umzuschwenken.

Ein einfaches Experiment zeigt, wie wirksam diese Regel ist. Vor einigen Jahren sprach ein Student zwei Stunden lang in einer belebten Geschäftsstraße Passanten an: «Verzeihen Sie, können Sie mir dreißig Pfennig zum Telefonieren geben?»

Am nächsten Tag wiederholte er das Experiment – mit einer

Abwandlung. Er fragte zunächst: «Können Sie mir sagen, wie spät es ist?» Erst danach fragte er die Passanten nach Telefongeld. Das Ergebnis: An diesem zweiten Tag waren seine Einnahmen viermal so hoch wie am Tag zuvor. Warum? Mit der Frage nach der Uhrzeit – einer Auskunft, die nichts kostete – hatte der Student die Passanten auf «Geben» eingestimmt. Nachdem sie einmal bereitwillig auf sein Anliegen eingegangen waren, fiel es ihnen schwerer, bei der zweiten, heikleren Frage auf Ablehnen umzuschwenken.

Was Gegner verbindet

Diplomaten sind Meister des größten gemeinsamen Vielfachen. Die Genies unter ihnen finden auch dann noch etwas Gemeinsames, wenn die Übrigen die Angelegenheit schon als hoffnungslos aufgegeben haben. Um 1921 hatte Winston Churchill Verhandlungen mit den Rebellen zu führen, die für die Unabhängigkeit Irlands von Großbritannien kämpften. Der irische Verhandlungsführer Collins beschwerte sich, er könne kein Vertrauen in irgendein Versprechen der Briten aufbringen: «Sie haben mich Tag und Nacht gejagt. Sie haben einen Preis auf meinen Kopf ausgesetzt.»

«Warten Sie einen Augenblick», entgegnete Churchill. «Sie sind nicht der Einzige.»

Er nahm von der Wand den gerahmten Steckbrief, mit dem knapp zwanzig Jahre zuvor die Burenregierung Südafrikas während des Kriegs gegen die britische Kolonialarmee nach dem aus ihrer Gefangenschaft entflohenen Churchill gefahndet hatte.

«Jedenfalls war es ein guter Preis! Fünftausend Pfund für Sie! Und sehen Sie mich an! Nur fünfundzwanzig Pfund. Tot oder lebendig. Was würden Sie dazu sagen?»

Sicher eine fragwürdige Übereinstimmung – aber ausreichend, um das Eis zu brechen. Wie nutzen Sie dieses Gesetz in Ihrem Alltag für sich?

Üben Sie sich darin, hinter dem Clinch verfeindeter Parteien die gemeinsame Basis zu erkennen. Unserer Differenzen sind wir uns bewusst, denn um sie drehen sich die meisten Gespräche. Deshalb ist es eine gute Übung, einmal aufzuzählen, was Sie mit anderen Menschen und diese untereinander verbindet. Achten Sie besonders auf Übereinstimmungen bei Leuten, die sich nicht mögen. Sich trennende Eltern kämpfen um das Sorgerecht? Das Wohl ihres Kindes ist ihr gemeinsames Interesse. Zwei Angestellte gieren nach demselben lukrativen Posten? Ihre identischen Ziele verraten ähnliche Ansichten über Karriere, Erfolg und Macht. Zwei Geschwister könnten gar nicht verschiedener sein – der Junge begeistert sich für Kampfsport, das Mädchen für Ballett und Meditation? Beide wollen fit und gesund bleiben, ihr körperliches Ausdrucksvermögen und ihre Persönlichkeit stärken.

Bringen Sie die Übereinstimmungen zur Sprache. So wie in den auf den vorigen Seiten genannten Regeln.

Schlagen Sie gemeinsame Gewohnheiten vor. Ähnliche Ansichten geraten leicht wieder in Vergessenheit. Davor schützen Alltagsrituale: gemeinsame Interessen praktisch verwirklichen. In der Politik ist manchmal von «vertrauensbildenden Maßnahmen» die Rede. Die Vermittler überreden Feinde zu gemeinsamen Handlungen. Wenn sie sich aber nicht zuvor überzeugt haben, dass an diesen Tätigkeiten beide Parteien Interesse haben, schläft die gut gemeinte Aktion ein, sobald die Garantiemächte ihre Aufsicht lockern.

Jedermann ist großzügig – wenn Sie seine Ansichten teilen

Das neunte Gesetz der diplomatischen Kunst eignet sich nicht nur, um Gesprächsbereitschaft zu fördern. Mit ihm sind Sie überall dort erfolgreich, wo unklar bleibt, wer im Recht ist. Wo es von der Kulanz Ihrer Mitmenschen abhängt, ob sie Ihnen entgegenkommen oder eine Gunst verweigern, zu der sie sich nicht verpflichtet fühlen. Eine Gunst, die sie Mühe, Zeit oder gar Geld kostet. Sie gelangen ans Ziel, wenn Sie sich auf Ansichten berufen, denen so gut wie jeder zustimmt. Dafür ein paar Beispiele:

Sie sind Krankenschwester im Drei-Schicht-System. Wenn Sie nachts Dienst haben, sind Sie auf Ruhe am Vormittag angewiesen. Der rüstige Rentner über Ihnen pflegt aber um diese Zeit zu hämmern und zu bohren – was laut Gesetz erlaubt ist. Sie klingeln bei ihm, schildern Ihr Problem und fügen hinzu: «Wenn Sie selbst einmal medizinische Hilfe benötigen, möchten Sie sicher nicht in die Hände einer unausgeschlafenen Schwester geraten.»

Sie sind Handwerker und schreiben an einen zahlungsunwilligen Kunden: «Sicher sind Sie der Meinung, dass jede Arbeit angemessen und gerecht entlohnt werden sollte. Und dass jeder seinen Teil der übernommenen Verpflichtungen erfüllen sollte. Deshalb bitte ich Sie, den ausstehenden Betrag zu überweisen.» Mit diesem Argument werden Sie allerdings nur Erfolg haben, wenn der Kunde mit Ihrer Arbeit zufrieden sein konnte.

Sie haben im Schlussverkauf in Eile einen Pullover günstig erstanden. Erst zu Hause, als Sie das Teil in Ruhe anprobieren, merken Sie, dass es nicht zu Ihrer übrigen Garderobe passt. Sie möchten es zurückgeben. Leider ist preisgeminderte Ware vom Umtausch ausgeschlossen. Sie probieren es trotzdem und sagen: «Ich möchte nicht besser behandelt werden als andere Kunden. Aber Sie wissen, dass bei dem Gedränge im Schlussverkauf es unmöglich war, eine freie Umkleidekabine zu finden und den Pullover anzuprobieren. Sie möchten sicher, dass Ihre Kunden mit dem Einkauf bei Ihnen zufrieden sind und ihn nicht hinterher bereuen.»

Sie möchten Ihren Wohnungsumzug von der Steuer absetzen, obwohl Sie noch genauso weit von Ihrer Arbeitsstelle entfernt wohnen wie zuvor. Sie sprechen mit der zuständigen Finanzbeamtin: «Ich bin umgezogen, weil ich ein größeres Arbeitszimmer brauchte für den Teil der Arbeit, den ich zu Hause erledige. Da schaffe ich mehr und kann mehr verdienen. Und das müsste doch auch im Interesse des Finanzamts liegen.»

Alle Fälle wurden erfolgreich erprobt – der letzte von mir selbst. Auch in Bereichen, die streng durch Vorschriften geregelt sind, bleiben dem Einzelnen Entscheidungsspielräume. Wenn Sie an gemeinsame Ansichten appellieren, haben Sie eine gute Chance, dass er sie zu Ihren Gunsten ausschöpft. Wer droht oder schimpft, wird dagegen auf eine unnachgiebige Mauer stoßen.

GESETZ 10
ERKLÄREN SIE SICH ZUM VERBÜNDETEN, EGAL WIE HART MAN SIE ATTACKIERT

Eine merkwürdige Eigenschaft fiel den Zeitgenossen an allen großen Diplomaten auf: Sie zeigten sich nie gekränkt oder rachsüchtig. Egal wie ihre Gegner mit ihnen umgesprungen waren. Talleyrand, der als Botschafter der jungen französischen Republik 1792 nach London ging, sah sich dem wütenden Hass der dort lebenden Emigranten aus dem entmachteten Adel seiner Heimat gegenüber. Das englische Königshaus unterstützte die Emigranten. Ob die Aristokraten ihn öffentlich beschimpften oder die englische Königin ihn bei der Audienz einfach stehen ließ – Talleyrand verstand es, die Brüskierungen einfach nicht zu bemerken. Er gab sich zurückhaltend, redete wenig und hörte genau zu. Sein Ziel erreichte er trotzdem: Großbritannien blieb im kommenden Krieg gegen die Revolution über ein Jahr neutral. Genau die Atempause, die die junge Republik benötigte, um ihre Macht zu festigen.

Später hätte Talleyrand Dutzende von Gelegenheiten gehabt, sich zu rächen. Er hat es niemals getan – in weiser Voraussicht. Bei den häufigen Machtwechseln musste er so keinen ehemaligen Gegner fürchten, der nun seinerseits ihn hätte zur Rechenschaft ziehen wollen. Klemens von Metternich, sein Gegenspieler aus Wien, der nie sein Feind wurde, hielt es genauso. Sein Dienstherr, Kaiser Franz I. von Österreich, wunderte sich über ihn: «Er vergibt allen seinen Feinden und grollt niemandem.» Einer dieser Feinde war der Herausgeber der liberalen Zeitschrift «Journal des Débats». Metternichs Frau erzählte: «Er ist ein erbitterter Gegner meines Mannes und seiner Politik. Klemens hat ihn sofort zum Abendessen eingeladen. Das ist so ganz seine Art, sich zu rächen!»

Die Beziehung verrät mehr als Worte

Waren Talleyrand und seine Kollegen von Natur aus großzügige Charaktere? Keineswegs. Ihre Toleranz verflüchtigte sich sofort, wenn es darum ging, hart und unnachgiebig zu verhandeln. Hinter ihrer Leutseligkeit stand vielmehr das Prinzip: Behandle jeden Gegner wie einen Freund – du könntest bald schon auf ihn angewiesen sein.

Sie wussten, die Waffen der Diplomatie sind nicht Schwerter und Kugeln, sondern Worte. So wie die Durchschlagskraft der Kugeln von der Qualität des Gewehrs abhängt, mit dem sie abgefeuert werden, so entscheidet die Qualität der Beziehung zweier Personen, wie die Worte wirken, die zwischen ihnen fallen. Selbst Sätze, die scheinbar eine eindeutige Bedeutung haben, wechseln ihren Sinn mit den Personen, die sie austauschen. Was bedeutet zum Beispiel der folgende Ausruf?

«Du bist ein Gauner!»

- drückt die Enttäuschung eines Mitarbeiters aus, der sich von einem Kollegen durch eine Intrige ausgebootet sieht;
- ruft triumphierend ein ermittelnder Polizist, der sich von der Unschuldsmiene eines Kleinkriminellen nicht täuschen lässt;
- ist eine Frotzelei unter Freunden, zum Beispiel beim Skatspiel;
- sagt das verärgerte Mädchen zu ihrem Freund, um zu zeigen, dass sie sich von seinen Liebesbeteuerungen nicht täuschen lässt. Sie hofft, er wird einlenken. Wenn nicht, wird sie zu stärkeren Beleidigungen greifen;
- meint anerkennend der Filialleiter zu seinem besten Ver-

käufer, weil er ein schwer verkäufliches Objekt einem leichtgläubigen Kunden zum vollen Preis aufgeschwatzt hat.

Wir erinnern uns, dass jedes Gespräch auf zwei Ebenen abläuft. Der wörtliche Inhalt – die Bezeichnung des Zuhörers als Gauner – liefert die Sachebene des Gesprächs. Er enthält die Information, die die Partner austauschen. Die Sachebene verrät jedoch nicht, warum die beiden überhaupt miteinander reden und in welchem Verhältnis sie zueinander stehen.

Die fünf Varianten der unterschwelligen, indirekten Botschaften entstehen auf der Beziehungsebene. Sie liefert zusätzlich Antworten auf drei Fragen:

1. Was denkt der Sprecher über sich?
2. Wie beurteilt er den Zuhörer?
3. Wie stehen die beiden zueinander?

Wenn diese Informationen in den Worten «Du bist ein Gauner!» gar nicht enthalten sind – wie werden sie dann mitgeteilt?

- Über die Körpersprache, besonders über den Gesichtsausdruck.
- Durch den Tonfall: Ärger in der Stimme klingt anders als Lob.
- Durch die Umgebung: In einer Polizeistation hat die Bezeichnung «Gauner» eine andere Bedeutung als beim privaten Kartenspiel.
- Durch Füllwörter: «Du bist vielleicht ein Gauner!» Das eingeschobene «vielleicht» hat hier keine inhaltliche Bedeutung. (Der Sprecher will ja nicht ausdrücken, dass er sich nicht sicher ist, ob der andere diese Bezeichnung verdient.) Trotzdem ist es ein wichtiges Wort: Es interpretiert den Satz als freundliche Anerkennung mit neidvollem Unterton.
- Gar nicht: Die beiden kennen einander und wissen, wie sie die Äußerung einzuschätzen haben.

Die indirekten Mitteilungen entscheiden über den Erfolg diplomatischen Verhaltens. Auf der Sachebene bringen wir Probleme zur Sprache, reichen Vorschläge ein, diskutieren das Für und Wider von Lösungen, stimmen zu oder lehnen ein Ansinnen ab. Ob wir mit unseren Äußerungen allerdings auf Resonanz stoßen – das Urteil hierüber fällt auf der Beziehungsebene. Die Berufsdiplomaten standen immer vor einem Problem. Sie wollten politische Ziele durchsetzen und dabei zwischen den Lagern vermitteln. Die Gefahr war sehr groß, es sich dabei mit allen Parteien zu verderben. Die diplomatischen Genies kannten das Risiko, und sie fanden einen Weg, sich alle Seiten zum Freund zu machen.

Natürlich waren einem Napoleon bedingungslos ergebene Gefolgsleute lieber als dieser wetterwendische Talleyrand. Und dennoch: Je verzweifelter seine Lage wurde, je mehr ihm die verbündeten Mächte Europas zusetzten, desto mehr war er auf seinen Meisterdiplomaten angewiesen, der mit jedem Lager in Kontakt stand. Kurz vor seinem endgültigen Sturz 1814 flehte er ihn zweimal an, an die Spitze des Außenministeriums zurückzukehren. Talleyrand lehnte ab – wie immer mit dem höflichen Ausdruck größten Bedauerns. Mehr als zwanzig Jahre erfolgreiche Anwendung des zehnten Gesetzes hatte ihm eine Stellung verschafft, in der er es sich leisten konnte, dem Kaiser, vor dem ganz Europa zitterte, einen Korb zu geben.

Sanft gekontert ist doppelt gewonnen

Könnten Sie nicht versuchen, das Problem der Verbindung von Sach- und Beziehungsebene zu umgehen, indem Sie sich so sachlich und neutral wie möglich zu äußern? Leider nein. Ein Zuhörer möchte immer wissen, was die Mitteilungen, die er empfängt, für ihn persönlich bedeuten. Empfängt er keine Beziehungsbotschaft, fragt er sich:

- Ist mein Gesprächspartner gefühllos?

- Bin ich ihm gleichgültig?
- Verbirgt er vor mir, was er von mir hält?

Alle diese Interpretationen haben eines gemeinsam: Sie sind negativ. Gefühle von Enttäuschung und Misstrauen herrschen vor. Die diplomatische Kunst beherzigt deshalb drei Prinzipien:

Geben Sie stets eindeutige, positive Beziehungsbotschaften. Signalisieren Sie von Zeit zu Zeit: Ich kann dich gut leiden. Ich möchte, dass es dir gut geht. Selbst wenn Sie mit einem Kontrahenten vor Gericht ziehen, drücken Sie Ihr Bedauern über den Streit aus. Äußern Sie die Hoffnung, dass der Prozess eine gerechte, zufrieden stellende Lösung für Sie beide ergibt.

Zerschlagen Sie kein Porzellan. Selbst in höchster Erregung würden Sie Ihr Meißner Service nicht zertrümmern – Sie haben zu lange dafür gespart. In Ihre Beziehungen haben Sie Zeit und Nerven investiert, gehen Sie deshalb mit dem menschlichen Porzellan genauso vorsichtig um. Selbst wenn Sie sich später für Beleidigungen und Wutanfälle entschuldigen – aus dem Gedächtnis Ihrer Mitmenschen können Sie diese nie mehr löschen. Zeigen Sie Ihren Ärger, wenn es Sie erleichtert, aber ohne den Partner zu attackieren. Sagen Sie also: «Ich bin stinksauer!», aber niemals: «Du bist ein Schwein!»

Nehmen Sie Kränkungen und gezielte Beleidigungen nicht an. Jede verbale Attacke verpufft wirkungslos, wenn die Person, an die sie gerichtet ist, sie einfach nicht zur Kenntnis nimmt. In der Theorie kein Problem. Wer gibt nicht gern zu, dass es von Stärke zeugt, wenn man den Beleidiger übersieht oder ihn mit freundlichem Lächeln entwaffnet. In der Praxis sieht das anders aus. Selbst wenn ich mir eine spitze Erwiderung verkneife, das ärgerliche Zucken meiner Mundwinkel wird mich verraten.

Die Diplomatie hat ein Mittel erprobt, das sich erfolgreicher für eine souveräne Gegenwehr eignet als unterdrückte Wut und bloßes Schweigen. Sie reagieren – aber nicht indem Sie zurückschlagen, sondern den Angreifer verbal entwaffnen. Das ist eine Form der Schlagfertigkeit. Allerdings wehrt sie sich nicht mit spitzen oder geistreichen Bemerkungen. Stattdessen überrascht sie mit sanften Kontern, die jeder Form von Aggressivität den Wind aus den Segeln nehmen.

Vom Treppenwitz zur sanften Schlagfertigkeit. Wurde früher ein Gesandter zur Audienz bestellt, musste er sich auf raue Umgangsformen einstellen. Oftmals ließ der Fürst an ihm seine Launen aus, brüllte oder schlug sogar mit dem Stock nach ihm. Erst hinterher, wenn er die Treppe zum Ausgang hinunterschlich, fielen ihm all die witzigen und schlagfertigen Antworten ein, mit denen er dem Anschnauzer hätte geistreich Paroli bieten können. Was, glauben Sie, hat der abgekanzelte Gesandte seinem Botschaftspersonal über die Audienz erzählt? Dass er wie ein begossener Pudel vor dem geifernden Potentaten stumm den Kopf senkte? Im Gegenteil: Er rühmte sich, dem Fürsten mit seinen witzigen Entgegnungen Respekt abgerungen zu haben – und verschwieg, dass ihm seine Bonmots in Wahrheit erst nach der Audienz auf der Treppe eingefallen waren. Tage später erfuhren sie freilich durch den Hofklatsch, wie es ihrem Chef wirklich ergangen war. Sie nannten die Antwort, die er dem Fürsten angeblich gegeben haben wollte, deshalb einen «Treppenwitz».

Sie haben es sicher selbst schon erlebt: Sie wollten auf eine Beleidigung mit einer frechen, geschliffenen Antwort reagieren, die den anderen sprachlos zurücklässt. Der passende Gegenschlag ist Ihnen auch eingefallen – aber leider erst eine halbe Stunde später.

Auch wenn Sie sich noch so fest vornehmen, beim nächsten Mal sofort den Schlag zu parieren: Was, wenn sich wieder kein spontaner Geistesblitz einstellt? Der Grund für die Sprachlosigkeit liegt in dem Überraschungseffekt, mit dem der Angreifer zuschlägt. Bis Sie sich auf die Attacke eingestellt haben, ist der Moment Ihrer Antwort bereits verpasst.

Nie mehr sprachlos! Der kluge Diplomat verlässt sich nicht auf seine Intuition. Er prägt sich vielmehr fünf Muster ein, mit denen er jede verbale Bombe entschärfen kann. Was wie ein spontanes Ausspielen psychischer Stärke aussieht, ist in Wahrheit eine vorher eingeübte Methode. Sehen wir uns am besten ein paar praktische Beispiele an. Denken Sie sich in folgende vier Situationen hinein:

1. Sie suchen an der Kasse nach Kleingeld, da mosert schon die Verkäuferin: «Hallo! In einer halben Stunde habe ich Feierabend!»
2. Im Kollegenkreis macht einer eine dämliche Bemerkung über Ihre Frisur oder Ihr Outfit, und alle lachen. Nur Sie nicht. Sie schweigen und bekommen einen roten Kopf.
3. Sie tragen im Team einen Vorschlag für das neue Projekt vor, über den Sie lange nachgedacht haben. Ihr Chef sagt: «Einen derartigen Unsinn habe ich schon lange nicht mehr gehört.»
4. Sie wollen Ihre kleine Tochter nach dem Sandmännchen zu Bett schicken. Sie sagt: «Blöde Mama!» Ihnen fällt keine bessere Antwort ein als «Das sagt man nicht», und Sie erinnern sich im selben Moment, wie Sie als Kind solche Sätze bei Ihrer Mutter immer gehasst haben.

Wie würden Sie spontan reagieren – also ohne lange über die optimale Reaktion nachzudenken? Die meisten schweigen, verbitten sich den Ton oder schimpfen zurück. Folgen Sie nicht ihrem Beispiel. Es gibt fünf einfache und zugleich viel wirkungsvollere Varianten der Gegenwehr.

Thema wechseln. Wenn Ihnen partout keine geistreiche Entgegnung auf der Zunge liegt, reden Sie betont freundlich über etwas anderes. Das verwirrt den Angreifer und lässt seine Attacke ins Leere laufen. Besonders gut eignet sich die Frageform. Sie zwingt ihn, auf Ihren Themenwechsel einzugehen:

1. Zu der patzigen Verkäuferin: «Wie lange haben Sie am Samstag geöffnet?»
2. Zu dem Kollegen: «Wer hat Ihnen denn diese seltsame Krawatte geschenkt?»
3. Zu Ihrem Chef: «Gibt es aus der Zentrale schon eine Entscheidung über das Budget?»
4. Zu Ihrer Tochter: «Wen hat das Sandmännchen denn heute besucht?»

Fragen zum Thema. Fragen in sachlichem Ton sind eine wirkungsvollere Entgegnung als ein beleidigtes Schweigen oder ein Gegenangriff, der sich schnell zu einem heftigen Streit hochschaukelt. Sie veranlassen den Angreifer zu einer ebenso sachlichen Antwort.

1. Zu der patzigen Verkäuferin: «Möchten Sie 16 Cent passend oder lieber meinen Fünfzig-Euro-Schein wechseln?»
2. Zu dem Kollegen: «Stört Sie mehr die Haarfarbe oder eher der Schnitt?»
3. Zu Ihrem Chef: «Was verstehen Sie in diesem Zusammenhang unter ‹Unsinn›?»
4. Zu Ihrer Tochter: «Warum kannst du mich nicht leiden?»

Kompliment statt Zurückschlagen. Wenn der Angreifer Sie in Verlegenheit gesetzt hat, können Sie ihn mit einem entwaffnenden Kompliment in noch viel stärkere Verlegenheit bringen. Vorsicht: kein ironischer Tonfall!

1. Zu der patzigen Verkäuferin: «Ich mag diesen Supermarkt. Das Personal ist hier immer besonders freundlich und verständnisvoll.»
2. Zu dem Kollegen: «Sie sind der Einzige hier, der sich stets bemüht, seinen Kollegen etwas Nettes zu sagen.»
3. Zu Ihrem Chef: «Danke, dass Sie mir so direkt die Meinung sagen.»
4. Zu Ihrer Tochter: «Ich weiß, dass du ein ganz liebes Kind bist.»

Wörtliche Zustimmung. Fällt es Ihnen schwer, in der Situation aus dem Angriff eine Frage oder ein Kompliment zu entwickeln, reagieren Sie mechanisch mit einer Zustimmung, indem Sie die Aussage, die Sie gerade gehört haben, wörtlich nehmen. Dies setzt den Angreifer garantiert schachmatt. Sie können diese Zustimmung noch durch einen eigenen, erweiternden Gedanken unterstreichen, sofern Ihnen auf die Schnelle etwas Passendes einfällt. (Diesen Zusatzgedanken habe ich in Klammern gesetzt.)

1. Zu der patzigen Verkäuferin: «Tatsächlich. In einer halben Stunde. (Das freut mich für Sie.)»
2. Zu dem Kollegen: «Stimmt. Meine Frisur ähnelt einem Blumentopf. (Wie haben Sie das herausgefunden?)»
3. Zu Ihrem Chef: «Das tut mir Leid. (Erklären Sie mir, wo ich falsch gedacht habe?)»
4. Zu Ihrer Tochter: «Stimmt.» (Und Sie ziehen eine betont alberne Grimasse.)

Der Zweisilber. Fällt Ihnen überhaupt nichts ein, pariert eine Minimalentgegnung von zwei oder drei Silben den Angriff immer noch besser als jedes verlegene Kopfeinziehen.

1. Zu der patzigen Verkäuferin: «Wirklich?»
2. Zu dem Kollegen: «Sag bloß?»
3. Zu Ihrem Chef: «Wie schade.»
4. Zu Ihrer Tochter: «Meinst du?»

Lieber kurze Allianz als langer Krieg

Mit einer solchen Antwort liegt nun der Überraschungseffekt auf Ihrer Seite. Sie haben eine Atempause gewonnen. Und nun? Zu einem Gegenschlag ausholen? Sie würden Ihre momentane Überlegenheit rasch wieder verspielen, weil Sie letztlich die Kampfansage des Angreifers akzeptiert hätten. Sie wollen Ihren Kontrahenten ja nicht besiegen, sondern auf Ihre Seite ziehen.

Setzen Sie die Auseinandersetzung lieber im entwaffnenden Stil fort. Erkundigen Sie sich:

- Wie kann ich Sie zufrieden stellen?
- Würden Sie mir dabei helfen?
- Könnten Sie mir Ihre Meinung über mich genauer erläutern?
- Was raten Sie mir?
- Was soll ich Ihrer Meinung nach ändern?

Und wenn Sie unerfüllbare Forderungen zur Antwort erhalten? Ein Ansinnen, auf das Sie nicht im Traum einsteigen würden? Keine Sorge. Sie können jederzeit einen ehrenvollen Rückzug antreten: «Danke, dass Sie mir Ihre Ansicht mitgeteilt haben. Ich werde darüber nachdenken.»

Das ist alles, was Diplomaten benötigen, um sich elegant aus der Affäre zu ziehen und um einen offenen Bruch zu vermeiden. Sie haben dem Angreifer gezeigt: Bis hierher und nicht weiter. Zugleich halten Sie die Tür für eine spätere Verständigung offen. Ihre Taktik vermittelt dem Angreifer die Botschaft: Ich werde niemals dein Feind sein, egal, wie groß dein Misstrauen auch sein mag.

Ohne diese Fähigkeiten könnten Gesandte ihren Beruf nicht ausüben. Selbst im Krieg halten die Diplomaten der verfeindeten Mächte Kontakt zueinander. Einerseits, um Möglichkeiten für einen Waffenstillstand auszuloten, aber auch, um militärischen Exzessen vorzubeugen. Beide Seiten haben ein Interesse, dass die offene Gewalt bestimmten Regeln folgt, wie sie zum Beispiel in der Genfer Konvention über die Behandlung von Kriegsgefangenen festgelegt ist.

Und im friedlichen Alltag? Der übliche Blick, mit dem Menschen, die sich kaum kennen, einander betrachten, sieht sie als potenzielle Quelle von Störungen, Belästigungen und feindlichen Attacken. Schauen Sie auf Ihre Mitmenschen mit den Augen eines Diplomaten. Sehen Sie in jedem den potenziellen Verbündeten. Welche gemeinsamen Ziele – und seien sie noch so kurzfristig – könnten Sie und einen Fremden, der ganz anders ist als Sie, veranlassen, Ihre Kräfte eine Zeit lang zu verbinden? Leute mit diplomatischem Talent ziehen Nutzen selbst aus Fünf-Minuten-Allianzen.

Friedrich der Große als Verbündeter eines Studenten. Vor zweieinhalb Jahrhunderten machte sich der ungarische Theologiestudent Hedhessi dieses Gesetz zunutze. Ihm gelang es, den mächtigen Preußenkönig Friedrich den Großen als Verbündeten einzuspannen. Als Hedhessi nach abgeschlossenem Studium in Frankfurt an der Oder die Heimreise nach Österreich antreten wollte, fing er an, seine geliebten Bücher zu packen – und all jene auszusortieren, die die Wiener Zensurbehörden garantiert beschlagnahmen würden. Zu seinem Schrecken wuchs der Haufen der gefährdeten Druckwerke immer weiter an, während auf der anderen Seite nur wenige harmlose theologische Traktate und die Bibel übrig blieben. Auf dem Berg der verbotenen Bücher lagen die herrlichen Werke der französischen Aufklärer, der geistreichen englischen Philosophen – sogar einige deutsche Freigeister fanden sich darunter. Zum Beispiel ein kleines Buch des Preußenkönigs selbst. Friedrich der Große liebäugelte bekanntlich mit aufklärerischen Gedanken und beherbergte eine Zeit lang Voltaire bei sich.

«Ja», dachte der Student, «in Wien ist auch deine Macht zu Ende, Friedrich.»

Im selben Moment kam ihm die entscheidende Idee. Friedrich den Großen zu sprechen war nicht schwer. Er brauchte bloß wie zufällig seinen Weg zu kreuzen, wenn der König seinen täglichen Spaziergang durch den Park von Sanssouci unternahm. Unter welchem Vorwand sollte er seine Majestät anreden? Der König nahm ihm die Sorge ab. Er musterte Hedhessi und fragte: «Er ist Student? Der Theologie?»

Hedhessi bejahte und schilderte sein Problem. «Ich getraue mich nicht, einen Philosophen von Bedeutung über die Grenzen zu bringen, und wenn es die Schriften Eurer Majestät selbst wären.»

«Vor meinen Schriften wird man doch auch in Wien einigen Respekt haben. Nehme Er seine Bücher mit und sage Er nur, der König von Preußen habe sie ihm geschenkt. Lasse Er sich in der Kanzlei eine Bescheinigung geben.»

«Und wenn man mir die Bücher doch abnimmt?»

«Das werden die Wiener nicht wagen.» Als der Student ungläubig lächelte, fügte der König hinzu: «Dann melde Er sich bei meinem Gesandten in Wien.»

Der Student erhielt eine Ausgabe aller Werke des Königs geschenkt, kaufte noch sämtliche Schriften der Aufklärung dazu, die er bekommen konnte, und reiste heimwärts. Wie erwartet, beschlagnahmten die Zensoren alles.

«Bedenken Sie, meine Herren», spielte der Student seinen Trumpf aus, «dass der König von Preußen sie mir selbst geschenkt hat.»

«Sei Er froh, wenn Er für seine Frechheit, solch Zeug in sein Vaterland zu verschleppen, nicht noch eingesperrt wird.»

Der Student eilte zum preußischen Gesandten in Wien. Der, von seinem König schon vorgewarnt, ließ den Studenten Hedhessi im besten Gasthof unterbringen und schickte einen Eilkurier nach Potsdam. Der König reagierte sofort. Er befahl, die Bibliothek der Jesuiten in Breslau zu schließen. Die ehrwürdigen Väter, von der Maßnahme des sonst so toleranten Königs überrascht, baten um eine Erklärung. Der wies sie nach Wien: «Die Herren von der Zensur werden leicht die ganze Sache in Ordnung bringen.»

Und in der Tat: Die Jesuiten wandten sich an die Beamten der katholischen Majestät in Wien. Der Student erhielt seine Bücher zurück, der König befahl, die Bibliothek wieder zu öffnen – nachdem die Geistlichen die Gasthofrechnung des Studenten bezahlt hatten. Am Ende sandte der König den Jesuiten noch einen

Brief. Sie möchten die Herren in Wien davor warnen, an dem Studenten Hedhessi Rache zu nehmen. Das Wohlergehen ihres Klosters und ihrer Bibliothek auf preußischem Gebiet hingen davon ab.

Für den Studenten hatte es sich gelohnt, Friedrich von Preußen als Bundesgenossen zu gewinnen. Auf sein Betreiben hin erhielt er die beste Pfarre in Ungarn und durfte sich ungestört der Lektüre all der gewagten Bücher widmen, die für die übrigen Untertanen der Habsburgermonarchie streng verboten blieben.

GESETZ 11

WENN SIE IN DEN CLINCH GERATEN, KÜNDIGEN SIE EINEN BEFRISTETEN RÜCKZUG AN, BEVOR SIE AUS DER ROLLE FALLEN

480 v. Chr. zog der persische König Xerxes mit einer gewaltigen Streitmacht aus, um Griechenland zu erobern. Als der griechische Befehlshaber Leonidas den zehnfach überlegenen Gegner anrücken sah, verschanzte er sich zunächst hinter den Thermopylen, einem engen Gebirgspass, der sich leicht mit wenigen Leuten verteidigen ließ. Doch die Perser umgingen das Gebirge und griffen die Griechen im Rücken an. Da blieb ihnen nichts weiter übrig als eiliger Rückzug. Um das Gros seiner Truppen zu retten, entschied Leonidas, sich mit dreihundert Elitesoldaten zu opfern. Sie wollten die Perser so lange aufhalten, bis die übrigen Griechen abgezogen waren.

Von dem Kampf des kleinen Häufleins gegen eine Armee von über 60 000 Persern berichtete der antike Geschichtsschreiber Herodot. Einer der Griechen wies zaghaft auf die Aussichtslosigkeit des Unterfangens hin: «Wenn die Perser anfangen, ihre Bogen abzuschießen, werden sie mit ihren Pfeilen die Sonne verdunkeln.»

Darauf entgegnete der Tapferste von allen, Dienekes aus Sparta: «Umso besser, dann werden wir mit ihnen im Schatten kämpfen.»

Es gelang ihnen tatsächlich, den Feind so lange aufzuhalten, bis die übrige Armee gerettet war. Alle dreihundert Kämpfer und ihr Anführer Leonidas fielen. Was Herodot allerdings nicht erzählt: Ihr Opfer war völlig unnötig. Denn dass die Perser das Gebirge umgehen konnten, hatte Leonidas vorher gewusst. Schließlich kannte er die Gegend besser als die Fremden. Statt den Pass zu verteidigen, hätte er sich vorher mit allen Truppen zurückziehen können. Die Griechen entschieden den Krieg ohnehin an anderer Stelle für sich. Bei Salamis lockten sie die persische Flotte in eine Falle und vernichteten sie.

Einen Punkt abgeben, um zwei zu gewinnen

Was die Griechen im Gedächtnis behielten, war die Aufopferung des Leonidas, nicht seine militärische Fehlentscheidung davor. Schon Homer hatte einige Jahrhunderte früher in seiner «Ilias» den Trojanischen Krieg als Opfergang von Helden dargestellt: Trojas Königssohn Hektor kämpfte tapfer und fiel im zehnten Kriegsjahr durch die Hand des Achilles. Dem hatte das Orakel die Wahl zwischen einem langen, ruhmlosen Leben oder dem Heldentod vor Troja gelassen. Achilles entschied sich für das Heldenleben und fiel durch einen Pfeil von Hektors Bruder Paris. Aber nicht der Mut der Helden entschied über Sieg und Niederlage. Die Stadt Troja fiel einer List des Odysseus zum Opfer, dem berühmten Trojanischen Pferd aus Holz, in dessen Bauch ein Vorkommando der Griechen in die Stadt gelangte.

Alexander, Hannibal, Caesar, Attila, Dschingis Khan – sie alle erregten Aufsehen und Schrecken mit ihrer Kühnheit. Dennoch scheiterten sie am Ende. Keiner erreichte seine weit gesteckten Ziele. Warum? Sie hatten das elfte Gesetz der Diplomatie missachtet.

Siegen ohne Verluste. Ganz anders endeten Unternehmen, in denen kluge Taktiker seinen Einfluss berücksichtigten. Als die Perser die Seeschlacht bei Salamis verloren hatten, forderten einige griechische Heißsporne einen Vernichtungskrieg gegen die immer noch riesige Armee des Xerxes. Der Athener Führer Themistokles fand einen raffinierten Trick, um ein sinnloses Blutvergießen mit ungewissem Ausgang zu vermeiden. Er schickte Xerxes eine Botschaft, in der er sich als heimlicher Freund der Perser ausgab: Die Griechen – so warnte er – planten, mit ihrer Flotte den Persern den Rückzug nach Asien über die Dardanellen abzuschneiden. Xerxes sah das Schreckgespenst einer hungernden Armee während des nahen Winters in der feindlichen Fremde vor seinem Auge auftauchen und befahl einen unverzüglichen Rückzug. Ohne einen weiteren Toten hatte Themistokles die Okkupanten vertrieben.

Themistokles zog noch einen weiteren Nutzen aus seinem klugen Schachzug. Als er Jahre später bei den Athenern in Ungnade fiel, bat er in Persien um Asyl. Der alte Feind gewährte es ihm gern. Denn Themistokles konnte sich darauf berufen, dass er durch seinen Rat einst die persische Armee vor dem Untergang gerettet hatte.

Mehr als zweitausend Jahre später bewies Otto von Bismarck die gleiche Klugheit. Als Preußen 1866 die österreichische Armee bei Königgrätz vernichtend geschlagen hatte, wäre König Wilhelm I. in seinem Siegestaumel am liebsten gleich bis Wien weitermarschiert, um die Habsburgermonarchie von der Landkarte zu entfernen. Bismarck musste seinen ganzen Einfluss aufbieten, um den Herrscher auf den Boden der Wirklichkeit zurückzuholen. Er wusste genau, dass die Franzosen unter diesen Umständen ihre Neutralität aufgegeben hätten. Gegen die vereinigten Armeen von Österreich und Frankreich hätte Preußen keine Chance gehabt. Die besonnene Haltung Bismarcks sollte sich bald auszahlen. Nur sechs Jahre später gewann er Wien als Bündnispartner gegen England und Frankreich.

Gelungene Diplomatie bereinigt Konflikte, bei denen es hart auf hart geht, schon im Vorfeld. Leider gelingt das nicht immer.

Wo gegensätzliche Interessen aufeinander prallen, sind besonnene Gemüter in der Minderzahl. Traurig, aber wahr: Die meisten Leute, mit denen Sie in Auseinandersetzungen geraten, werden sich nicht mit Ihnen gütlich einigen wollen. Sondern danach streben, Sie zu besiegen. Da ist die Versuchung groß, den Fehdehandschuh aufzunehmen, um der Ehre willen, für die eigene Selbstachtung.

Rückzug statt Rammbock. Wo die Kampfeslust triumphiert, hat die Diplomatie verloren. Alle früheren Anstrengungen – Gemeinsamkeiten finden, Verbündete gewinnen, Geduld bewahren – waren umsonst, wenn Sie beim ersten Gewitter das mühsam gekittete Porzellan wieder zerschlagen. Setzen Sie Ihre Siege niemals wegen eines impulsiven Störfeuers aufs Spiel. In einer solchen Situation gibt es nur eines: Blasen Sie rechtzeitig zum Rückzug.

Einfach aufgeben? Dem Angreifer das Feld überlassen? Soll seine Frechheit siegen? Mitnichten. Diplomaten schlagen selbst aus einem Rückzug noch Gewinn. Wer Ihnen seine Wut zeigt, hat sich eine Blöße gegeben. Deshalb verschwinden Sie nicht heimlich, still und leise, sondern sammeln bei dieser Gelegenheit weitere Punkte, die Sie später, wenn das Gewitter sich verzogen hat, als handfeste Vorteile einlösen. Ihr Rückzug erfolgt daher immer nur vorläufig.

Was wir von Pokerspielern lernen

Napoleons Wutausbrüche waren berühmt-berüchtigt. Manchmal waren sie gespielt, manchmal echt. Selbst wer ihn gut kannte, ahnte nie, woran er war. Der österreichische Minister Cobenzl schreckte zitternd zusammen, als der Kaiser mit wutverzerrtem Gesicht ein Tischchen umwarf, auf dem ein kostbares Kaffeeservice aus feinstem Porzellan stand. Es war ein Geschenk der russischen Zarin gewesen und zerbrach in tausend Stücke. «Er benahm sich wie ein Verrückter», berichtete Cobenzl nach Wien und unterschrieb eilig den Vertrag, der Österreichs Niederlage besiegelte.

Nicht so Polizeiminister Fouché. Napoleon brüllte: «Sie sind ein Verräter, ich sollte Sie erschießen lassen.» Fouché blickte ihn aus harmlosen Augen gelassen an und antwortete: «Ich bin nicht dieser Meinung, Sire.»

Sein Kollege Talleyrand verzog bei einer ähnlichen Gelegenheit ebenfalls keine Miene. Napoleon schrie: «Sie Schurke! Ihren eigenen Vater würden Sie verraten! Warum habe ich Sie nicht schon längst am Gitter der Place du Carrousel aufhängen lassen? Aber es ist ja noch Zeit, das nachzuholen! Sie Dreckhaufen in Seidenstrümpfen!» Als der Herrscher sich ausgetobt hatte, hinkte sein Minister schweigend aus dem Saal und sagte draußen in gleichmütigem Tonfall zu dem Diener, der ihm in den Mantel half: «Wie schade, dass ein so großer Mann so schlecht erzogen ist.»

Pokerface statt täuschen. Wenn Sie in den Clinch geraten, lassen Sie Ihr Gegenüber sich austoben. Gestatten Sie seiner Erregung nicht, auf Sie überzuspringen. Wenn es Ihnen schwer fällt, gelassen zu bleiben: Betrachten Sie das Ganze als ein Spiel. Als eine Entgleisung, die sich nur zufällig über Ihrem Haupt entlädt. Bei einem brüllenden Kleinkind würden Sie ja auch nicht zurückbrüllen, oder? Selbst wenn ein Vorgesetzter böse Drohungen ausstößt: Wenn Sie darauf antworten, wird er sie höchstens noch verschärfen. Also bleiben Sie in jedem Fall still. Wichtig ist die Körpersprache. Bewahren Sie eine unbewegte, undurchdringliche Mimik. Pokerspieler machen es uns vor. Ihr Sieg hängt in entscheidendem Maße davon ab, ob ihre Mitspieler erraten können, wie gut das Blatt ist, das sie gerade auf der Hand haben. Zwar ist die Versuchung groß, den Gegner zu täuschen, also eine traurige Miene aufzusetzen, wenn man vier

Asse auf der Hand hat. Doch geübte Gegner lernen schnell, solche Manöver vorauszusehen. Am erfolgreichsten ist daher die Verunsicherung – den Mitspielern überhaupt keinen Anhaltspunkt bieten.

Mit dem gleichen Prinzip gewinnen auch Könner auf dem Feld der Diplomatie. Wer eine Auseinandersetzung mit Ihnen provoziert, will eine Wirkung erreichen: einschüchtern, provozieren, eine Stellungnahme herausfordern. Mit einem Pokerface machen Sie ihm einen Strich durch die Rechnung. Keine Wut zeigen – aber auch kein leises Lächeln. Der Angreifer würde sich sonst verspottet fühlen und erst recht in Rage geraten. Senken Sie auf keinen Fall den Kopf. Keine Demutshaltung! Verraten Sie kein Anzeichen irgendeiner Wirkung. Richten Sie Ihre Augen auf sein Gesicht, aber so, als wenn Sie durch ihn hindurch in eine weite Ferne schauen würden. Dabei bleiben Sie auch, wenn er Ihnen eine Frage stellt, um Sie zu Stellungnahme und Widerspruch zu reizen, zum Beispiel: «Haben Sie verstanden? Oder muss ich noch deutlicher werden?!» In diesem Fall bieten sich Ihnen zwei Möglichkeiten:

Sie verlassen wortlos den Raum und lassen bis zum nächsten Gespräch mindestens 24 Stunden verstreichen. Das empfiehlt sich vor allem dann, wenn Sie spüren, wie Sie selbst in Wut geraten und kaum noch an sich halten können.

Bei einem Vorgesetzten – also einer Person, die Ihnen das Weggehen verbieten kann – antworten Sie: «Ich werde darüber nachdenken.»

Mit beiden Varianten vermeiden Sie, sich in einer emotional aufgeheizten Situation festzulegen. Sie ziehen sich vorläufig zurück und halten sich die Möglichkeit offen, am nächsten Tag mit der Ankündigung wiederzukehren, dass Sie nach reiflicher Überlegung keinen Grund sehen, von Ihrer ursprünglichen Meinung abzugehen. Vergewissern Sie sich aber, ob der Choleriker von gestern sich heute in einer kompromissbereiten Stimmung befindet. Die Chancen dafür stehen gut. Schließlich war seine Wut an Ihnen wirkungslos abgeperlt. Er erkennt, dass es höchste Zeit ist, seine Strategie zu ändern.

Steigen Sie auf das Gefühlskarussell

Allerdings geht es um mehr als nur darum, eine sachliche Meinungsverschiedenheit zu bereinigen. Während eines Zornesausbruchs fallen kränkende Worte. Nach Beleidigungen sitzt der Stachel tief. Sie sehen nicht nur Ihre Ansichten missachtet, sondern fühlen sich in Ihrer Selbstachtung verletzt. Wie gehen Sie damit um? Menschen, die über diplomatische Fertigkeiten verfügen, sind durchaus nicht mit einem Gefühlspanzer auf die Welt gekommen. Sie sind verletzlich wie jedermann. Auch sie können böse Worte nicht ungeschehen machen. Aber sie wenden eine geschickte Methode an, sich aus der negativen emotionalen Verstrickung zu befreien. Eine Methode, die so erfolgreich ist, dass sie inzwischen Eingang in die Psychotherapie gefunden hat.

Sie beruht auf drei Grundsätzen:

Gefühle benennen. Sobald wir merken, dass emotionale Spannung herrscht, vermeiden wir es in aller Regel, über Gefühle zu sprechen aus Angst, uns verletzlich zu zeigen und den anderen noch mehr zu reizen. Stattdessen versuchen wir, sachlich zu argumentieren. Obwohl wir merken, dass der Kampf der Behauptungen die Atmosphäre noch weiter aufheizt. Wer über diplomatisches Gespür verfügt, tut das Gegenteil. Er berücksichtigt das Prinzip «Störungen haben Vorrang.» Liegt ein emotionales Gewitter in der Luft, wird er zuerst das Unwetter bereinigen, bevor er zum Sachproblem zurückkehrt.

Der Partner fühlt genauso wie ich. Sie sind beleidigt – Ihr Gegenüber aber unsensibel oder absichtlich böse? Der

Eindruck trügt. Unbewusst findet eine Stimmungsübertragung statt. Wenn Sie anfangen, sich zu ärgern, steigt auch der Zorn bei Ihrem Partner. Sie fühlen sich gekränkt durch seine Worte, er fühlt sich gekränkt durch Ihr Unverständnis für seine Wünsche. Das bedeutet: Wenn es Ihnen gelingt zu verhindern, dass sich Ihre Stimmung weiter verschlechtert, profitieren Sie beide davon.

Schuldzuweisungen meiden. Wie leicht sagen wir: «Er macht mich wütend.» Das erweckt den Anschein, dass die Gefühle nicht in mir selbst entstehen, sondern von außen in mich hineingetragen werden. Klar, wenn jemand mich «Trottel» nennt, fällt es mir schwer, gelassen zu bleiben. Dennoch besteht zwischen den Worten eines Außenstehenden und meinen Gefühlen keine automatische Verbindung. Ich habe immer die Wahl, ob ich mich ärgere oder einfach darüber lache. Talleyrand soll sogar bei der Lektüre einer gegen ihn gerichteten Streitschrift, die von Beleidigungen nur so strotzte, eingeschlafen sein. Der Text war so niveaulos, dass er ihn nur langweilte. Zu einer Kränkung gehören immer zwei: einer, der Reizwörter ausspricht, und einer, der auf sie empfindlich reagiert. Deshalb führt eine Diskussion, wer schuld ist, zu keinem Ergebnis.

Es gibt zwei Zeitpunkte, zu denen es angebracht ist, Gefühle zur Sprache zu bringen:

1. In eine anfänglich sachliche Unterhaltung dringt ein gereizter Unterton ein. Eine Spannung baut sich auf. Sie beide fangen an, sich zu ärgern.
2. Nach einem Zornesausbruch – nachdem Sie den befristeten Rückzug angetreten hatten – stehen Sie sich beide zum ersten Mal wieder gegenüber. Die Frage steht im Raum: Wie können wir nach kränkenden Worten zur Sachlichkeit zurückkehren?

Befinden Sie sich in einer dieser Situationen, überlegen Sie: Wer von uns beiden hat jetzt ein Problem?

Fall 1: Wenn Sie sich über die Worte Ihres Gesprächspartners aufregen, haben Sie ein Problem. In diesem Fall werden Sie über **Ihre** Gefühle sprechen. Ohne Ihrem Partner die Schuld an Ihrem Ärger zu geben. Sie sagen zum Beispiel:

- Ich ärgere mich.
- Ich bin mir unsicher.
- Das kränkt mich.
- Ich fühle mich im Stich gelassen.
- Ich bin ziemlich erstaunt.

Es ist nicht nötig, dass Sie Ihre Gefühle begründen. Ihr Partner hat ja den Wortwechsel auch gehört und weiß, worauf sich Ihre Gefühle beziehen. Wenn nicht, wird er fragen: «Warum?» Antworten Sie auf keinen Fall mit einer Anschuldigung, also: «Ich ärgere mich, weil du mich mit unfairen Unterstellungen traktierst.» Er würde versuchen, Ihre Anschuldigung zu widerlegen, und Sie hätten nichts gewonnen. Der Streit dauert fort.

Stattdessen fügen Sie eine kurze Begründung an, in der Sie nur über sich und weitere Gefühle sprechen. In der kein «du» und kein «Sie» vorkommt, zum Beispiel:

«Ich hatte gehofft, in dieser Sache endlich zu einem Abschluss zu gelangen.»

«Ich hatte mich so auf eine schnelle Lösung gefreut.»

«Ich war mir so sicher, dass alles gut geht, und jetzt erfahre ich ...»

Die Wirkung einer solchen Ich-Botschaft ist recht erstaunlich. Niemand möchte Ihre Gefühle verletzen. Der Partner, den Sie mit Ihrer Gefühlsbotschaft konfrontieren, wird erst einmal einlenken, zum Beispiel: «Ich wollte Sie nicht ärgern, aber Sie müssen doch einsehen ...»

Damit haben sich die Verhältnisse umgekehrt. Jetzt hat Ihr Gesprächspartner ein Problem. Damit gilt nun

Fall 2: Ihr Gesprächspartner kann seine Vorstellungen bei Ihnen nicht durchsetzen und zeigt Nerven. Das heißt, diesmal weiß er nicht weiter. In diesem Fall sprechen Sie über seine Gefühle:

- Du bist gekränkt.
- Du fühlst dich unsicher.
- Du bist sauer.
- Du fühlst dich unter Druck gesetzt.
- Das regt dich auf.

Wichtiger noch als im Fall 1: Geben Sie keine Begründung. Sagen Sie also nicht: «Du bist sauer wegen mir.» Oder: «Du bist gekränkt, weil ...» Gerade wenn die Ursachen seiner Gefühle klar auf der Hand zu liegen scheinen – eine Interpretation fremder Gefühle wirkt immer wie eine Unterstellung, gegen die sich der Angesprochene zur Wehr setzt. Es klingt für ihn, als würden Sie sein Recht bestreiten, beleidigte oder gekränkte Emotionen zu empfinden. Belassen Sie es bei der bloßen Feststellung: «Sie sind sich unsicher.»

Sollte Ihr Partner anders empfinden, als Sie glauben, wird er Sie korrigieren: «Unsicher würde ich nicht sagen, aber ein bisschen wundere ich mich schon, dass Sie protestieren. Nur weil ich hier keine Ausnahme zulassen will.»

Sobald die unguten Gefühle ausgesprochen sind, unterminieren sie nicht länger das Gespräch. Selbst wenn es Ihnen nicht gelingt, die Quelle des Ärgers auszuräumen – zum Beispiel, weil Sie beide im Namen Ihres Vorgesetzten oder eines Kunden verhandeln und an vorgegebenen Positionen festhalten müssen –, gewinnen Sie doch mehr Verständnis füreinander. Nicht selten folgt einer Gefühlsbotschaft das Geständnis: «Ich wünschte, ich müsste nicht auf diesem Zugeständnis bestehen.» Oft ist das der erste Schritt, den toten Punkt einer festgefahrenen Verhandlung zu überwinden.

Innere Konflikte. Nicht selten haben Sie es mit widersprüchlichen Gefühlen zu tun. Vor allem dann, wenn es Ihnen oder dem Gesprächspartner schwer fällt, sich zu entscheiden.

Bringen Sie dann unbedingt beide Gefühle zur Sprache! Damit erreichen Sie in aller Regel einen Durchbruch. Sagen Sie zum Beispiel:

«Einerseits möchte ich Sie als Kunden nicht verlieren. Ich habe mit Ihnen bisher nur gute Erfahrungen gemacht. Andererseits darf ich nicht unter diesen Preis gehen. So Leid es mir tut.»

Wenn Sie sich in einer Zwickmühle befinden, sagen Sie klar, was Sie hoffen und fürchten. Der Partner wird nicht gleich das Gespräch abbrechen. Vielleicht finden Sie ein anderes Feld, auf dem Sie ihm noch ein Zugeständnis anbieten können, etwa bei den Zahlungsbedingungen oder durch Zusatzleistungen.

Genauso, wenn Ihr Gegenüber sagt: «Darüber brauchen wir nicht weiter zu reden. Das kriege ich niemals durch.»

Haben Sie erkannt, dass er zugleich eine Hoffnung und eine Befürchtung ausgesprochen hat? Die Befürchtung, Sie könnten auf einer Forderung bestehen, von der sein Chef nichts hören will. Und die Hoffnung, dass Sie einlenken und einen Wunsch äußern, den er leichter bewilligen kann. Daher antworten Sie diplomatisch: «Einerseits fürchten Sie, dass Sie Ärger kriegen, wenn Sie in Ihrer Firma meinen Vorschlag vorstellen. Andererseits hoffen Sie, dass wir doch noch eine andere Lösung finden.»

Wenn er nun anfängt, von seinen Schwierigkeiten zu erzählen, erhalten Sie alle Informationen, die Sie brauchen, um ihn zu einem für Sie vorteilhaften Abkommen zu bewegen. Mit einer Gefühlsbotschaft bieten Sie Hilfe an bei der Suche nach einem Ausweg aus dem Dilemma. Sie verwandeln eine momentane Schwäche – die emotionale Verletzung – in Ihre Stärke. Sie schützen sich vor unfairen Gegenschlägen und vermeiden es, einem Wüterich, der für einen Augenblick die Fassung verloren hat, die Attacke mit gleicher Münze heimzuzahlen. Sie nehmen die Schärfe aus der Auseinandersetzung. In Ihr Gespräch kehren Sachlichkeit und Fairness zurück.

GESETZ 12

BIETEN SIE ALTERNATIVEN AN, ABER GEBEN SIE SIE SELBST VOR

Wir leben im Informationszeitalter. Seit es das Internet gibt, wächst die Menge der verfügbaren Informationen so rasch, dass selbst die Experten längst den Überblick verloren haben. Auch wer den lieben langen Tag nichts anderes tut, als neu hinzukommende Meldungen eines Fachgebiets zu sortieren, muss sich auf eine subjektive Auswahl beschränken. Wer sich vor einer Entscheidung vollständig informieren wollte, käme nie zum Handeln. Der Nachrichtenberg wächst schneller, als ihn ein einzelnes Gehirn verarbeiten könnte – selbst wenn ihm ein Expertenstab und die schnellsten Computer der Welt zur Verfügung stünden.

Darin liegt nicht nur ein Nachteil, sondern auch eine riesige Chance für die Kunst der Diplomatie. Mit wem Sie auch um eine einvernehmliche Entscheidung ringen, niemand kann alle Informationen und denkbaren Varianten in Betracht ziehen. Wer handeln will, muss sein Blickfeld begrenzen. Er wird irgendwann die Informationsaufnahme abbrechen und zu einer Entscheidung kommen. Jeder Entschluss beruht letztlich auf einem Tunnelblick. Was in Betracht gezogen und was weggelassen wird – immer hat die Intuition ein gehöriges Wörtchen mitzureden. Ihre Partner halten sich an Informationsquellen, die ihnen auch früher schon nützlich waren, oder folgen den Empfehlungen von Personen, die sie für kompetent halten und denen sie vertrauen. Eine dieser Personen sind Sie.

Stellen Sie die Weichen, bevor Sie losfahren

Jeder, mit dem Sie verhandeln, weiß insgeheim, dass er nur unvollständig informiert ist. Das bedeutet, er ist geneigt, neue Informationen, die Sie ihm anbieten, zu berücksichtigen. Aber nicht nur das verfügbare Wissen, auch das Gespräch selbst ist kanalisiert. Jede Frage, jede Antwort und jede Meinung, die einer von Ihnen äußert, grenzt die Unterhaltung ein und schließt alles Übrige aus.

Diplomatisches Können überlässt diese Auswahl nicht dem Zufall. Und schon gar nicht der Gegenpartei. Sie vereinfachen sich den Weg zu einer gemeinsamen Lösung erheblich, wenn Sie durch geschickte Steuerung des Gesprächsablaufs die Varianten, die Sie ablehnen, von vornherein ausklammern.

Wer anfängt, gewinnt. Die erste Regel, wenn Sie die Unterhaltung in Ihrem Sinne lenken wollen, lautet: Eröffnen Sie in jedem Falle das Gespräch. Überlassen Sie den Anfang niemals einem anderen. Zu Beginn ist noch alles offen. Wer hier die Weichen stellt, gibt die grundsätzliche Richtung vor. Erheben Sie Ihr Anliegen oder das Ihres Gesprächspartners zum Dreh- und Angelpunkt der Unterhaltung? Nutzen Sie Ihre Chance, der Erste zu sein. Auch dann, wenn die Initiative vom anderen ausgeht. Stellen Sie sich vor, die Sekretärin teilt Ihnen mit: «Sie sollen gleich mal zum Chef kommen.» Wenn Sie nun wissen, dass Ihr Chef es liebt, Mitarbeitern eine Standpauke zu halten, beugen Sie der Gefahr vor, indem Sie nach der Begrüßung sofort fragen: «Sie haben mich rufen lassen. Was kann ich für Sie erledigen?»

Falls er Sie wirklich herunterputzen wollte, bringen Sie ihn damit kurzzeitig aus dem Konzept. Aber wichtiger noch: Sie fordern ihn auf, nicht über die Vergangenheit – Ihre Fehler, Versäumnisse und Unzulänglichkeiten – zu reden, sondern über die Zukunft. Was können Sie von nun an tun, damit er zufrieden ist? Steigt er darauf ein, werden Sie statt Kritik Verbesserungsvorschläge zu hören bekommen. Wenn nicht, haken Sie während der Standpauke mit der Frage nach: «Was kann ich anders machen, damit Sie zufrieden sind?»

Diesmal werden Sie eine Antwort bekommen, da Sie mit Ihrer Einleitungsfrage das Thema «Künftige Veränderung» schon genannt hatten. Würden Sie dem Chef den Anfang überlassen – also seine Standpauke abwarten, bevor Sie fragen –, beherrschte die negative Kritik an Ihnen den Gesprächsablauf. Der Chef kann sich dann mit allgemeinen Floskeln aus der Affäre ziehen wie: «Ich will einfach keine Klagen mehr hören. Ist das klar?»

Und wenn er Ihnen als Antwort auf Ihre Einleitungsfrage eine zusätzliche Arbeit aufhalst? Kein Problem. Sagen Sie Ja – und zählen Sie ihm auf, was Sie in den nächsten Tagen sonst noch zu erledigen haben. Fragen Sie ihn, ob Sie etwas anderes dafür weglassen beziehungsweise in welcher Reihenfolge Sie alle Ihre Aufträge abarbeiten sollen.

1974 wurde in Frankreich ein neuer Präsident gewählt. Als Giscard d'Estaing im Wahlkampf seinem Herausforderer François Mitterrand in einem Fernsehduell gegenübertrat, wurde ausgelost, wer als Erster spricht. Giscard durfte anfangen und nutzte seine Chance, um die Regeln des Duells vorzugeben: «Da es nach den Regeln an mir ist, als Erster zu sprechen, weise ich Monsieur François Mitterrand darauf hin, dass ich ihm jedes Mal eine Frage stellen werde, um ihm Gelegenheit zur Antwort zu geben. Und ich wünsche, dass er ebenso verfährt, damit ich ihm antworten kann. Also, ich stelle Ihnen die folgende Frage …»

Mitterrand hätte sofort Einspruch erheben und darauf hinweisen müssen, dass Michel Droit, der Fernsehmoderator, die Diskussion leitet und den Ablauf regelt – nicht Giscard. Er hat es nicht getan. Er verlor das Duell. Und die Wahl. Sieben Jahre später, im nächsten Wahlkampf, hatte Mitterrand aus seinem Fehler gelernt. Auf eine aggressive Frage Giscards entgegnete er: «Ich bin nicht Ihr Schüler und Sie nicht mein Lehrer!»

«Ich stelle Ihnen bloß eine Frage», entgegnete Giscard.

«Aber nicht auf diese Weise», antwortete Mitterrand.

Er behielt diesmal das Heft in der Hand und gewann die Wahl.

Die diplomatische Regel «Wer anfängt, gewinnt» bringt Sie immer auf die Gewinnerstraße. In jeder Situation:

- Auf einer Party haben Sie eine attraktive Person des anderen Geschlechts getroffen. Um sie näher kennen zu lernen, starten Sie sofort mit den Themenbereichen Kompliment und Intimität. Sie fragen zum Beispiel: «Ihre Jacke hat ein interessantes Muster. Wo haben Sie die gekauft?» Werden dagegen Sie von einer Person angesprochen, mit der Sie keinen näheren Kontakt wollen, lenken Sie das Gespräch gleich auf ein neutrales Thema, zum Beispiel Beruf: «Woher kennen Sie unseren Gastgeber? Arbeiten Sie auch in der Textilbranche?»
- Auf einem Kongress läuft Ihnen ein leitender Angestellter einer Firma über den Weg, bei der Sie sich gern bewerben würden. In den Kaffeepausen unterhalten sich alle im Smalltalk über das Wetter, die Umgebung und das Essen. Sprechen Sie ihn ruhig auf seine Firma hin an – aber bleiben Sie zunächst im Plauderton, auf Smalltalk-Niveau: «Sie arbeiten bei Karriere & Co., nicht wahr? Die Firma interessiert mich. Wie arbeitet es sich dort?»
- Ihr Ehepartner macht die gefürchtete Ankündigung: «Wir müssen miteinander reden.» Sie entgegnen: «Du machst so ein ernstes Gesicht. Pass auf, ich hole uns eine Flasche Wein, und wir machen es uns ein wenig gemütlich. Und dann sagst du mir, was du auf dem Herzen hast.» Sie warten die Zustimmung nicht ab, sondern verschwinden gleich in Richtung Küche, wo Sie sich eine gute Anschlussfrage überlegen. Wenn Ihnen Ihr Partner eine schwer wiegende Eröffnung machen will – dass er Sie verlassen will, Sie betrogen hat, eine Trennung auf Zeit erwägt –, erreichen Sie auf diese Weise zu-

mindest, dass er Ihre Gefühle und Interessen mit in Betracht zieht. Und dass Sie sich fair und sachlich einigen, wie es nun weitergehen soll. Wahrscheinlich geht es aber nur um neue Möbel oder den nächsten Urlaub. Dann verändern Sie mit Ihrer Einleitung die Atmosphäre. Ursprünglich wollte er vielleicht fordern: «Nächsten August will ich unbedingt nach Island!» Nun fragt er vorsichtig: «Was hältst du von Island im nächsten Sommer?»

Die diplomatische Gesprächseröffnung. Sie besteht aus drei kurzen Sätzen (oder Satzteilen). Zu jeder Stufe gebe ich Ihnen drei Beispiele:

1. Eine kurze Feststellung oder Frage zur Ausgangssituation. Sie enthält ein «Sie ...» oder «Du ...»:
   a) «Du erinnerst dich gewiss noch an das offene Problem der Nachtdienste ...»
   b) «Kann ich jetzt mit dir über den Urlaub sprechen?»
   c) «Sie haben mit mir eine Verabredung.»
2. Eine kurze Vergewisserung, dass der andere die Ausgangslage akzeptiert. Sie kann wegfallen, wenn er sich ohne Zögern bereit erklärt, auf Ihren Themenvorschlag einzugehen:
   a) «... nicht wahr?»
   b) «Was hältst du davon?»
   c) «Haben Sie eine halbe Stunde Zeit?»
3. Eine Einleitungsfrage, die Thema, Stil und Richtung der Unterhaltung vorgibt:
   a) «Darf ich dich fragen, ob du dir inzwischen eine Lösung überlegt hast?»
   b) «Möchtest du lieber wandern oder lieber ans Meer?»
   c) «Wir haben ein neues Angebot, über das ich Sie gern informieren möchte.»

Beachten Sie bitte, dass es sich nur um den Beginn des Gesprächs handelt. Sie geben das Thema vor – aber nicht die Lösung. Bei Ihrem Themenvorschlag wird der Partner mitgehen, solange sein

Inhalt auch ihn betrifft. Was aus dem nächsten gemeinsamen Urlaub wird, das interessiert auch ihn. Wenn Sie jedoch sofort als Ergebnis anbieten: «Ich möchte nach Andalusien. Okay?», wird er wahrscheinlich Widerspruch anmelden: «Du, in Spanien waren wir so oft. Ich habe da einen spannenden Artikel über Cornwall gelesen ...»

Natürlich kann es vorkommen, dass Ihr Partner Ihren ersten Vorschlag sofort akzeptiert. Ein Glücksfall! Dann brauchen Sie Ihre diplomatischen Fähigkeiten nicht. Seien wir realistisch, dieser Fall tritt eher selten ein. Und Sie lesen dieses Buch ja, um zu erfahren, wie Sie mit jemandem, der nicht gleich in Ihre Richtung einschwenkt, eine gemeinsame Wellenlänge finden.

Das Entweder-oder-Spiel

Wenn Sie mit Uneinigkeit rechnen, gehen Sie behutsam vor. Sie präsentieren Ihr Begehren als Wunschvorstellung, als vorläufige Idee oder als Vorschlag (siehe Gesetz 8): «Was hältst du davon, mal ein paar Wochen im Süden Spaniens zu verbringen?» Auch dann, wenn Sie in Wahrheit ganz präzise Zielvorstellungen (Gesetz 1) besitzen, also schon ein bestimmtes Hotel ins Visier genommen haben.

Im nächsten Schritt verständigen Sie sich, worin Sie übereinstimmen. Wenn einer nach Cornwall, der andere nach Andalusien will, ist das eine Menge: die Verbindung von Geschichte, bergiger Landschaft und Meer. Die Hoffnung auf mildes Sonnenwetter. Die Lust, kulturhistorische Stätten zu besichtigen.

Als Nächstes regeln Sie die Dinge, bei denen sich rasch Einverständnis erzielen lässt. Zu welcher Zeit wollen Sie verreisen? Buchen Sie eine Pauschalreise, oder ziehen Sie je nach Laune von Hotel zu Hotel? Werden Sie gar mit einem Campingmobil unterwegs sein?

Nun können Sie über Ihre jeweiligen Alternativen präziser urteilen. Wenn Sie Anfang August verreisen, könnte Andalusien sehr heiß und überlaufen sein. Im Juni oder September ist Spanien dagegen angenehmer als England. Möglicherweise gibt es in Ihren Urlaubswochen für eines der beiden Ziele ein preisgünstiges Angebot.

Der Vorteil dieses Vorgehens: Wenn Sie sich nicht vorzeitig auf ein einziges Resultat festlegen, erkennen Sie beide, dass es stets mehrere akzeptable Lösungen gibt:

- Fragen Sie sich: Warum will ich eigentlich nach Andalusien? Wenn die Antwort lautet: Baden, ausreiten, ein paar schöne Kirchen besichtigen – das finden Sie zum Beispiel auch in der Camargue an der französischen Mittelmeerküste.
- Warum will Ihr Partner nach Cornwall? Fragen Sie ihn. Wenn seine Antwort lautet: Wandern, mildes Klima, alte Burgen bestaunen – käme da nicht auch eine Tour entlang der Dordogne im Südwesten Frankreichs infrage?

Beide Alternativziele in Frankreich liegen nah beieinander. Sie könnten sie miteinander verbinden.

Wenn Sie längst eine präzise Zielvorstellung besitzen – entsprechend dem ersten Gesetz der Diplomatie –, überlegen Sie, welche ähnlichen Ziele für Sie unter bestimmten Bedingungen akzeptabel sind und welche Varianten Sie um jeden Preis vermeiden möchten. Beharren Sie dagegen auf nur einer denkbaren Lösung, ist Ihr Spielraum klein. Ihr Gegner kann Sie zwingen, zehn sehr große Zugeständnisse zu machen, eher er Ihnen Ihren einzigen, aber für Sie entscheidenden Wunsch erfüllt.

Sind Sie nicht nur auf eine Alternative festgelegt, halten Sie das Heft in der Hand. Statt nun zäh um Zugeständnisse zu ringen, sagen Sie lediglich: «Um unser beider Anliegen unter einen Hut zu bekommen, sehe ich eigentlich nur folgende Alternativen: Entweder wir entschließen uns für A oder B oder C. Welche ziehen Sie vor?»

Mit dieser Formulierung schließen Sie alle Varianten aus, die Sie nicht mögen. Fügen Sie hinzu: «Mit diesen drei Varianten ist die Auswahl immer noch so groß, dass die Entscheidung schwierig bleibt.» Akzeptiert der Partner den Vorschlag, nur noch über die Wahl zwischen Ihren drei Alternativen zu diskutieren, haben Sie gewonnen. Was er auch wählt – Sie werden auf jeden Fall eine Entscheidung in Ihrem Sinne erhalten. Es ist aber auch möglich, dass die Antwort lautet: «Moment? Da waren doch noch D und E. Zumindest diese beiden Möglichkeiten sollten wir mit berücksichtigen.»

Selbst dann sind Sie weit vorangekommen. Von allen unliebsamen Gegenvorschlägen sind nur noch zwei übrig geblieben. Da Sie keinen fruchtlosen Streit wollen, werden Sie sich hüten, die Vorschläge pauschal abzulehnen. Sie liefern Ihnen einen Hinweis, welche Aspekte dem Partner in Ihren Alternativen fehlen. Da Sie wollen, dass auch er sich mit dem Ergebnis wohl fühlt – sei es nun der gemeinsame Urlaub oder eine wichtige Anschaffung –, antworten Sie nun: «Einverstanden. Wir haben also fünf Alternativen zur Auswahl.»

Sie zählen alle fünf noch einmal auf und lassen sich mit einem «Richtig?» bestätigen, dass Sie sich beide über das Zwischenergebnis einig sind. Diese Zusammenfassung ist sehr wichtig. Sie bestätigt Ihnen, dass Sie zweimal die Richtung des Gesprächs in Ihrem Sinne eingeengt haben. Das erste Mal durch das Thema mit Ihrer Eingangsfrage, das zweite Mal, indem Sie eine Beschränkung der Alternativen erreichten, zwischen denen die Entscheidung fallen wird.

Viele laufen los, doch nur wenige kommen ins Ziel

Sie verfügen nun über verschiedene Möglichkeiten, in der verabredeten Auswahl Ihre Alternativen durchzusetzen.

Die «vergessene» Alternative. Wenn Sie vorher ahnen, dass Ihr Partner seine Alternativen hinzufügen wird, «vergessen» Sie absichtlich in Ihrer Aufzählung eine oder zwei Varianten, die Ihnen gefallen und an denen Ihr Partner auch schon Interesse gezeigt hat. Die Wahrscheinlichkeit ist groß, dass er sie von sich aus hinzufügt: «Moment mal, vorhin hast du gesagt, es wäre auch möglich, in der Camargue zu reiten und zu baden.»

Die Chancen stehen gut, dass Sie sich am Ende genau auf diese Variante einigen werden, weil der Partner jetzt das Gefühl hat, die Variante «Camargue» wäre sein Vorschlag. Sollte er Ihren «vergessenen» Vorschlag wider Erwarten nicht nennen, erinnern Sie sich plötzlich selber, dass Sie ihn bei Ihrer Aufzählung vergessen haben.

Unliebsame Alternativen zerfragen. Durch Ihre Zusammenfassung erscheinen alle Alternativen gleich gut. Melden Sie nun Zweifel an. «Ein interessanter Vorschlag. Nur wieso ...?» Und dann fragen Sie, ob Ihnen dort nicht das Wetter einen Strich durch die Rechnung machen könnte, ob das Land nicht besonders teuer ist, ob Sie dort nicht mehr Sprachprobleme bekommen werden als anderswo. Sie verwerfen den Vorschlag nicht. Sie nehmen ihn ernst. Aber Sie erwecken den Eindruck, dass er mehr unliebsame Begleiterscheinungen mit sich bringt als jeder andere.

Ins Extrem führen. Sie malen unliebsame Konsequenzen aus, die eintreten könnten, wenn Sie die fragwürdige Alternative verwirklichen: «Reiten, schwimmen, besichtigen? Und das alles in einem Urlaub? Das wird ein strammes Programm. Ich fürchte, das wird nicht sehr erholsam. Und sag mal – hat es in der Camargue nicht letztes Jahr im September ein Riesenunwetter gegeben? Mit Überschwemmung?»

«Was verstehst du unter ...?» Diese Frage bildet Ihren letzten Rettungsanker, wenn der Partner Sie mit seinen Argumenten in die Enge getrieben hat, wenn Sie nicht wollen, Ihnen aber kein überzeugendes Argument für Ihr Nein einfällt. Sie zerpflücken die Begründungen des Partners. Er schwärmt, wie toll Sie beide sich erholen werden. Sie fragen: «Was meinst du da mit ‹erholsam›?» Diese Abwehrmethode eignet sich besonders bei gefühlsgeladenen Versprechungen wie Glück, Ruhe, Schönheit oder Erfolg.

Persönliches Interesse vermuten. Sie erklären Ihrem Partner, dass seine Lieblingsalternative ihm nur aus seiner eigenen Position heraus günstig erscheint. Für Sie gilt das nicht. Die Alternative ist daher nicht für eine Lösung geeignet, die Sie beide zufrieden stellen soll. Sie sagen: «Klar, für jemanden wie dich, der dreimal in der Woche auf eigenem Pferd trainiert, ist die Camargue ein Eins-a-Urlaubsziel. Aber für mich, der sich auf so einem Ross gerade mal oben halten kann ...» Eine gute Taktik, wenn Sie jemandem gegenüber treten, der eine andere soziale Rolle spielt als Sie: «Sie als Zahnarzt möchten natürlich, dass ich jedes Vierteljahr antrete, um meine Zähne kontrollieren zu lassen. Aber versetzen Sie sich in meine Lage als Patient. Der Augenarzt will regelmäßig meinen Augeninnendruck prüfen, mein Hausarzt fordert mich auf, bei ihm alle paar Wochen die Blutwerte zu checken ... Und wann soll ich das Geld verdienen, das die Behandlungen kosten, wenn ich dauernd in Wartezimmern sitze?»

Gegenbeispiele. Sie erzählen ein, zwei Geschichten von Leuten, die genau mit dieser für Sie unliebsamen Alternative schlechte Erfahrungen machen mussten. Je anschaulicher Sie ein böses Vorkommnis ausmalen, desto stärker die Verunsicherung. Wenn nun tatsächlich der Urlaub in die Hose geht? Dann steht der Partner, der den Vorschlag gemacht und sich über alle Bedenken hinweggesetzt hat, dumm da.

Fruchten alle Taktiken nichts und der Partner besteht auf seinem Vorschlag, vertagen Sie die Entscheidung. Schlagen Sie vor, die Sache zu überschlafen. Wenn Sie dann in die zweite Runde gehen, erklären Sie zu Beginn, dass Sie beim letzten Mal schon recht weit gekommen und nur noch ein paar kleine Hürden auszuräumen sind. Und die nehmen Sie dann mit einem der anderen Gesetze der diplomatischen Kunst.

GESETZ 13

MOTIVIEREN SIE IHRE PARTNER DURCH DIE AUSSICHT AUF TRAUMHAFTE GEWINNE

Jeden Samstag um zehn vor acht läuft im Ersten Programm der ARD eine Sendung, die seit Jahrzehnten gleich bleibend hohe Einschaltquoten garantiert: die Ziehung der Lottozahlen. Ein Dauerbrenner, der vom Traum eines plötzlichen Geldsegens lebt, der den Spieler mit einem Streich verwandelt: Hart arbeitende Familienväter und -mütter werden über Nacht zu glücklichen Müßiggängern, die in Grand Hotels das Geld mit vollen Händen ausgeben – so die Phantasie.

In Wahrheit haben viele Lottomillionäre erhebliche Probleme. Sie vermissen ihre früheren Kollegen, da sie nicht mehr arbeiten. Alte Freunde gehen auf Abstand. Bei denen, die bleiben, stellt sich die bange Frage: Was interessiert ihn – ich oder mein neuer Reichtum? Sie müssen erfahren, dass der große Gewinn ihre Probleme durchaus nicht mit einem Schlag beseitigt. Das Erstaunlichste: Sie fühlen sich nicht glücklicher als vorher. Denn sie haben nichts mehr, wovon sie träumen können.

Eine befreundete Journalistin hat ihre persönliche Strategie gefunden, um mit dem Traum vom großen Geld umzugehen: «Seit ich gelesen habe, dass die Wahrscheinlichkeit, vom Blitz erschlagen zu werden, viermal so hoch ist wie im Lotto zu gewinnen, fülle ich keinen Tippschein mehr aus. Ich habe mir sechs Zahlen ausgedacht, spiele aber nie. Jeden Samstag, wenn dann ganz andere Kugeln fallen, freue ich mich diebisch über die knapp 12 Euro, die ich gewonnen habe, weil ich keinen Schein abgegeben habe. Das sind bis heute schon fast 1000 Euro.»

Wenn aber zufällig doch einmal ihre sechs Zahlen herauskommen würden? Hätte sie dann die Kraft, sich nicht über den entgangenen Gewinn zu grämen?

Träume verkaufen: der sicherste Weg zu echtem Reichtum

Vor über zweihundert Jahren gelangte ein gewisser Giuseppe Balsamo mit seinem diplomatischen Talent zu Berühmtheit und zeitweise zu großem Reichtum, indem er den Vornehmen seiner Zeit die Aussicht auf ewiges Leben verkaufte. Er kam 1743 in einem Armenviertel Palermos auf Sizilien zur Welt. Weder im Kloster, wo er erzogen wurde, noch in der Apothekerlehre hielt er es lange aus. Seine Berufung fand er erst, als er einem Alchimisten begegnete, der ihn in seine Taschenspielertricks einweihte. Mit einem Stoff aus Flachs und Hanf, den er als echte Seide verkaufte, soll er erstmals zu einem kleinen Vermögen gekommen sein. Den großen Durchbruch schaffte er 1776 in London. Mit Erfolg gab er sich als Gelehrter mit profundem alchimistischem und ärztlichem Wissen aus. Der arme Balsamo verwandelte sich in Alessandro Graf von Cagliostro, Mitglied der hoch geachteten Freimaurerloge und Ratgeber der bedeutendsten Persönlichkeiten der englischen High Society. Er legte sich den Titel «Groß-Kophta» zu und veranstaltete spiritistische Sitzungen nach einem «ägyptischen Ritus», den er in Wahrheit einem alten Buch über die Freimaurerei entnahm, das er Jahre zuvor in einem Trödlerladen erstanden hatte.

Der Traum von der Unsterblichkeit. Sein Erfolgsgeheimnis: Er versprach das ewige Leben, das durch ein kompliziertes mehrstufiges Ritual zu erringen war. Es musste alle fünfzig Jahre wiederholt werden und schützte einen dann für das nächste halbe Jahrhundert vor dem Zahn der Zeit. Selbst angesehene Gelehrte wie Goethes Freund Lavater ließen sich zeitweise von dem genialen Betrüger Cagliostro überzeugen. Seine Auftritte eröffnete er ungefähr mit diesen Worten: «Ich habe Mekka, Ägypten und die entferntesten Weltteile durchreist. Ich habe die Wissenschaften der Pyramiden erworben, bin in die verborgenen Geheimnisse der Natur eingedrungen und stehe jetzt vor Ihnen, um die Falschheit und die Verblendung, in der Sie bisher lebten, aus Ihren Köpfen zu vertreiben.» Der beste Beweis für die Wirksamkeit seines Ritus sei er selbst. Er wandle schon viele Jahrhunderte auf dieser Erde – und sehe man ihm sein Alter vielleicht an?

Sein Erfolg war so groß, dass ihm die kurländische Hofgesellschaft von Mitau (heute in Lettland) die Herzogskrone antrug. Man war bereit, für ihn die amtierende Herzogsfamilie Biron aus dem Weg zu räumen. Cagliostro schlug das Angebot wohlweislich aus. Eine unabdingbare Voraussetzung seines Erfolgs war, dass er sich nirgendwo auf Dauer niederließ. Er verschwand immer rechtzeitig, bevor die anfängliche Faszination seiner Zuhörer nachließ und Skeptiker unangenehme Fragen stellten.

Stolperstein Zufall. Am Ende scheiterte Balsamo alias Cagliostro nicht an seinen Betrügereien, sondern am Zufall. Die berühmte Halsbandaffäre des französischen Hofes, ein Jahr vor der großen Revolution von 1789, riss ihn mit in den Abgrund. Der Hintergrund sei hier nur kurz skizziert: Die Gräfin Jeanne de la Motte-Valois, eine Abenteurerin aus altem Adel, überzeugte den in Ungnade gefallenen Kardinal Rohan, er könne seinen Einfluss wiedererlangen, wenn er Königin Marie-Antoinette ein wertvolles Halsband verschaffe. Der Kardinal bestellte das Halsband, stürzte sich in Schulden, um es zu bezahlen, und händigte es der Gräfin aus, damit sie es in seinem Namen der Königin überreiche. Die Gräfin hatte jedoch nichts Eiligeres zu tun, als das Geschmeide zu zerlegen und die Diamanten einzeln an Londoner Juweliere zu verkaufen. Der Betrug flog auf, als Rohan seine Schulden nicht bezahlte. Die Gräfin hatte gehofft, dass die Hofgesellschaft den Skandal vertuschen würde. Sie täuschte sich. Sowohl sie als auch Kardinal Rohan wanderten in die Bastille.

Cagliostro, der großen Einfluss auf Rohan besaß, wurde der Mittäterschaft verdächtigt und ebenfalls verhaftet. Am Ende stellte sich seine Unschuld heraus und er kam frei – unter der Bedingung, Frankreich sofort und für immer den Rücken zu kehren. Während der Verhöre waren jedoch sein Lebenslauf, sein wahrer Name und seine Geschäftsmethoden ans Tageslicht gelangt. Der Pariser Journalist Théveneau de Morande brachte das Ergebnis der Verhöre an die Öffentlichkeit. Cagliostro setzte von London aus zu einer Gegenattacke an, ohne rechten Erfolg. Er versuchte nun eine Kehrtwendung um 180 Grad zu vollziehen und stellte sich unter den Schutz des Trienter Bischofs Thun mit dem Versprechen, in den Schoß der römischen Kirche zurückzukehren. Als er mit einem Empfehlungsschreiben des Bischofs nach Rom fuhr, wurde er bald verhaftet. Cagliostro hatte zu lautstark die Freimaurerei propagiert, und solche Leute verfolgte die Inquisition ohne Gnade. Zu lebenslänglicher Kerkerhaft verurteilt, starb der falsche Graf 1795 im Gefängnis.

Die Macht der Träume. Cagliostro und Konsorten als Schwindler ohne Bedeutung abzutun wäre zu einfach. Immerhin inspirierte er Schiller zu seinem Roman «Der Geisterseher», und Alexandre Dumas d. Ä. schrieb gleich drei Romane über sein Leben. Einige seiner Kollegen schufen, indem sie sich an die Träume der Menschen wagten, Erfindungen und Entdeckungen, von denen wir heute noch profitieren.

Johann Friedrich Böttger kam als Goldmacher an den Hof des sächsischen Königs August des Starken. Gold zu machen gelang ihm ebenso wenig wie seinen Vorgängern. Dafür erfand er nach chinesischem Vorbild das europäische Porzellan und gründete die Meißener Manufaktur. Böttgers «weißes Gold» brachte dem Dresdner Hof mehr Reichtum als jede echte Goldquelle.

Franz Anton Mesmer zog als Wunderheiler durch Europa. Seine Heilmethode des animalischen Magnetismus wurde im 19. Jahrhundert als Hypnose wiederentdeckt und gehört heute zu den anerkannten psychotherapeutischen Heilmethoden, deren Wirkungsmechanismus immer noch ein Rätsel darstellt.

Johannes Kepler entdeckte als Astronom die mathematischen Formeln, nach denen die Planeten um die Sonne kreisen. Dafür zahlte ihm allerdings niemand ein Honorar. Um zu Geld zu kommen, stellte er Horoskope, unter anderem auch dem Feldherrn Wallenstein. Kepler bemerkte: «Die Astrologie ist wohl eine närrische Tochter, aber wo wollte ihre Mutter, die hochvernünftige Astronomie, wohl bleiben, wenn sie ihre närrische Tochter nicht hätte. Die Mutter müsste Hunger leiden, wenn die Tochter nichts erwürbe.»

Auch die Politik setzt Menschenmassen nur in Bewegung, wenn sie ihnen die Verwirklichung ihrer Träume verspricht. Anfang des 19. Jahrhunderts nannten sich nur wenige radikale Intellektuelle Sozialisten. Karl Marx machte daraus mit seiner Theorie, die der Arbeiterklasse ein irdisches Paradies versprach, eine Massenbewegung. Mit dem Versprechen, dem preußischen König die Kaiserkrone eines vereinigten Deutschland zu verschaffen, wurde aus dem unbedeutenden Abgeordneten Bismarck innerhalb weniger Jahre der zweite Mann des Staates. Richelieu vollbrachte die gleiche Leistung schon 250 Jahre früher. Er entmachtete die regionalen Fürsten und erhob seinen König zum unumschränkten Herrscher – und sich selbst zur Nummer zwei.

Zehn Traumgewinne, die jeder gerne haben möchte

Diplomaten wissen, dass Träume Teil der Wirklichkeit sind. Träume motivieren Menschen, über sich hinauszuwachsen und sich an Unternehmungen heranzutrauen, für die ihre eher entmutigende Gegenwart keine Erfolgsaussichten zu bieten scheint. Dennoch haben sie entgegen allen Voraussagen manchmal Erfolg:

- Als sein älterer Bruder 1887 wegen der Vorbereitung eines Attentats auf Zar Alexander III. hingerichtet wurde, träumte der 17-jährige Wladimir Uljanow von einer Massenrevolution, die die Zarendynastie hinwegfegt. 1917 zog er, der sich inzwischen «Lenin» nannte, als Revolutionsführer in das Petersburger Winterpalais ein.
- Der Norweger Thor Heyerdahl hatte eine Vision, dass alle frühen Hochkulturen durch Schiffsverbindungen über die Ozeane hinweg miteinander in Verbindung standen. Er baute Papyrusboote nach alten Bauanleitungen, um die Reisen der Vorfahren noch einmal zu unternehmen. Er bewies, dass ein früher Kontakt der Kontinente zumindest möglich gewesen ist.
- Der junge Bill Gates sah eine nahe Zukunft vor sich, in der in jedem Haushalt ein Computer steht. IBM fand diese Idee absurd. Da gründete er seine Firma Microsoft, die seinen Traum realisierte und ihn zum Milliardär machte.

Wenn Sie klug verhandeln, vermeiden Sie zähes Ringen um Zugeständnisse und Verzicht. Stattdessen malen Sie die Chancen aus, die sich ergeben, wenn die Gegenpartei einer einvernehmlichen Lösung zustimmt. Damit wird ihr klar, was ihr entgeht, wenn sie eine Vereinbarung blockiert, nur weil ein, zwei Punkte noch strittig sind. Gelangt eine Auseinandersetzung an einen toten Punkt, sagen Sie: «Stellen Sie sich vor, wir hätten uns geeinigt. Dann könnten Sie sofort ...» Da, wo die drei Pünktchen stehen, winken Sie mit einem dieser zehn Gewinne:

1. *Macht und Anerkennung*. Es winken Lob, Führungspositionen und sichtbarer Erfolg für eine Leistung.
2. *Unabhängigkeit und Freiheit*. Die Vereinbarung erweitert den Handlungsspielraum und die Selbstbestimmung.
3. *Information:* Wissensdurst und Neugier darf befriedigen, wer die Zugangsbedingungen zu einem Kreis Eingeweihter erfüllt.
4. *Sicherheit*. Wer in seinen Schutz investiert, Risiken für Gesundheit und Leben meidet oder einen Teil seiner Güter für Notzeiten aufspart, ist weniger Gefahren ausgesetzt. Er lebt gesünder und länger.
5. *Beziehungen*. Kontakt und Kommunikation befriedigen das Bedürfnis nach Zugehörigkeit zu sozialen Gruppen. Man gewinnt die Unterstützung der Mitmenschen.
6. *Familie und Partnerschaft*. Zuneigung, Nähe und wechselseitiges Auf-einander-Angewiesensein bieten Geborgenheit und geben dem Leben einen Sinn.
7. *Leidenschaft und Abenteuer*. Durch Sport, Nervenkitzel, Sexualität und Begeisterung fühlen wir uns lebendig und jenseits aller Routine.
8. *Wettbewerb*. Vom Quizkandidaten zum Unternehmer: Die Möglichkeit, sich mit anderen zu messen, lässt uns erfahren, wo unsere Stärken liegen. Wir erhalten Selbstbestätigung und die Chance, frühere Niederlagen auszubügeln.
9. *Ruhe*. Das Glück, auszuspannen und sich zu erholen, wird umso wertvoller, je mehr Hektik und Stress unseren Alltag bestimmen.
10. *Ideale*. Gerechtigkeit, Fairness, Ordnung, Stabilität, Fortschritt – wer einem hohen Wert zum Durchbruch verhelfen kann, ist gern bereit, dafür bei seinen Forderungen einige Abstriche zuzulassen.

Dass es ihm um einen oder mehrere dieser Trümpfe geht, gibt kaum jemand zu, der um ein Zugeständnis ringt. Es genügt folgende Überlegung: Warum mühen wir uns überhaupt? Weshalb ringen Diplomaten stundenlang hinter verschlossenen Türen um jede Formulierung, statt einfach nach Hause zu fahren und zu sagen: «Sollen doch andere den Karren aus dem Dreck ziehen»?

Es sind die zehn Traumgewinne, die Menschen zum Handeln und Verhandeln veranlassen. Winken Sie mit Anerkennung, Sicherheit, Ruhe oder einer der anderen Belohnungen, und Ihre Partner werden sich in Ihrem Sinne entscheiden.

Lebendige Visionen statt toter Zahlen

Sind die Fronten verhärtet, befindet sich Ihr Verhandlungspartner in einer Zwickmühle:

1. Einerseits möchte er seine Positionen behaupten: Nachgeben bedeutet für ihn nicht nur Verzicht auf wichtige Ergebnisse, die er unbedingt erreichen will, sondern auch das Eingeständnis: «Ich bin nicht stark genug, um mich durchzusetzen.»
2. Andererseits möchte er einen Durchbruch schaffen. Stillstand bedeutet Misserfolg. Die Spannung zwischen Ihnen zerrt an den Nerven.

Der Wunsch nach einem Durchbruch wirkt zu Ihren Gunsten. Sie brauchen Ihrem Kontrahenten bloß einen kleinen Finger zu reichen, und er wird dankbar Ihre ganze Hand ergreifen. Leider steht sein Durchsetzungswillen dagegen. Er fürchtet, in Ihrer Achtung zu sinken, wenn er sich nicht als mindestens genauso zäh erweist wie Sie.

Knacken Sie den Widerstand mit folgender Strategie:

Schlagen Sie eine kurze Pause vor. Erinnern Sie sich an Gesetz 2? Je ungeduldiger Ihr Partner wird, endlich zu einem Ende zu kommen, desto mehr Zeit lassen Sie sich. Sagen Sie:

«Sie haben mir ziemlich zugesetzt. Mit einem so starken Partner hatte ich es lange nicht mehr zu tun. Ich brauche unbedingt eine Pause. Können wir eine halbe Stunde unterbrechen?» Schlagen Sie ruhig eine ziemlich lange Pause vor. Wenn er fragt, ob zwanzig Minuten nicht ausreichen, stimmen Sie nach kurzem Zögern zu. Dieses unwichtige Zugeständnis verwandelt sich in einen Pluspunkt für Sie. Der Partner registriert unbewusst, dass Sie sich kompromissbereit gezeigt haben. Er fühlt die Verpflichtung, ebenfalls einzulenken.

Resümee. Nach der Pause geben Sie als Auftakt eine Zusammenfassung, worauf Sie sich bisher einigten. Betonen Sie, wie groß die schon erreichten Fortschritte sind. Zählen Sie sie alle noch einmal auf. Erwähnen Sie jedes Ihrer bisherigen Zugeständnisse. Nur Ihre, nicht seine! Stattdessen danken Sie ihm: «Ohne Ihre konstruktiven Ideen für eine einvernehmliche Lösung wären wir nicht so weit gekommen. Deswegen bin ich überzeugt, die restliche Etappe bewältigen wir auch noch.» Sagen Sie, dass Sie die größte Strecke schon hinter sich haben und nur noch wenige Punkte zu klären sind. Nennen Sie sie, und lassen Sie sich Ihre Aufzählung mit einem «Richtig?» bestätigen.

Detaillierte Vision. Was wird sich zum Positiven ändern, wenn Sie sich geeinigt haben? Nennen Sie nicht nur abstrakte Zahlen wie «Unser Umsatz wird um eine halbe Million steigen». Das weiß der andere längst. Entwerfen Sie lieber ein sinnliches, plastisches Bild. Erzählen Sie eine kleine Geschichte voll farbiger Einzelheiten: «Stellen Sie sich vor, wie jeden Morgen zwei Ihrer blauen Wagen mit Ihrem Firmenlogo auf meinen Hof rollen. Horst, mein Gabelstapelfahrer, erwartet sie schon und fährt eine Palette nach der anderen mit Ihren silbriggrauen Schraubverschlüssen in die weiße Halle am Ende des Hofes, wo sie Stück für Stück auf unser Band rollen. Zehn Minuten später stehen die ersten Kisten mit den füllfertigen Flaschen am Ende der Halle zur Abholung bereit.»

Ihre Geschichte ist beendet, wenn Ihr Partner das gleiche lebendige Bild vor Augen sieht wie Sie. Das gelingt nicht nur bei Geschäftsbeziehungen. Wenn Sie in Ihrem/r Liebsten den Heiratswunsch wecken möchten, wie gehen Sie vor? Sagen Sie, dass Sie es einem Kind nie antun würden, unehelich geboren zu werden? Werben Sie für die Vorteile des Ehegattensplittings? Oder lassen Sie wie nebenbei die Bemerkung fallen, dass ein Heiratsantrag für Sie die höchste Form der Liebeserklärung darstellt? Entwerfen Sie lieber ein farbiges Bild von Ihrer Hochzeitsfeier und Ihrem glücklichen Familienleben.

Rhetorische Abschlussfrage. «Also – was müssen wir noch klären, um die Sache ins Laufen zu bringen?» Fangen Sie gleich selbst an, die Frage zu beantworten, indem Sie den wichtigsten der noch zu klärenden Punkte zur Sprache bringen: «Wie einigen wir uns, damit die Vision, die ich gerade beschrieben habe, wahr wird?»

Wenn es Ihnen gelang, eine Vision von überzeugender Lebendigkeit auszumalen, wird Ihr Partner einen Vorschlag zur Güte unterbreiten. Aber selbst wenn er noch zögert, entfaltet Ihre Vision ihre Wirkung. Ein lebendiges Bild bleibt besser im Gedächtnis haften als Ziffern und abstrakte Daten. Als sich das menschliche Gehirn herausbildete, jagten unsere Vorfahren noch in der freien Natur ihre Nahrung. Sie achteten auf Wegmarkierungen und Geräusche, die auf lebensgefährliche Raubtiere hinwiesen. Mathematik und Gesetzesparagraphen waren unbekannt. Deswegen ist unser Kopf sensibel für Gerüche, Farben, Töne und Tastempfindungen. Er hat aber Mühe, sich unter Zahlen etwas Konkretes vorzustellen – vor allem, wenn sie viele Stellen lang sind.

Auch Gedächtnisakrobaten benutzen den Trick, sich die Wörter und Zahlen, die sie sich merken sollen, als sinnliches Bild vorzustellen. Wenn sie sich eine Einkaufsliste einprägen, pauken sie nicht die Wörter, sondern stellen sich einen Korb vor, in dem ihre gesuchten Waren liegen. Dieses Bild bleibt zehnmal besser im Gedächtnis haften als eine Liste von Begriffen. Wenn Sie eine Verhandlung vertagen, vertrauen Sie auf die Kraft Ihrer Vision. Sie wird im Gedächtnis Ihrer Partner als konkretes Leitbild weiterwirken und sie motivieren, in der nächsten Runde Ihnen einen weiteren Schritt entgegenzukommen.

GESETZ 14
ZERHAUEN SIE KEINE GORDISCHEN KNOTEN, SONDERN SETZEN SIE AUF SALAMITAKTIK

Als im November 1917 die Kommunisten in Russland an die Macht gelangten, sahen die deutschen Generäle endlich ihre Chance, den Ersten Weltkrieg doch noch zu gewinnen. Über drei Jahre hatten ihre Truppen in den Schützengräben festgesteckt. Sie hungerten und froren, sie starben im Kugelhagel, ohne einen Meter vorzurücken. Jetzt endlich kam Bewegung in die Front! Da Lenin einen Frieden ohne Bedingungen versprochen hatte, desertierten russische Soldaten massenhaft in Richtung Heimat. Die deutschen Armeen strömten über die verlassenen Frontlinien ins Land. Lenin schickte seinen besten Mann, Leo Trotzki, um mit dem Feind über einen Frieden zu verhandeln. Die deutschen Kommandeure unter Führung General Ludendorffs grinsten. Frieden? Jetzt? Wo das Land offen vor uns liegt, wo wir ungehindert bis zum Ural durchmarschieren könnten? Weshalb wohl haben wir euren Lenin und seine Genossen in einem verplombten Waggon aus der Schweiz quer durch Deutschland nach Russland transportiert? Statt die Bande einzusperren? Damit sie ein Chaos anrichten! Damit euer militärischer Widerstand gegen uns zusammenbricht! Und jetzt wollen wir die Früchte unserer Taktik ernten.

Sie stellten unannehmbare Bedingungen: Polen, Finnland, die Ukraine und das Baltikum sollten deutsch werden. Mehr als ein Viertel des russischen Territoriums in Europa. Trotzki reagierte, wie sie erwartet hatten. Er reiste mit seiner Delegation empört wieder ab. Da entschloss sich Lenin zu einem diplomatischen Coup. Er akzeptierte das Diktat der Deutschen ohne Wenn und Aber. Am 3. März 1918 unterzeichneten die Bolschewiken den Friedensvertrag von Brest-Litowsk.

Nichts ist beständiger als das Vorläufige

Die Revolutionäre waren entsetzt. Hatte ihr Führer den Verstand verloren? Keineswegs. Lenin hatte in der Verbannung jahrelang die Gesetzmäßigkeiten der Menschheitsgeschichte studiert. Er wusste: Nichts besteht ewig. Die Deutschen werden sich ihres Sieges nicht lange erfreuen können. Auch sie sind erschöpft und kriegsmüde. In Berlin wird eine Revolution ausbrechen. Sie wird nicht nur den deutschen Kaiser entmachten, sondern zugleich den erpresserischen Friedensvertrag hinwegfegen.

Seine Rechnung ging auf. Anfang November 1918 begann die deutsche Revolution mit dem Aufstand der Kieler Matrosen. Am 10. November floh Kaiser Wilhelm II. in die Niederlande, und am 13. erklärte Sowjetrussland den Vertrag für ungültig. Nun waren es die deutschen Truppen, die von der Front desertierten. Keine Chance mehr für ihre Ludendorff & Co., die russischen Weiten zu besetzen.

Damit enthüllt sich ein weiteres Geheimnis, warum diplomatische Gewandtheit roher Gewalt Paroli bieten kann. Siege werden auf zweierlei Art erzielt:

Durch Stärke. Wer gerade einflussreich und mächtig ist, unterliegt der Versuchung, sein Übergewicht auszunutzen, um die Lage für alle Zeit zu seinen Gunsten zu zementieren. Er erzwingt einen Vertrag, der ihm alle Vorteile und den Benachteiligten alle Pflichten auferlegt. Die Unterlegenen unterschreiben zähneknirschend – und bereiten sich heimlich auf eine Revanche vor. Sobald sie sich stark genug fühlen, schlagen sie zurück. Sie erzwingen einen neuen Vertrag. Diesmal zu ihren Gunsten. Was wiederum den früheren Sieger zum Gegenschlag reizt. Alle «ewigen» Verträge lieferten in Wahrheit nur eine Atempause. Je endgültiger ein Sieg sein sollte, desto schneller fielen seine Früchte einer Korrektur zum Opfer. Nichts ist so kurzlebig wie das Ewige.

Durch Annäherung. Statt eine Gewaltlösung zu erzwingen, verständigen sich die beiden Seiten auf eine vorläufige Regelung. Diplomaten verstehen es hervorragend, sich im Provisorischen einzurichten. Da endgültige Regelungen immer wieder auf den Prüfstand gestellt und gewaltsam korrigiert werden – warum dann nicht gleich die Dinge in der Schwebe lassen? Ein Sprichwort aus Frankreich, dem Mutterland der Diplomatie, lautet: Rien dure que le provisoire – Nur das Vorläufige ist von Dauer.

Provisorische Regelungen sind realistischer. Sie machen es überflüssig, überholte und ungerechte Verträge gewaltsam zu kippen. Aber das ist nicht ihr einziger Vorteil. So mancher will einer Regelung nicht zustimmen, weil er fürchtet, mit seiner Unterschrift einen irreparablen Fehler zu begehen, eine Falle zu übersehen oder einer nicht wieder gut zu machenden Dummheit zuzustimmen.

Schlagen Sie eine befristete Regelung vor – eine Einigung auf Probe –, und eine Zustimmung wird möglich. Sie lässt eine Korrektur zu. Das Provisorium bietet beiden Seiten folgende Vorteile:

- Trotz weit auseinander liegender Positionen ist eine Einigung möglich.
- Sie brauchen sich nicht über prinzipielle Lösungen zu streiten.
- Fehlentscheidungen können korrigiert werden.
- Keiner braucht seinen Standpunkt aufzugeben.

- Sie können erst einmal ausprobieren, wie weit ein Zusammengehen praktisch funktioniert, und Erfahrungen miteinander sammeln.
- Sie müssen sich nicht binden. Sie können die Vereinbarung bald wieder kündigen, wenn sie eine bessere Möglichkeit finden, ihre Ziele zu erreichen.
- Das Provisorium nährt die Hoffnung, bei der nächsten Runde eine Verbesserung zu erreichen.

Wenn Sie einen Vorschlag haben, der Ihrem Partner nicht so recht schmecken will, sagen Sie: «Lass es uns zwei Wochen lang ausprobieren, und dann reden wir wieder darüber.» Entweder stellen Sie beide nach der Probezeit fest, dass die Regelung besser funktioniert als gedacht. Oder Sie erkennen, wo der Knackpunkt liegt, und finden eine andere Variante.

Dort, wo Moral und Recht keine vorläufigen Verträge zulassen, finden die Beteiligten Wege, sich dem Zwang zur Dauer zu entziehen. Etwa wenn es um den Bund fürs Leben geht. Manche Naturvölker lassen Eheschließungen auf Probe zu. Unsere Paare heiraten «bis dass der Tod euch scheidet». Jeder Standesbeamte weiß längst, dass diese Formulierung nur von einer knappen Mehrheit der Paare in die Tat umgesetzt wird. Die übrigen Ehen scheidet ein Richter. Andererseits wächst die Zahl der Paare, die ohne Trauschein dauerhaft zusammenbleiben. Vorläufige Vereinbarungen können sehr stabil sein. Sie erlauben den Partnern, sie jederzeit flexibel an veränderte Bedingungen anzupassen.

Meisterdiplomaten hangeln sich ihr Leben lang von Provisorium zu Provisorium. Sie misstrauen definitiven Abmachungen. Wenn jemand eine Maßnahme für immer festschreiben will, muss dahinter ein langfristiger Vorteil für ihn stecken! Doch nicht nur für fertige Resultate nutzen sie ihr Geschick, mit einstweiligen Verfügungen zu hantieren. Es hilft ihnen auch auf dem Weg dorthin.

Fünf Scheiben ergeben eine Wurst

Filmen Sie, wie ein Metzger eine Salami mit einem Küchenmesser in schmale Scheiben schneidet: Lassen Sie den Film rückwärts laufen. Sie werden sehen, wie die Teile zu einer Wurst zusammenwachsen, indem der Metzger das Messer aus dem Spalt zwischen den zersäbelten Scheiben zieht. Damit haben Sie ein Bild für die als Salamitaktik bezeichnete Verhandlungstechnik.

Mit ihr gelangen Sie ans Ziel, wenn die Differenzen in den Ansichten extrem groß sind, wenn Welten zwischen den Partnern liegen oder wenn Worte fallen wie: «Das ist völlig ausgeschlossen. Darüber brauchen wir gar nicht weiterzureden.»

Häufig entschließen sich die beiden notgedrungen, auf ihre Maximalwünsche zu verzichten und sich fürs Erste mit einer Minimaleinigung zufrieden zu geben. Mit dem heimlichen Vorsatz, bei einem späteren Gespräch sich ein weiteres Stück vom großen Kuchen abzuschneiden. Diese Haltung wird Ärger bringen. Der Partner fühlt sich getäuscht. Für ihn stellt sich die Lage so dar: Ich habe von einer völlig inakzeptablen Forderung einen Teil erfüllt und damit meinen guten Willen bewiesen. Zeigt er sich dankbar für mein Entgegenkommen? Im Gegenteil, er bohrt weiter und will immer mehr. Er soll nur so weitermachen! Wenn mir der Geduldsfaden reißt, ziehe ich mein Zugeständnis zurück, und er bekommt gar nichts.

Das ist die Taktik des kleinen Fingers. Wer ihn nimmt, will am Ende die ganze Hand. Sie wirkt wie ein misslungenes Täuschungsmanöver und ist schlechte Diplomatie. Die Salamitaktik der Könner zäumt das Pferd andersherum auf. Sie nehmen die ganze Wurst in ihr Blickfeld, bevor sie anfangen, sie Scheibe für Scheibe zusammenzukleben. Sie vertrauen auf ein offenes Vorgehen. Mindestens diese fünf Scheiben benötigen Sie für eine komplette Einigungssalami:

Ziele benennen und begründen. Beide Partner bekennen sich zu ihren Zielen. Sie sagen, was sie gern erreichen möchten, weshalb ihnen ihre Anliegen wichtig sind. Sie verschweigen einander weder Absichten noch Motive.

Nehmen wir als Beispiel ein frisch verliebtes Paar. Sie unterhalten sich darüber, wie sie ihre Lebensziele unter einen Hut bekommen. Christina studiert Kunst und möchte in zwei Jahren eine eigene Galerie eröffnen, um junge Talente zu fördern. Und eigene Graphiken auszustellen. Bernd nimmt gerade seine erste Karrierehürde in einer großen Bank. Da er als Finanzberater ein gutes Einkommen hat, möchte er, dass seine Zukünftige zu Hause bleibt und sich um sein Wohlergehen und das ihrer geplanten Kinder kümmert.

Partnerziele anerkennen. Die Ziele scheinen unvereinbar – was nun? Sie sollten anerkennen, dass sein Wunsch von seiner Position aus Sinn macht. Bitten Sie ihn um die gleiche Bestätigung: «Verstehst du, warum diese Dinge für mich wichtig sind? Warum ich nicht auf sie verzichten möchte?» Versuchen Sie nicht, einander Ihre Wünsche auszureden. Oder Ersatzziele anzubieten, etwa: «Also dafür brauchst du mit mir nicht zu rechnen. Aber schau mal, stattdessen bin ich bereit, dir auf folgendem Gebiet jeden Gefallen zu tun …» Ersatzziele verlangen Verzicht. Im Stillen wächst die Sehnsucht weiter. Und mit ihr die Enttäuschung, dass der Partner sich als Hindernis auf dem Weg dahin erweist. Statt als Förderer und Helfer. Eine Verständigungsbasis gibt es nur, wenn jeder die Anliegen des anderen respektiert.

Bernd sieht ein, dass Christina nicht umsonst studiert haben will, dass auch sie berufliche Erfolge sucht und sich auf dem Gebiet, das sie begeistert, verwirklichen will. Dass auch sie eigenes Geld verdienen möchte. Sie begreift, dass vor Bernd harte Jahre liegen. Er hätte gern eine Ehefrau, die ihm den Rücken frei hält, während er in seiner Bank nach oben strebt. Und wenn er sich auf Dienst nach Vorschrift beschränkte, um Stress und Überstunden zu vermeiden? Um für die Familie da zu sein? Schließlich könnte sie mit ihrer Galerie zum Familieneinkommen beitragen. Dann würde Bernd ein Leben lang Schalterdienst leisten müssen. Und bei der nächsten Wirtschaftskrise, wenn die Bank wieder mal Stellen abbaut, stände er vor der Tür. Darunter würde auch sie leiden. Sie versteht, dass ihm diese Alternative nicht schmeckt.

Basis der Verständigung ermitteln. Beide brauchen einander. Warum sonst versuchen sie einander zu überzeugen? Zwei Dinge ketten die Partner aneinander:

DIE GEMEINSAMKEITEN: Sie sind zu Anfang unter den erheblichen Verschiedenheiten der Ziele oft nicht zu erkennen. Denken Sie trotzdem darüber nach. Auch Übereinstimmungen im Charakter oder Ansichten zu Fragen, die nicht zur Verhandlung stehen, gehören dazu. Kennen Sie Ihre gemeinsamen Felder, schrumpfen die Verschiedenheiten von 100 Prozent Gegensatz auf vertretbare 50 oder noch weniger Prozent zusammen.

DIE AUSTAUSCHBEDÜRFNISSE: Ihr Partner möchte, dass Sie etwas zu seinen Zielen beitragen. Deshalb redet er mit Ihnen. Sie möchten von ihm das Gleiche – für Ihre Ziele. Wie weit kommen Sie ihm entgegen, wenn er Ihre Wünsche erfüllt?

Christina möchte einen Mann, der Geld heimbringt, erfolgreich ist und vorwärts kommt. Sie ist stolz auf ihn. Er soll für die Familie da sein. Aber deswegen seine Karriere vernachlässigen – das wäre ihr auch nicht recht. Allerdings möchte sie das Gleiche auch für sich: ein Leben, in dem weder Beruf noch Familie zu kurz kommen. Sie möchte auch zwei Kinder, wie er. Aber nicht sofort. Erst, wenn ihre Galerie läuft und wenn sie einen Großteil der laufenden Arbeit einer Angestellten anvertrauen kann. Bernd wünscht sich durchaus eine Frau, die ihm ebenbürtig ist. Eigentlich gefällt ihm, dass sie seine Ansichten teilt, was wichtige Lebensziele betrifft.

Vorläufige Einigung über Höhe und Umfang. Welche der weit auseinander liegenden Wünsche können Christina und Bernd einander auf der Basis ihrer eben erkannten Verständigung problemlos erfüllen? Zumindest in gewissem Maß? Teilweise Annäherung ist dabei besser als unversöhnlicher Gegensatz. Beide sind sich im Klaren, dass sie einander nur ein Stück entgegenkommen. Dass noch Wünsche offen bleiben. Jede Leistung verlangt ihre Gegenleistung. Selbst wenn Ihr Partner ein Zugeständnis von sich aus gewährt, erwartet er, dass Sie sich im Gegenzug als ebenso kulant erweisen werden.

Bernd hat die Möglichkeit, Christina bei seiner Bank einen günstigen Kredit für ihre Galerie zu beschaffen. Sie verspricht, das Unternehmen nicht allein in Angriff zu nehmen, sondern sich mit zwei Freundinnen zusammenzutun. Sie werden zu dritt die Aufgaben so aufteilen, dass ihre Familien nicht zu kurz kommen. Was Kinder betrifft, werden Christina und Bernd bis ein Jahr nach Galerieeröffnung warten. Dann hat auch Bernd die härteste Zeit in der Bank hinter sich. Wenn alles nach Plan läuft, ist er bis dahin stellvertretender Filialleiter und kann seine Arbeitszeit flexibler zugunsten der Familie gestalten.

Korrektur und Erweiterung. Beide planen von vornherein, es nicht bei der ersten Salamischeibe bewenden zu lassen. Ihr gemeinsames Ziel ist die ganze Wurst. Sollten unvorhergesehene Umstände es einem Partner erschweren, seinen Teil der Vereinbarung einzuhalten, kümmern sich beide darum, den Engpass zu überwinden. Sie betrachten sich als Verbündete. Zeigt sich, dass die Lasten und Genüsse nicht gleichmäßig verteilt sind, bemühen sich beide um eine Korrektur. Es wäre dumm, wenn der besser Weggekommene versuchen würde, auf seinem Vorsprung zu beharren oder ihn gar auszubauen. Warum riskieren, dass der Unzufriedene die Vereinbarung kündigt? Eröffnen sich in der Folgezeit neue Felder der Kooperation, nehmen die beiden sie sofort in ihre Zusammenarbeit auf.

Christina findet Räume für ihre Galerie nicht weit von ihrem Wohnhaus. Dadurch fällt es ihr leichter, Familienleben und Arbeit zu verbinden. Die Galerie und ihre Kooperationspartner – Handwerker, ein Maklerbüro, Künstlerverbände – lassen sich von Bernd beraten. Als seine Stammkunden stärken sie seine Stellung in der Bank.

Der Prozess der Korrekturen und Erweiterung wiederholt sich so lange, wie die Zusammenarbeit dauert. Über Jahre reihen die beiden eine Salamischeibe an die andere. Klug gehandhabt, kommen die Absichten der Partner im Laufe der Zeit weitgehend zur Deckung. Denn mit ihrer Realisierung verändern sich die Ziele. Sie bewegen sich aufeinander zu. Das Anliegen des anderen wird zu einem Teil des eigenen Ziels. Wie in unserem Beispiel: Christina wollte eine Galerie, Bernd war dagegen. Doch mit der Zeit stellte sich heraus: Die Galerie erwies sich nicht als Hindernis für Bernds Karriere, sondern förderte sie sogar.

Einwände als Chance

Sie haben sich scheibchenweise aufeinander zu bewegt. Sie haben eine praktikable Regelung vorgeschlagen. Ihr Partner hat Ja gesagt. Seine Hand greift schon zum Füllhalter, um zu unterschreiben. Gerade will der die Feder auf das Papier setzen, da zuckt die Hand plötzlich zurück, und er sagt: «Es gibt da einen Punkt, mit dem ich nicht einverstanden bin ...»

Ärgerlich, nicht wahr? Beinahe hatten Sie die Absprache unter Dach und Fach. Und jetzt müssen Sie eine neue Runde dranhängen: Für und Wider erörtern, Bedenken ausräumen, weitere Vergünstigungen zugestehen ... In Gesetz 3 hatte ich es schon angedeutet: Einwände sind ein Glücksfall. Selbst wenn sie erst im letzten Moment auf den Tisch gelangen. Die Mühe, vor der Unterschrift zusätzliche Hürden zu beseitigen, ist eine Kleinigkeit, verglichen mit dem Ärger, der auf beide Parteien zukommt, wenn sich erst hinterher herausstellt, dass eine berechtigte Sorge nicht zur Sprache kam. Oftmals schweigt der Partner, der Bedenken anzumelden hat, weil er

- in der Vielzahl der zu berücksichtigenden Interessen diesen einen Punkt schlicht und einfach vergessen hat,
- weil er nicht kleinlich erscheinen und die mühsam erzielte Vereinbarung nicht gefährden will,
- weil er sich unsicher ist, ob seine Bedenken nicht übertrieben sind.

Das Problem wird spätestens dann akut, wenn es darum geht, die Vereinbarung in die Praxis umzusetzen. Nun muss der Knackpunkt «nachverhandelt» werden. Nachträglicher Korrekturbedarf erschüttert das Vertrauen in die Zuverlässigkeit des Partners. Wird es bei dem einen Punkt bleiben? Was, wenn sich immer wieder neue Hürden auftürmen? Wenn ständig nachverhandelt werden muss?

Gerade bei einer Abmachung, die mithilfe der Salamitaktik zustande kommt, tauchen bei jedem Schritt aufeinander zu neue Einwände auf. Die erfolgreichste Strategie lautet: Statt zu hoffen, den Partner mit möglichst wenig Widerspruch für Ihre Ideen zu gewinnen, versuchen Sie, alle Einwände, die er je äußern könnte, so früh wie möglich aus ihm herauszukitzeln. Je eher Sie einen Einwand erkennen und besprechen, desto leichter räumen Sie ihn aus. Nur verschleppte Einwände wachsen sich zu unüberwindlichen Schwierigkeiten aus. So gehen Sie vor:

Einwände vorwegnehmen. Manche Einwände sind vorhersehbar: Alles, was den Partner Zeit, Geld oder Mühe kostet, wird ihm nicht so recht behagen. Er wird sich fragen, ob der Aufwand wirklich nötig ist. Warten Sie nicht, bis er seine Bedenken äußert. Selbst wenn er zu höflich oder zu schüchtern ist, seine Unzufriedenheit zur Sprache zu bringen – im Stillen schwelt der Einwand fort. Riskieren Sie keine nachträglichen Beschwerden. Vermitteln Sie erst gar nicht den Eindruck, Sie wollten Nachteile verschweigen. Gehen Sie in die Offensive, etwa so: «Du fragst dich vielleicht, ob die Kosten gerechtfertigt sind. Anfangs sind die Kosten in der Tat höher, als wenn du mit dem alten Gerät weitergearbeitet hättest. Aber schon nach vier Monaten kehrt sich das Verhältnis um. Dann machen sich die eingesparte Zeit und der geringere Energieverbrauch bezahlt. Darf ich es dir mal im Einzelnen vorrechnen?»

Falls Sie Angst haben, schlafende Hunde zu wecken – die Hunde sind längst wach. Es ist nur eine Frage der Zeit, bis sie losbellen. Politiker bedienen sich häufig der Technik, Einwände vorwegzunehmen. Sie lernen in Rhetorikseminaren, auf diese Weise den Eindruck von Aufrichtigkeit und Kompetenz zu vermitteln.

Emotionaler Puffer. Spüren Sie am Tonfall oder der Mimik Ihres Gesprächspartners, dass er ärgerlich ist und mit seinem Einspruch seinem Zorn Ausdruck verleihen möchte, begrüßen Sie erst einmal den Einwand, bevor Sie inhaltlich darauf antworten. Schließen Sie eine Gefühlsbotschaft an, und Sie erfahren, worin der Vorbehalt gegen Sie besteht. Sie schaffen dadurch einen Puffer zwischen Sach- und Beziehungsebene. Nur so können Sie sicher sein, dass Ihre Antwort nicht durch unausgesprochenes Misstrauen verfälscht wird. Ein Beispiel:

ER: Eigentlich wäre ich mit meinem Anliegen lieber zu jemand anderem gegangen.
SIE: Es ist gut, dass Sie das sofort sagen. Sie sind sich unsicher, ob Sie bei mir ein offenes Ohr für Ihre Sorgen finden.
ER: Ich bin nicht gerade glücklich darüber, dass ich den Abschlussbericht mit Ihnen zusammen schreiben muss.
SIE: Danke, dass Sie mit Ihren Bedenken gleich herausrücken. Sie machen sich Sorgen, wie Sie mit mir klarkommen sollen.

Hören Sie sich ohne Widerspruch an, was der andere an Vorbehalten vorbringt. Erst danach fragen Sie nach inhaltlichen Einwänden.

Als Frage beantworten. Wehren Sie sich niemals gegen einen Einwand, indem Sie widersprechen! Damit würden Sie Ihrem Partner indirekt sagen: Dein Einwand ist nicht berechtigt. Was ihn veranlasst, wiederum Ihnen zu widersprechen und zu beweisen, dass seine Bedenken ernst zu nehmen sind. Behandeln Sie vielmehr jeden schwer wiegenden Einwand – vor allem, wenn Sie nicht mit ihm gerechnet haben – als Frage. Übersetzen Sie also

«Das ist viel zu teuer» in: «Ist das nicht zu teuer?»

«Da bekommen wir Ärger mit dem Finanzamt» in: «Wird das Finanzamt nicht sein Veto einlegen?»

«Das ist doch vor allem vorteilhaft für dich!» in: «Wo liegt der Nutzen für mich?»

Beantworten Sie die im Einwand enthaltene sachliche Frage. Erscheint Ihnen der Einspruch zu unpräzise, fragen Sie zurück: «Worin genau siehst du mehr Vorteile für mich als für dich?»

Bumerang-Technik. Was der Partner als negativ bewertet, hat oft auch eine positive Seite für ihn. Während er damit rechnet, dass Sie seine Bedenken zurückweisen oder sich rechtfertigen werden, bereiten Sie ihm eine Überraschung. Sie stellen seinen Einwand in ein günstiges Licht. Sie sehen darin einen zusätzlichen Vorteil. Bumerang-Sätze beginnen meist mit einem «Gerade deshalb ...» oder «Gerade weil ...» Einige Beispiele:

KUNDE: Ihre Leute – von denen ist doch kaum einer über 25, oder? Die können doch gar nicht genug Erfahrung haben für so eine komplizierte Aufgabe.

CHEF DER COMPUTERFIRMA: Gerade weil sie frisch von der Hochschule kommen, sind sie mit der neuesten Software vertraut. Wir können Ihnen deshalb die modernste Lösung anbieten, die gerade auf dem Markt ist.

KUNDE: Vier Wochen Vorbestellung für einen Tisch in Ihrem Restaurant … ist das nicht ein bisschen übertrieben?
OBERKELLNER: Gerade weil wir so viel zufriedene Stammkunden haben, sind wir über mehr als drei Wochen im Voraus ausgebucht.
EHEMANN: Wieso soll ich die Kinder immer zur Schule bringen und du holst sie ab? Ich fände es gerechter, wenn wir mal tauschen.
EHEFRAU: Gerade weil du sie auf dem Weg zu deinem Büro hinbringst, kann ich morgens noch einkaufen. Würden wir tauschen, müssten wir noch regeln, wie es nachmittags mit dem Einkaufen gehen soll. Und dann dein unregelmäßiger Büroschluss am Nachmittag …

Stellen Sie immer, bevor Sie sich endgültig auf eine Vereinbarung einlassen, die Abschlussfrage: «Hast du noch Einwände?» Vorbehalte, die Sie am Tisch noch ausräumen, können Ihnen keinen nachträglichen Ärger mehr bereiten.

GESETZ 15

ÜBERWINDEN SIE DENKBARRIEREN DURCH PROBEWEISES DURCHSPIELEN ALTERNATIVER SZENARIEN

Bismarck sammelte seine ersten diplomatischen Erfahrungen als preußischer Gesandter beim Bundestag in Frankfurt am Main, der Versammlung aller deutschen Kleinstaaten. Er sah es als seine vornehmste Aufgabe an, Preußens Stellung gegenüber Österreich zu stärken. Der Wiener Gesandte Graf Thun hingegen achtete sehr darauf, schon durch Äußerlichkeiten kundzutun, dass er die Großmacht Nummer eins repräsentierte. Er hatte unter anderem durchgesetzt, dass er als Einziger während der Beratungen rauchen durfte. Als Bismarck 1851 bei ihm zu seinem Antrittsbesuch erschien, hatte Graf Thun alle Gästestühle entfernen lassen, sodass der Preuße stehen musste, während er selbst sich behaglich in seinem Sessel räkelte. Genüsslich zog er an seiner Zigarre und musterte den Gast aus dem Norden unfreundlich. Als Bismarck die Lage erfasst hatte, schwang er sich auf Thuns Schreibtisch, ließ seine Beine baumeln und holte eine eigene Zigarre aus seiner Tasche. Dann fragte er den Grafen mit honigsüßem Lächeln: «Darf ich Eure Exzellenz um Feuer bitten?» Den Gast eines amtlichen Besuches offen mit einem Nein zu brüskieren, wagte Thun nun doch nicht. Alle Teilnehmer des Frankfurter Bundestags galten zumindest offiziell als Verbündete. Ihm blieb nichts anderes übrig, als nach dem Diener zu klingeln und ihn aufzufordern, Feuer und einen Stuhl zu bringen. Bismarck zündete seine Zigarre an, setzte sich und begann, in dichte Rauchwolken gehüllt, eine unverfängliche Plauderei.

Wirklichkeit kommt von «wirken»

Für Bismarck war Politik die «Kunst des Möglichen». Er jagte keinen Hirngespinsten nach, sondern entdeckte in seiner Umgebung die verborgenen Chancen, die Zustände nach seinen Vorstellungen umzuformen. Graf Thun wollte demonstrieren, dass Österreich Preußen überlegen sei. Bismarck setzte seine Botschaft durch: Beide Staaten sind einander ebenbürtig. Wir sitzen beide, rauchen beide und plaudern von Gleich zu Gleich. Beachten Sie, dass Bismarck sich nicht triumphierend seines Sieges über die Wiener Arroganz rühmte. Er vermied nicht nur, seinen weiterhin gefährlichen Gegner zu demütigen, er wusste auch: Erst wenn das neue Gleichgewicht zur Selbstverständlichkeit geworden ist, kann es nicht wieder infrage gestellt werden.

Wie verwandeln Sie Ihr zukünftiges Ziel in Gegenwart? Wie schaffen Sie eine alternative Wirklichkeit und bringen Ihre Partner dazu, Sie zu respektieren?

Lassen Sie den Partner die Nachteile seiner Haltung spüren. Als Bismarck als Gesandter in Frankfurt eine Mietwohnung bezog, vermisste er einen Glockenzug, mit dem er seinen Diener vom Dachgeschoss herunter in sein Arbeitszimmer läuten konnte. Der Vermieter, der die Preußen ohnehin nicht leiden konnte, antwortete, er sehe keinen Grund, Sonderwünsche aus seiner Tasche zu bezahlen. Einige Tage später hallte ein Pistolenschuss durch das Haus. Erschreckt eilte der Hausbesitzer durch alle Räume und entdeckte endlich die noch rauchende Pistole neben dem ebenfalls rauchenden Bismarck. Der sagte seelenruhig: «Seien Sie unbesorgt: Ich habe nur meinem Diener ein Zeichen geben wollen. Es ist ein ganz harmloses Signal, an das

Sie sich hoffentlich gewöhnen werden.» Kurz darauf erschienen Handwerker und bauten einen Glockenzug ein.

Andere Zeiten, andere Sitten. Heute würde der Hausbesitzer nach der Polizei rufen. Das Prinzip, das Bismarck anwendete, bleibt jedoch wirksam. Unter zwei Voraussetzungen: Der Nachteil muss gravierend sein – und der Ausweg, sich in Ihrem Sinne zu verhalten, offenkundig. Diese Taktik ist erfolgreich, wenn der Partner sich einem Problem nicht stellen will. Drei Fälle, in denen sie sich schon oft bewährt hat:

1. Der Ehepartner will sich nicht an der Hausarbeit beteiligen. Statt zu protestieren, räumen Sie seine Sachen nicht mehr weg, waschen nur noch Ihre Wäsche, kaufen nur für sich ein und spülen nur die Teller ab, die Sie selbst brauchen.
2. Jemand nörgelt in beleidigenden Ausdrücken an Ihnen herum. Beim ersten Mal verbitten Sie sich den Ton. Vom zweiten Mal an verlassen Sie sofort den Raum. Sie lassen sich auf keine Diskussion ein, ehe sich die Umgangsformen nicht bessern.
3. Ein Kollege brüstet sich mit Arbeiten, die hauptsächlich Sie erledigt haben. Lassen Sie von nun an diese Arbeiten für einige Tage liegen. Wenn er sich beim Chef beschwert, dass Sie Ihren Anteil nicht mehr leisten, sagen Sie: «Ich denke, du erledigst diese Arbeit immer ganz allein?»

Verwenden Sie diese Taktik nur, wenn Ihr Kontrahent ein Interesse daran hat, sich nicht mit Ihnen zu entzweien. Also Vorsicht, wenn Sie fürchten müssen, dass er Ihnen die Freundschaft aufkündigt!

Demonstratives Selbstbewusstsein. Nach der Verbannung Napoleons berieten in Wien die europäischen Mächte über die Neuordnung des Kontinents. Von Frankreich als Verlierer des Kriegs erwarteten die übrigen Gesandten eine demütige, um Gnade bittende Haltung. Doch Talleyrand als Vertreter der neuen Regierung unter Ludwig XVIII. erschien mit ungetrübtem Selbstbewusstsein. Vom ersten Tag an entfaltete er großartigen Pomp, stellte Forderungen und benahm sich, als hinge das Gelingen des Kongresses allein von seinem Entgegenkommen ab. Er spiele sich auf wie der Minister eines siegreichen Landes, schimpfte Zar Alexander I. Mit Erfolg, wie der Zar bald feststellen musste. Die Siegermächte waren untereinander zerstritten. Talleyrand nutzte geschickt ihre Interessengegensätze aus. Frankreich wurde das Zünglein an der Waage.

Bismarck tat es ihm in Frankfurt gleich. Ein österreichischer Gesandter beschwerte sich über das zur Schau getragene Selbstbewusstsein des Preußen: «Herr von Bismarck hält Preußen für das Zentrum der Welt.» Sein erstes Zeichen von Aufsässigkeit: Nachdem bisher nur der Österreicher Graf Thun im Bundestag rauchte, zündete nun auch Bismarck seine Zigarre in den Sitzungen an. Ein halbes Jahr später wagte der bayerische Gesandte Schrenkh ebenfalls zu rauchen – nicht ohne sich vorher bei seinem König die Erlaubnis für diesen Affront zu holen. Sachsen und Hannover zogen nach, und am Ende rauchten sogar die Vertreter Württembergs und Hessen-Darmstadts – obwohl beide Gesandte Nichtraucher waren. Aber die Ehre ihrer Fürsten erforderte es, hinter den größeren Staaten nicht zurückzustehen.

Vormachen. Trotz der großen Opfer, die Napoleon seinen Soldaten abverlangte, war er bei ihnen sehr beliebt und galt als volkstümlicher Heerführer. Während eines Rückzugs seiner Armee gab er den Befehl, alle Pferde den Verwundeten und Kranken zur Verfügung zu stellen. Als der Kommandeur der Kavallerie fragte, welches Pferd er für ihn, den Oberkommandierenden, zurückbehalten solle, brüllte Napoleon: «Alle gehen zu Fuß! Ich gehe als Erster!» Wegen solcher Vorfälle liebten die Soldaten ihren Kaiser. An sie erinnerten sie sich in ihrem Alter häufiger als an alle seine Siege und Eroberungen.

Zeigen Sie durch Ihr Beispiel, dass Ihr Vorschlag realistisch ist. Warum erst lange diskutieren – belehren Sie die Leute durch

Ihr Vorbild! Ob Sie als Frau in einem typischen Männerberuf belächelt werden oder als Anfänger Misstrauen ernten, weil Sie anders vorgehen als die alten Hasen: Schaffen Sie neue Tatsachen durch Ihr Handeln. In der Kindererziehung gilt schon lange die Wirkung des elterlichen Vorbilds als die einzig sichere Methode, Einfluss zu nehmen. Auch Erwachsene lassen sich eher von vorgelebten Beispielen belehren als durch ein rhetorisches Feuerwerk.

Halten Sie nicht an jedem Bahnhof

Kerstin und Ralf sind gemeinsam für ein Büro verantwortlich. Sie besprechen die Aufgabenaufteilung. Da ist einiges zu klären: Wer bearbeitet welche Papiere, wer hält die Verbindung zu anderen Abteilungen, wie teilen sie die Telefondienste auf? Doch gleich zu Anfang taucht ein Problem mit dem Schlüssel auf. Es gibt nur einen. Der kann beim Pförtner abgeholt und beim Weggehen wieder hinterlegt werden. Kerstin möchte aber als allein erziehende Mutter das Recht auf gleitende Arbeitszeit nutzen und einen Teil der Aufgaben außerhalb der offiziellen Bürozeiten erledigen, wenn kein Pförtner da ist. Wie kommt sie dann ins Büro? Einfach zum nächstgelegenen Schlüsseldienst gehen und eine Kopie herstellen lassen ist nicht möglich. Es handelt sich um Spezialschlüssel. Um ein weiteres Exemplar anzufertigen, muss sie erst einen Antrag an die Zentrale stellen. Bis zu einer Antwort dürften zwei Wochen vergehen, und bis die Firma den Auftrag erhält und einen weiteren Schlüssel liefert, dauert es noch einmal so lange. Wie kommt sie bis dahin abends und am Wochenende ins Büro?

Die beiden zerbrachen sich die Köpfe, um eine Lösung zu finden. Erst dachten sie daran, einen detaillierten Arbeitsplan für den nächsten Monat mit fliegender Schlüsselübergabe aufzustellen. Aber Kerstin merkte bald, dass sie ihren Zeitbedarf nur für wenige Tage voraussagen konnte. Sie war davon abhängig, wann ihre Babysitter Zeit haben würden. Dann fing sie an, bei Kollegen herumzutelefonieren. Konnten sie nicht einen von ihnen, der in der Nähe des Büros wohnte, als Anlaufstelle nutzen, um bei ihm den Schlüssel für den anderen zu hinterlegen? Der vierte, mit dem sie sprach, war für Alarmpläne zuständig. Er informierte sie, dass eine strenge Dienstvorschrift verlangte, den Schlüssel immer beim Pförtner abzugeben. Eine Vorsichtsmaßnahme für den Brand- und Katastrophenfall.

Kerstin und Ralf bissen sich an dem Schlüsselproblem fest. Sie hatten zwei Stunden für die Beratung eingeplant. Dann sollten alle Aufgaben und Dienste verteilt sein. Doch am Abend waren sie noch keinen Schritt weiter. Ralf erklärte sich in seiner Verzweiflung bereit, in den kommenden Wochen Kerstins Arbeit in den Stunden, in denen sie bei ihrem Kind blieb, mit zu erledigen. Sie würde die Zeit irgendwann nacharbeiten. «Jetzt aber raus!», rief er. «Der Pförtner wird gleich seine Runde drehen und abschließen.» Und wann sollten sie die wichtigen Themen besprechen – Aufgabenverteilung und Telefondienste? Am nächsten Tag, in den Pausen.

Das geschilderte Erlebnis ist kein Einzelfall. Selbst erfahrene Diplomaten und Unterhändler aus der Wirtschaft laufen immer wieder in die Falle, sich an einer Nebensächlichkeit festzubeißen. Die wichtigen Fragen müssen sie dann auf die Schnelle unter Zeitdruck entscheiden. Manchmal bringt ein einziger Vorbehalt eines Teilnehmers, der nur ein winziges Detail betrifft, große Verhandlungsrunden und die Beziehungen mehrerer Staaten zum Erliegen. Da mögen die Beobachter noch so stöhnen: «Muss der ausgerechnet an dieser Stelle so starrköpfig sein!» Für den Teilnehmer steht und fällt mit jenem Detail der Sinn der Verhandlungen.

Kerstin konnte ohne gleitende Arbeitszeit Kind und Beruf nicht unter einen Hut bringen. Der Personalchef hatte ihren Anspruch auch ausdrücklich im Arbeitsvertrag berücksichtigt. An den Zugang zum Büroschlüssel hatte in diesem Moment keiner von beiden gedacht. Aber der Teufel steckt bekanntlich im Detail. Wie treiben Sie ihn aus?

Nutzen Sie die Überholspur. Verhalten Sie sich wie ein Fernreisender: Wenn Sie mit dem Zug von Köln nach München fahren, wählen Sie keinen Bummelzug, der an jeder Station hält. Wenn Sie nicht weiterkommen, sparen Sie die nächste Station aus und beschäftigen sich gleich mit der übernächsten – in der Möglichkeitsform. Sie sagen: «Nehmen wir an, wir hätten für dieses Problem schon eine Lösung gefunden und uns geeinigt. Wie regeln wir dann das Übrige?»

Ein aufmerksamer Partner wird sofort einwenden: «Moment. Alles, was wir jetzt vereinbaren, akzeptiere ich aber nur unter der Voraussetzung, dass das Gesamtergebnis stimmt. Unter Einschluss des noch offenen Details.»

Sagen Sie: «Einverstanden». Die Wahrscheinlichkeit ist sehr hoch, dass sich mit der Regelung der Folgeprobleme die fehlende Einzelheit wie von selbst klärt. Oder dass sich aus dem Blickwinkel des bewältigten Gesamtproblems neue Ideen ergeben, wie dem verbliebenen Teilstück beizukommen ist. Leider nutzen nur wenige diese Möglichkeit. Viel häufiger kämpfen sich die Verhandlungspartner verbissen von A nach B, weiter nach C, nach D, nach E – und wundern sich, dass sie auf dem Weg nach Z irgendwo unterwegs stecken bleiben. Sie besteigen den Bummelzug, der an jeder Station hält, statt den ICE zu nehmen.

Schuld daran ist unser lineares Denken, das uns verlockt, auf dem Weg von A nach Z das Alphabet Buchstabe für Buchstabe in der Reihenfolge zu durchlaufen, die wir in der Schule gelernt haben. Es veranlasst uns, beim Lösen unserer Probleme eine logisch vorgegebene Reihenfolge einzuhalten. Es erscheint schlüssig, dass auf dem Weg zu einem Ziel keine Zwischenstation ausgelassen werden darf. Das ist aber nicht immer richtig. Als

Jugendlicher können Sie einen Mopedschein erwerben und mit 18 den Führerschein für Pkw. Es genügt aber auch, wie Sie wissen, nur die Fahrprüfung für Pkw abzulegen. Die Erlaubnis, ein Moped zu fahren, ist darin enthalten.

Noch ungewohnter ist es einzusehen, dass wir die Reihenfolge ändern können. Noch vor fünfzig Jahren hieß es: erst Ehe, dann Sex. Es kostete jahrelange erbitterte Kämpfe, bis die Mehrheit der Gesellschaft akzeptierte, dass es auch andersherum geht. Kerstin und Ralf dachten: Erst müssen wir den Zugang zum Büro klären. Vorher lohnt es nicht, über die Arbeiten zu reden, die in diesem Büro zu leisten sind.

Erst als sie sich trauten, die Reihenfolge umzukehren, fanden sie einen Ausweg aus der Klemme. Am nächsten Tag berieten sie in der Mittagspause und nach Büroschluss über ihre Arbeiten. Ein Teil der zu bearbeitenden Formulare kam nicht mit der Post, sondern die Antragsteller gaben sie beim Pförtner ab. Als die beiden zum Pförtner gingen, um ihm Kerstin, die neu im Amt war, als postempfangsberechtigte Kollegin vorzustellen, erwähnten sie nebenbei auch das Schlüsselproblem. Und da ergab sich eine überraschende Lösung. Der Pförtner wohnte in Sichtweite des Amts und war so gut wie immer zu Haus anzutreffen. Auch andere Kollegen hatten schon bei ihm geklingelt, um sich außerhalb der Bürozeiten ihre Schlüssel herausgeben zu lassen.

Vorsicht Blockierer! Abwehrtaktiken gegen Bremsklötze

Manchmal drehen sich Gespräche im Kreis, ohne dass ein ungeklärtes Problem dahinter steckt. Das ist der Fall, wenn einer der Beteiligten insgeheim eine Lösung fürchtet. Wenn der ungeklärte Zustand für ihn von Vorteil ist.

Dahinter steckt nicht immer ein böser Wille. Meist ahnt er selbst nicht, warum er Bedenken auf Bedenken häuft. Es gehört zu Ihrer diplomatischen Kunst, solche Störmanöver zu vereiteln, ohne den Verursacher zu brüskieren. Schließlich brauchen Sie seine Mitarbeit. Er soll seine Bauchschmerzen nur nicht länger mit Ausflüchten bemänteln. Wenn Sie Blockademanöver rasch vereiteln und zum Gesprächsgegenstand zurückkehren, wird dem Partner nichts anderes übrig bleiben, als sich seinen geheimen Sorgen zu stellen. Dann können Sie gemeinsam nach einer Abmachung suchen, die ihn von seinen Befürchtungen heilt.

Blockademanöver 1: Für jede Aussage Beweise fordern. Sie kommen nicht weiter, weil der Partner alles und jedes anzweifelt. Wenn Sie sich darauf einlassen, jede Unsicherheit auszuräumen, werden Sie scheitern. Beweise führen ist ein unendlicher Prozess. Jeder Beweis ist aus anderen Beweisen abgeleitet, für die man wiederum Beweise fordern kann. Und so fort. Selbst wenn Sie sich auf allgemein anerkanntes Wissen berufen, kann Ihr Partner fragen: «Ist das wirklich sicher? Oder redest du nur nach, was andere unbesehen hingenommen haben? Hat das in letzter Zeit mal jemand nachgeprüft? Und wenn ja: Kannst du für den, der das nachgeprüft hat, die Hand ins Feuer legen?»

ABWEHR: Sie schlagen vor, sich erst einmal auf der Basis Ihrer und seiner Ansichten vorläufig zu einigen. Sie sichern ihm zu, die ausstehenden Beweise anschließend vorzulegen. Kaum jemand kündigt hinterher eine frisch erzielte Vereinbarung, die auch ihm Vorteile bringt, nur weil einige Beweise auf wackligen Beinen stehen. Wenn doch: Verlangen Sie Ihrerseits Beweise. Und zwar für diejenigen Ansichten Ihres Partners, für die Sie ihm Zugeständnisse eingeräumt haben.

Blockademanöver 2: Ablenkende Querverweise. Der Partner kommt vom Hundertsten ins Tausendste. Er findet immer neue Themen, die er klären möchte, bevor er mit Ihnen über die Hauptsache spricht. Im Ehestreit ist dieses Blockademanöver häufig anzutreffen. Etwa wenn der Ehemann sagt: «Ich weiß doch, warum du dauernd mehr Haushaltsgeld forderst. Du denkst, ich hätte dich betrogen, und willst nun mein ganzes Gehalt unter deine Kontrolle bringen.» Wenn Sie sich darauf einlassen, reden Sie nur noch über den Seitensprungverdacht, über Treue und gegenseitiges Vertrauen. Das Thema Haushaltsgeld ist vom Tisch.

ABWEHR: Lassen Sie ihn reden. So groß die Versuchung auch sein mag – sagen Sie zu dem Vorwurf, Sie würden ihn des Betrugs verdächtigen, weder Ja noch Nein. Warten Sie, bis er mit seiner Tirade fertig ist. Dann kehren Sie zum Hauptthema zurück: «Das ist ein anderes Thema. Darüber können wir gern noch reden. Aber erst einmal zum Haushaltsgeld. Bekomme ich nun die fehlende Summe?»

Blockademanöver 3: Einen Teil für das Ganze nehmen. Sie haben es sicher schon erlebt: Sie führen ein sachliches Gespräch, um Ihren Anspruch durchzusetzen. Plötzlich fängt der Partner an, sich wegen eines bestimmten Wortes beleidigt zu fühlen. Oder er greift eine etwas laxe Formulierung von Ihnen auf, um Ihnen zu beweisen, dass Sie über ernste Probleme leichtfertig hinweggehen: «Was heißt hier ‹mit etwas gutem Willen›? Ich bin es, der es dann wieder ausbaden muss. Also so kommen wir nicht weiter.»

ABWEHR: Fangen Sie kein Gespräch darüber an, was man sagen darf und was nicht. Geben Sie ihm Recht, entschuldigen Sie sich für Ihre unüberlegte Formulierung – auch wenn sie gar nicht unüberlegt war – und fragen Sie: «Was schlägst du vor? Wie viel Einsatz kann ich von dir genau erwarten?»

Blockademanöver 4: Autoritätsbeweise. Häufig berufen wir uns auf andere, um unsere Ansichten zu untermauern. Das können Statistiken, wissenschaftliche Studien, aber auch bloße Gerüchte sein: «Es war doch mal die Rede davon, dass demnächst das Verfahren gestrafft werden soll.» Wenn Sie die Behauptung unbesehen übernehmen, lassen Sie sich leicht zu einer Vereinbarung überreden, die mit einem gestrafften Verfahren rechnet. Umso böser Ihr Erwachen, wenn sich später herausstellt, dass an dem Gerücht nichts dran war.

ABWEHR: Ob vages Gerücht oder konkrete Behauptung («Weber und Schultze haben 1999 schon in einer Studie herausgefunden ...»), haken Sie sofort ein: Wo steht das? Was genau haben diese Leute herausgefunden? Mit welcher Methode? Inwiefern ist ihr Ergebnis vergleichbar mit unserem Problem? Oft stellt sich heraus, dass der Partner seine Autorität selbst nicht genau kennt und nur so ungefähr aus dem Gedächtnis zu seinen Gunsten zitiert. Kann er dagegen genau Auskunft geben, greifen Sie sofort den Inhalt des Arguments auf. Egal, ob die Quelle, aus der es stammt, eine anerkannte Autorität oder bloß die Gerüchteküche Ihrer Firma ist. Für Sie zählt nur ihr Wahrheitsgehalt. Nehmen Sie nie eine Autorität unbesehen hin! Sie geben sich keine Blöße, wenn Sie zugeben, Flüsterpropaganda oder eine wissenschaftliche Untersuchung nicht zu kennen. Fragen Sie immer nach – auch und gerade dann, wenn Ihr Gegenüber so tut, als müsste jeder seine Informationsquelle kennen: «Wie Paulsen in seiner bekannten Studie gezeigt hat, die Sie sicher kennen ...» Ziehen Sie sofort die Bremse: «Nein, ich kenne Sie nicht. Wo ist sie abgedruckt?»

Blockademanöver 5: Moralisieren. Der Partner hält Ihren Standpunkt für unsittlich oder in anderer Weise unangemessen. Damit Sie nicht weiter in einer für ihn unangenehmen Richtung verhandeln, appelliert er an Ihr Gewissen. Typischen moralisierenden Tadel erkennen Sie an Sätzen wie:

«Hast du auch mal daran gedacht, was das für die Umwelt (unsere Kinder, die Dritte Welt, die Kollegen ...) bedeutet?»

«Was werden die anderen dazu sagen?»

«Kannst du dich in die Lage der Leute hineinversetzen, die von deinen Maßnahmen betroffen sein werden?»

ABWEHR: Was anständig ist und was nicht, ist Auffassungssache. Sie können sich auf die Zehn Gebote oder ein Vorbild berufen, aber beweisen lassen sich Anstand und Sitte nicht. Eine wirksame Abwehr ist nur indirekt möglich.

Erste Variante: Sie lassen sich den Tadel genauer erläutern: «Was meinst du mit ‹Was das für die Umwelt bedeutet›?» Fragen Sie so lange nach, bis der Partner den sachlichen Hintergrund detailliert erläutert hat. Diskutieren Sie nun mit ihm darüber, welche Auswirkungen Ihr Vorschlag auf diese sachlichen Zusammenhänge hat. Auf die Frage, ob Ihr Vorhaben anständig ist oder nicht, gehen Sie nicht ein.

Zweite Variante: Hinter Ihrem Vorschlag steht ein persönliches Erlebnis. Schildern Sie es in der Ich-Form. Nehmen wir an, Sie haben selbst erfahren, welche Gefahren gut gemeinter, aber unüberlegter Umweltaktivismus heraufbeschwören kann. Dann erzählen Sie: «Ich bin damals mit fünf Leuten in die Sahel-Zone gefahren, um Brunnen für die hungernde Bevölkerung zu graben. Die Viehzüchter waren sehr dankbar. Sie konnten mehr Vieh halten, da sie mehr Wasser für die Tränke aus den Brunnen holen konnten. Zwei Jahre später hatten die zusätzlichen Herden das wenige Grün abgeweidet, der Grundwasserspiegel sank, die Brunnen blieben trocken, die Tiere gingen ein. Wo vorher wenige Tiere ein karges Überleben hatten, dehnte sich nun die Wüste aus. Die Bauern zogen weg.»

GESETZ 16
STREBEN SIE NACH KREATIVER EINIGUNG, NICHT NACH DEM KOMPROMISS AUF HALBER STRECKE

Jahr für Jahr bieten uns die Gewerkschaften das gleiche Schauspiel: Sie läuten den Kampf um neue Tarifverträge mit einer Lohnforderung ein, die die Unternehmer sofort als völlig inakzeptabel ablehnen. Darauf lassen die Gewerkschafter die Muskeln spielen. Sie rufen zum Arbeitskampf. Mülltonnen quellen über, Busse und U-Bahnen fahren nicht mehr, enttäuschte Passanten stehen vor geschlossenen Kaufhäusern. Dabei wissen alle von Anfang an, wie das Drama ausgehen wird: Die Arbeitgeber erfüllen die inakzeptable Forderung zur Hälfte, und die Gewerkschaften feiern ihr halbes Ergebnis als großen Erfolg.

Mit Recht. Um ihre drei Prozent zu erhalten, haben sie vorausschauend fünf gefordert. Um nicht mehr als drei Prozent zu zahlen, bot die Unternehmerseite nur eins. Wenn das Ende des Schauspiels vorhersehbar ist – wozu dann alle Akte durchspielen?

Das Ritual der goldenen Mitte

Ein Tarifstreit ist mehr als nur ein Lohnkampf. Beide Seiten nutzen die Gelegenheit, die Machtverhältnisse auszutesten. Können sie einander noch Paroli bieten? Wenn ja, steht am Ende der Interessenausgleich durch einen Kompromiss.

Dass der Kompromiss als Art und Weise, sich zu verständigen, so beliebt ist, hat gute Gründe:

- Jeder bekommt etwas, keiner geht leer aus.
- Er befriedigt das Gerechtigkeitsempfinden: Geben und Nehmen halten sich die Waage.
- Er ist leicht auszuhandeln: Komme ich dir einen Schritt entgegen, ist die Reihe an dir, mir einen Schritt entgegenzukommen.
- Er bietet die denkbar einfachste Lösung für Konflikte: Man trifft sich in der Mitte.

Daher erscheint er vielen als die einzig mögliche Methode, sich zu einigen. Viele Leute sind erstaunt, wenn man ihnen sagt, dass es lohnt, nach anderen Strategien für eine Verständigung zu suchen, dass es noch andere Lösungen gibt. Denn der Kompromiss hat auch Nachteile:

- Beide Partner sind nur halb zufrieden. Sie müssen an ihren Zielen Abstriche hinnehmen und stimmen oft nur halbherzig zu.
- Sein Ergebnis – die Mitte zwischen den Gegensätzen – ist vorhersehbar. Geübte Verhandlungsführer versuchen daher, ihn zu manipulieren. Sie stellen eine überhöhte Forderung als gerechtfertigt dar und erzielen so einen einseitigen Vorteil.
- Der Interessenkonflikt bleibt ungeklärt. Der Kompromiss verschleiert den Gegensatz nur, der im Hintergrund weiterschwelt.

Diese Nachteile haben praktische Konsequenzen:

1. Häufig verlieren beide Partner stärker, als sie gewinnen. Zum Beispiel, wenn die Anwälte von Kläger und Beklagtem sich auf einen Vergleich einigen. Beide Parteien verlieren moralisch, weil sie nicht das Gefühl haben, dass ihnen Gerechtigkeit widerfahren ist. Und finanziell: Nach einem Sieg müsste der Verlierer beide Anwälte bezahlen, nach dem Kompromiss zahlt jeder seinen Rechtsvertreter selbst.

2. Trotz feierlicher Schwüre – die Partner betrachten ihren Kompromiss oft nur als vorläufige Notlösung. Wie oft sagen Verheiratete: «In einer Ehe muss man Kompromisse schließen!» Dahinter verbergen sich nicht selten Resignation und die heimliche Hoffnung, doch noch einem Traumpartner zu begegnen, der nicht nur das halbe, sondern das ganze Glück bietet. Die Seitensprung- und Trennungsquoten waren noch nie so hoch wie heute. Gerade in der Liebe ist der Kompromiss häufig die schlechteste Lösung und zeugt von Einfallslosigkeit.

Woher wissen Sie, wann ein Kompromiss angebracht ist und wann nicht? Damit eine Einigung auf halbem Wege gelingt, müssen folgende drei Bedingungen erfüllt sein:

Die Interessenunterschiede müssen klar bestimmbar sein und auf demselben Terrain liegen. Bei einer Aufteilung von Geld ist immer ein Kompromiss möglich. Der Streit liegt dann nur in der Frage: Machen wir halbe-halbe, oder gibt bei unterschiedlichem Einkommen jeder den gleichen prozentualen Anteil in den gemeinsamen Topf? Schwierig wird es, wenn eine Einigung über nicht vergleichbare Dinge nötig ist. Zum Beispiel, wenn er Fußball spielt und sie reitet. Wo liegt da die goldene Mitte? Sollen sie auf Polo, das Ballspiel zu Pferd, umsteigen? Wenn also jeder bei seinem Hobby bleibt: Nach welchen Kriterien wollen Sie da Kosten, Zeitaufwand und andere Bedingungen vergleichen? Er ist von den Wünschen seiner Mannschaftskameraden und dem Spielplan der Liga abhängig. Sie nicht. Dafür hat sie mit Stallmiete und Tierarzt höhere Kosten und muss außerdem auf die physische Verfassung ihres Pferdes Rücksicht nehmen. Wenn es nicht um abstrakte Dinge wie Zahlen und Geld geht, sondern um persönliche Vorlieben und Abneigungen, bringen andere Formen der Einigung bessere Resultate.

Jeder setzt seinen wichtigsten Wunsch durch und gibt bei den übrigen Forderungen nach. Nur in diesem

Fall werden beide mehr gewinnen als verlieren. Der Kompromiss gelingt, wenn beide zwar über dasselbe Thema streiten, jedem aber etwas anderes daran wichtig ist. Ein Beispiel: Ein Paar möchte sich einen Computer anschaffen. Er will kostengünstig ein möglichst leistungsstarkes Gerät erstehen. Sie möchte ein Gerät, das auch optisch etwas hermacht. Wo ihre Freundinnen bei seinem Anblick als Erstes ausrufen: «He, ist der schick!» Sie benötigt nicht unbedingt den schnellsten Prozessor und die größte Festplatte. Hier ist die Lösung nicht schwer. Sie sucht zunächst ein Gerät aus, das ihr gefällt, und verpflichtet sich, die Mehrkosten für das Design aus ihrer Tasche zu bezahlen. Er lässt die leistungsstarken Komponenten, aus die er Wert legt, einbauen und trägt deren Kosten.

Dagegen bleibt ein Kompromiss unbefriedigend, wenn beide auf genau gegensätzliche Dinge Wert legen. Auch hierfür ein Beispiel: Für ihn darf eine Wohnungseinrichtung nicht teuer sein. Eine Regalwand und ein paar Kisten genügen ihm. Sie betrachtet Innenarchitektur als ihr Hobby. Sie ist bereit, ihre gesamten Ersparnisse in exklusive Möbel, Bilder und Parkettfußboden zu investieren. Was wäre hier der Kompromiss? Eine durchschnittliche Wohnungseinrichtung? Darüber würden sich beide ärgern. Er über das unsinnig ausgegebene Geld und sie, dass sie für ihr Geld nur ein sehr mäßiges Ergebnis erhielt, in dem sie sich unwohl fühlen wird.

Ausnahmeregelungen sind möglich, die von beiden getragen werden. Ein Kompromiss muss großzügig gehandhabt werden. Er muss Ausnahmen zulassen. Wenn unser Paar die Aufteilung der Hausarbeit durch einen Kompromiss geregelt hat, dürfen sie einander, wenn mal ein Engpass eintritt, nicht im Stich lassen. Hat er sich bereit erklärt, stets für Getränkenachschub zu sorgen, und sein Auto muss in die Werkstatt, darf sie sich nicht der Mitverantwortung mit der Bemerkung entziehen: «Das ist deine Sache. Sieh zu, wie du das erledigst.»

Wenn sie umgekehrt wegen eines Arzttermins nicht die Tochter von der Kita abholen kann, wird er einspringen. Oder wenn das nicht möglich ist, sich mit um eine Lösung kümmern, etwa indem er seine Mutter um Hilfe bittet.

Kompromisse erfordern kein diplomatisches Geschick. Das Ziel – die goldene Mitte – liegt beiden Parteien klar vor Augen. Das Einzige, was Ihnen beim Aushandeln nützt, ist Stehvermögen. Wenn Sie hartnäckiger als der andere auf Ihrer Position beharren und zäher sind, wenn es ums Nachgeben geht, werden Sie die Mitte ein Stück zu Ihren Gunsten verschieben können. Außerdem haben Sie die Chance, für eine größere Nachgiebigkeit Ihres Gegenübers eine Kompensation auf einem anderen Gebiet anzubieten. Das ist auch im Tarifstreit üblich. So bieten Arbeitgeber oft eine Einmalzahlung an und sparen dafür bei den Lohnprozenten. Den Lohnempfängern sind ein paar hundert Euro sofort oft lieber als tausend Euro häppchenweise über zwei Jahre verteilt. Der Spielraum für solche Ersatzangebote ist aber nur gering. Er kann den Zwang zur Mitte nicht aushebeln.

Eins und dennoch zwei: Individuelle Spielräume erlaubt

So paradox es klingt: Sie können sich auch einigen, indem Sie sich einigen, auf eine Einigung zu verzichten. Die Kommunikationstrainerin Vera F. Birkenbihl führte für diese Strategie das Kunstwort «sich zweinigen» ein, abgeleitet von dem Grundsatz britischer Diplomaten: «Let's agree to disagree». Vor allem wenn die drei zuletzt genannten Bedingungen für einen gelungenen Kompromiss nicht erfüllt sind, ist eine der folgenden Formen der «Zweinigung» vorzuziehen.

Heute ich, morgen du: abwechselndes Bestimmen. Wenn beide keinen Weg finden, einander Schritt für Schritt entgegenzukommen, können sie beschließen, abwechselnd die Führung zu übernehmen. Falls sie lieber ins Theater geht, er aber Actionfilme im Kino vorzieht? Am ersten Samstag besuchen sie eine Premiere des Schauspielhauses. Das folgende Wochenende steht der neueste James-Bond-Film auf dem Programm. Selbst im Intimleben ist abwechselndes Bestimmen dem Kompromiss überlegen. Einen Abend erfüllt er ihre sexuellen Wünsche, konzentriert sich ganz auf ihre erogenen Zonen und treibt sie langsam zur Ekstase. Am nächsten Abend heizt sie ihm mit einem Striptease ein und kümmert sich anschließend intensiv um sein bestes Stück.

Voraussetzung ist, dass der Partner, der als Erstes seinen Willen bekam, sich anschließend nicht vor seinem Teil der Vereinbarung drückt. Nicht geeignet ist das abwechselnde Bestimmen für gemeinsame längerfristige Aufgaben, die eine einheitliche Linie erfordern. Es wäre zum Beispiel tödlich für eine Firma, in einem regelmäßigen Turnus den Chef zu wechseln, wo jeder als erste Maßnahme die Beschlüsse seines Vorgängers umstößt.

Du machst deins, ich mache meins: wechselseitiges Tolerieren. Ist eine einheitliche Linie unmöglich, kann die Meinungsverschiedenheit in den Alltag eingebaut werden. Wenn ein Fußballer und eine Reiterin heiraten, ist es am besten, sie versuchen erst gar nicht, dem anderen das Steckenpferd auszureden. Jeder bezahlt sein Hobby aus seiner Tasche. Sie sprechen lediglich ihre Zeitpläne ab, damit die Kinder nicht zu kurz kommen. Ansonsten mischt sich keiner ein, wie der andere seine Freizeit organisiert. Sollte das Geld für zwei teure Hobbys nicht reichen, müssen beide ihre Bedürfnisse einschränken. In welcher Weise, ist wieder Sache jedes Einzelnen.

Wechselseitiges Tolerieren erfordert viel Nachsicht. Jeder

muss akzeptieren, dass der andere viel Aufwand für eine Sache treibt, die ihm selbst nichts bedeutet. Die Versuchung ist groß, ihm sein Hobby durch Sticheleien und halblauten Protest madig zu machen. Schlägt der auf dieselbe Weise zurück, steht die Vereinbarung bald infrage. Schuld ist die uneingestandene Eifersucht, dass der Partner sich eine Privatsphäre leistet, aus der man sich ausgeschlossen fühlt. Schaffen Sie in diesem Fall sofort Klarheit durch eine Rückfrage: «Wir hatten uns geeinigt, dass ich dreimal in der Woche auf meinem Pferd ausreite und du genauso oft zum Fußball gehst. Möchtest du daran etwas ändern?»

Aufgehoben oder nur aufgeschoben: gemeinsamer Verzicht. Reichen die Ressourcen nicht, die Wünsche aller Beteiligten zu erfüllen, können Sie sich entschließen, gänzlich zu verzichten. Das ist oft besser, als viel Geld und Zeit für eine halbe Lösung zu verschwenden, die keinen zufrieden stellt. Besonders wenn es um Anschaffungen geht, ist diese Variante oft sinnvoll. Statt die Ersparnisse in einen klapprigen Altwagen und billige Auslegware zu stecken, warten Sie noch zwei Jahre, bis es für seinen Neuwagen und ihren Parkettfußboden reicht. Auch wenn sich die Beteiligten unsicher sind, ob die Erfüllung ihrer Wünsche ihnen wirklich die Befriedigung bringt, die sie sich erhoffen, lohnt es, gemeinsam noch abzuwarten. Während des Aufschubs verändern sich die Wünsche, da wir uns selbst verändern. Nicht selten finden sich neue Wege, ohne großen Aufwand doch noch ans Ziel zu gelangen.

Neuland erkunden: die «dritte» Lösung

Die Meister der Diplomatie gaben sich nur selten mit Standardlösungen zufrieden. Jenseits verhärteter Fronten suchten und fanden sie kreative Einigungen außerhalb des Interessengegensatzes. Ihr Grundprinzip lautete: Wenn keiner auf irgendeine Forderung der Gegenseite eingehen will, benötigen wir einen Vorschlag, der den Konflikt umgeht.

Sie haben in diesem Buch bereits eine «dritte» Lösung kennen gelernt. Erinnern Sie sich an den Streit eines Paares über das Urlaubsziel? Statt Cornwall oder Andalusien entschieden sie sich für Südfrankreich. Weitere Beispiele für einfach zu erreichende dritte Lösungen:

- Das Paar, das Auto und Parkettfußboden möchte, nimmt einen Kredit auf. Oder verzichtet auf die nächsten beiden Urlaubsreisen, um das nötige Geld zu sparen.
- Die Firma, die mit einem Zulieferer zu keinem günstigen Abschluss kommt, beauftragt ihre Konstrukteure, ihr Produkt so zu verändern, dass sie das Teil selbst herstellen kann.
- Ein Lehrer, dem sein Steuerberater zu teuer ist, tritt einem Tauschring für Dienstleistungen bei. Jedes Mitglied stellt sein Expertenwissen der Gruppe zur Verfügung. Dafür, dass ein Finanzexperte seine Steuererklärung erledigt, hilft er Kindern der Gruppenmitglieder bei der Vorbereitung auf Prüfungen und Klassenarbeiten.

Wenn es nur immer so einfach wäre! Kreative Lösungen erfordern oftmals eine gehörige Portion Phantasie und den Mut, gewohnte Denkbahnen zu verlassen. Doch es lohnt sich. Eine solche Abmachung bringt mehr Zufriedenheit als jede andere Variante. Allerdings ist sie schwer zu finden – ein wichtiger Grund, warum sie so selten gesucht wird. Nehmen Sie die Herausforderung an! Entfalten Sie Ihre schöpferischen Potenzen! Die folgenden Regeln helfen Ihnen dabei.

Rückzug und Entspannung. Während einer Verhandlung, bei der Sie unter Anspannung stehen, werden Sie kaum auf unkonventionelle Ideen stoßen. Schlagen Sie deshalb eine Auszeit vor, in der Sie beide einige Stunden oder Tage in der Stille verbringen. Gehen Sie joggen, wandern Sie ins Grüne, lassen Sie sich ein duftendes Bad ein, oder träumen Sie einfach auf dem Sofa vor sich hin.

Abstand und Perspektivwechsel. Lassen Sie Ihre Gedanken wandern. Verbeißen Sie sich nicht in den Gedanken, unbedingt schnell eine Lösung finden zu müssen. Im Gegenteil, gehen Sie auf Distanz. Stellen Sie sich vor, es seien drei Jahre vergangen und Sie würden sich aus der Zukunft an den heutigen Tag erinnern. Wie würden Sie Ihre Wünsche und die Zugeständnisse, die man von Ihnen verlangt, dann beurteilen? Danach betrachten Sie die Lage vom Standpunkt Unbeteiligter. Stellen Sie sich vor, Sie seien ein Radiomoderator, dem Sie bei einer Talkrunde von Ihrem Problem erzählen. Ein Auszubildender, der Sie flüchtig kennt und über Dritte davon erfährt. Ihr Nachbar, Ihr Postbote, einer Ihrer früheren Lehrer ... Was würden diese Leute von der Sache halten? Welche Lösung würden sie vorschlagen?

Umkehrung ins Gegenteil. Wahrscheinlich haben Sie während Ihrer Beratungen mehrere Lösungen vorgeschlagen und als unbefriedigend verworfen. Stellen Sie sich probeweise vor, Sie würden genau das Gegenteil dieser Lösungen vereinbaren. Was hätte das für praktische Konsequenzen? Ein Beispiel: Sie hatten vorgeschlagen, eine lästige Routineaufgabe abwechselnd zu erledigen. Ihr Kollege wendete mit Recht ein, dass Sie beide dann sehr oft tauschen müssten, da Ihre Arbeit plötzliche Reparatureinsätze außer Haus erfordert. Spielen Sie nun gedanklich zwei Gegenteilvarianten durch:

Sie übernehmen die lästige Aufgabe allein. Ihr Kollege springt nur ein, wenn Sie außer Haus gerufen werden. Dafür könnten Sie ihm eine andere unangenehme Aufgabe aufhalsen.

Sie treffen überhaupt keine Regelung. Wer gerade da ist, macht die Arbeit. Außerdem führen Sie eine Strichliste, wer wie oft dran war. Sind Sie beide im Betrieb, übernimmt derjenige den Job, der weniger Striche auf seiner Liste hat.

Verknüpfung zweier Lösungen. Sie haben mehrere Vorschläge geprüft und verworfen. Wie wäre es, diese Varianten miteinander zu verbinden? Vielleicht bringt die Kopplung sie weiter. Beispiel: Um eine günstige Wohnung in der City zu finden, haben Sie Annoncen aufgegeben und auf Annoncen reagiert, indem Sie sofort zum Telefonhörer griffen. Mit wenig Erfolg. Auf Ihre Anzeigen erhielten Sie keine guten Angebote. Wenn Sie anriefen, waren die Wohnungen schon vergeben. Jetzt verknüpfen Sie beide Vorgehensweisen: Sie rufen vor dem Erscheinen der wöchentlichen Wohnungsbeilage Makler und Vermieter an, die Sie aus früheren Annoncen schon kennen, und fragen, ob sie nicht zufällig eine passende Wohnung im Angebot haben. Wenn nicht, bitten Sie darum, Sie vorzumerken.

Lassen sich Ihre Vorschläge nicht verknüpfen? Prüfen Sie, ob sie nicht wenigstens brauchbare Teilaspekte enthalten. Keine Idee ist so schlecht, dass man sie in Bausch und Bogen verwerfen müsste. Ein Beispiel: Ein Auto, das Sie Probe gefahren sind, war Ihnen letztlich zu teuer. Aber die Finanzierungsidee der Firma gefiel Ihnen. Wenn Sie zu einem anderen Autohändler mit preiswerteren Wagen gehen, fragen Sie ihn, ob er bereit wäre, Ihnen diese Art der Finanzierung zu gewähren.

Entdecken Sie das Unübliche. Auf manche Ideen kommen wir nicht, weil sie gerade out sind. Wir laufen mit den Scheuklappen von Mode und Zeitgeist durch die Welt. Neue Ideen verstoßen jedoch gegen den Zeitgeist – sonst wären sie nicht neu. Wenn Sie sich ertappen, dass Sie einen Einfall gar nicht erst prüfen, weil alle Welt darüber die Nase rümpfen würde – lassen Sie ein großes Stoppschild vor Ihrem inneren Auge aufleuchten. Sind Sie wie alle Welt? Oder nicht vielmehr eine unverwechselbare Persönlichkeit? Was war früher erfolgreich und ist heute aus der Mode? Manche Gewohnheit vergangener Jahrhunderte, Konfliktstoff aus der Welt zu räumen, ist heute wieder brauchbar – wie Sie aus den zahlreichen Erfolgen von Richelieu und Co., die ich Ihnen in diesem Buch präsentierte, ersehen können.

GESETZ 17
SCHENKEN SIE IHREM PARTNER DIE URHEBERSCHAFT AN IHRER EINIGUNG

Als im Jahre 480 vor Christus die Flotte des persischen Eroberers Xerxes vor der griechischen Küste auftauchte, waren die Angegriffenen doppelt gefährdet: einmal durch ihre Unterlegenheit an Schiffen und Soldaten, zum anderen wegen ihrer Uneinigkeit untereinander. Zwei gleich starke Stadtstaaten konkurrierten um das Oberkommando, Sparta und Athen. In dieser Situation griff der Athener Kommandeur Themistokles zu einem unerwarteten Schachzug. Er überließ dem Spartaner Eurybiades den Oberbefehl, obwohl er wusste, dass der kaum der geeignete Mann war, den überlegenen Persern die Stirn zu bieten. Dennoch – Uneinigkeit würde größeren Schaden angerichtet haben als die Führung durch einen mittelmäßigen Admiral.

Zwischen Eitelkeit und Nachgiebigkeit

Sie haben eine großartige Vereinbarung erarbeitet. Nicht nur Ihre, sondern auch die Interessen des Partners finden volle Berücksichtigung. Er erkennt an, dass die Zusammenarbeit ihm einen Haufen Vorteile bietet. Trotzdem zögert er zu unterschreiben. Er macht Ausflüchte und bittet um Bedenkzeit. Weshalb greift er nicht zu? Wo steckt der Haken?

Es ist nicht seine Lösung, sondern Ihre. Sie ergriffen die Initiative. Sie lieferten die Ideen und die Formulierungen. Niemand übernimmt gern ein Ergebnis, das ihm ein anderer fertig vorgibt, zu dem er nur noch Ja und Amen zu sagen braucht. Es degradiert ihn zum Ausführenden eines fremden Willens. Wer möchte nicht gern die Fäden seines Handelns in der Hand behalten?

Zum einen erweist sich die menschliche Eitelkeit als Hindernis zu einem guten Einvernehmen. Der Wunsch, die Nummer eins zu sein, die Person, die die entscheidenden Impulse liefert. Zum anderen kommt Ihnen das unterschwellige Misstrauen gegenüber fremden Interessen in die Quere. Selbst wenn Sie und Ihr Partner die besten Freunde sind: Welchen Grund sollten Sie haben, vorrangig seine und nicht Ihre Interessen im Auge zu behalten? Auf den ersten Blick scheint die Vereinbarung für ihn von großem Vorteil zu sein. Aber wenn sich später ein Pferdefuß zeigen sollte? Dass er nur eine Schachfigur in Ihren Projekten darstellt? Wer seine eigenen Überlegungen durchsetzt, weiß, was er dabei im Hinterkopf hat. Wer fremden Überlegungen vertrauen soll, kann sich nie sicher sein, dass ihm nicht entscheidende Hintergedanken des Partners verborgen blieben. Daher sein Zögern.

Selbst wenn er die Vereinbarung absegnet, haben Sie noch nicht gewonnen. Das zeigen die Erfahrungen aus der Wirtschaft. Je größer die Konkurrenz, desto wertvoller sind Stammkunden. Neukunden gewinnt man nur, wenn man sie mit einem hohen Werbeetat der Konkurrenz abjagt. Wer dagegen das Produkt schon einmal gekauft hat, wird wiederkommen – falls er mit dem Produkt zufrieden war. Einem Autohändler genügt es längst nicht mehr, Ihre Unterschrift unter den Kaufvertrag zu erlangen und seine Provision einzustreichen. Nach einigen Jahren werden Sie wieder einen neuen Wagen brauchen. Wie erreicht er, dass Sie erneut bei ihm kaufen? Er bietet Ihnen eine umfassende Werkstattbetreuung an – von kostenlosen Durchsichten bis zu Notdiensten im In- und Ausland. Einmal im Jahr lädt er alle Kunden zu einem Fest, bei dem er nebenbei die neuesten Modelle präsentiert.

Eine solche Allroundbetreuung erzielt tatsächlich eine hohe Kundenbindung, denn sie ändert unmerklich die Einstellung zum Kauf. Nach dem Erwerb des ersten Autos fühlte der Käufer sich vielleicht als Opfer eines redegewandten Händlers. Statt wie geplant fünf verschiedene Niederlassungen zu besuchen, hat er sich gleich im ersten Autohaus ein als besonders günstig angepriesenes Modell aufschwatzen lassen. Nach einigen Jahren gutem Service sieht die Sache anders aus. Er hat sich an den Wagen gewöhnt. Deshalb entscheidet er sich bewusst für das Nachfolgemodell. Es bietet die vertrauten Fahreigenschaften, dazu einige vorteilhafte technische Neuerungen – und das alles zum alten Preis. Von nun an sieht er sich als Urheber seiner Kaufentscheidung.

Was dem Autohändler leicht fällt – dem Kunden die Urheberschaft zu überlassen –, kann Sie unter Umständen vor zwei Schwierigkeiten stellen:

Der Partner ist der Verantwortung, die sich aus der Urheberschaft ergibt, nicht gewachsen. Von wegen Schwierigkeit – darin steckt Ihre Chance. Es ist ja kein Zufall, dass die entscheidenden Ideen von Ihnen kamen. Lassen Sie den Partner sich mit «seiner» Vereinbarung brüsten. Was sie taugt, stellt sich erst hinterher heraus, wenn es darum geht, die Abmachung mit Leben zu füllen. Und wenn da weiterhin die kreativen Impulse von Ihnen kommen, werden die Beobachter schnell begreifen, von wem in Wahrheit die Vereinbarung stammt.

Da Eurybiades ein zögerlicher Kommandeur war, ersann Themistokles einen Weg, als sein Stellvertreter das Handikap auszugleichen. Er ließ einen persischen Gefangenen namens Sikinnos das Gerücht aufschnappen, die Griechen wären sehr verängstigt wegen der persischen Übermacht und versuchten, aus der Meerenge bei Salamis zu entwischen. Dann sorgte er dafür, dass Sikinnos zu seinen Landsleuten entkam. Als Xerxes erfuhr, was Sikinnos gehört hatte, schickte er den Griechen sofort zweihundert Schiffe entgegen. Nun war Eurybiades zum Handeln gezwungen. In der engen Bucht konnten die schweren persischen Galeeren kaum manövrieren, sie behinderten sich gegenseitig. Die leichten und wendigen griechischen Trieren brachten den Persern eine vernichtende Niederlage bei.

Der Partner eignet sich Ihre Geistesblitze an. Ideenklau ist leider sehr verbreitet. Im Informationszeitalter sind gute Einfälle das wichtigste Kapital geworden. Die Zahl der Mitarbeiter wächst, die keine Scheu haben, ihren Vorgesetzten die Idee eines Kollegen als eigenen Gedanken zu präsentieren. Mit wem Sie auch zusammenarbeiten – schenken Sie ihm die Urheberschaft an Ihrer Einigung, aber nicht Ihre Ideen! Auch Themistokles übergab zwar dem Spartaner den Oberbefehl, verheimlichte aber nicht seine strategische Leistung. Der antike Geschichtsschreiber Plutarch vermerkte denn auch, dass die Athener dem Themistokles «den zweifachen Ruhm, die Feinde durch Tapferkeit und die Bundesgenossen durch Nachgiebigkeit bezwungen zu haben, verdanken müssen».

Ich zweifle, also gewinne ich

Das Gesetz der zu verschenkenden Einigung will deshalb behutsam gehandhabt werden. So wenden Sie es mit Erfolg an:

Entwickeln Sie Ihre Idee der Einigung nur bis zur Hälfte. Sie ahnen, welche Lösung Ihrem Partner gefallen könnte? Fangen Sie an zu erzählen, etwas zögerlich und nur als Andeutung eines denkbaren Lösungswegs. Sobald der Partner die Richtung erfasst hat, brechen Sie ab, als müssten Sie noch weiter darüber nachdenken.

Beispiel: Sie organisieren mit einer Freundin eine Kinderparty. Sie möchten, dass sie sich um den Aufbau des Büfetts kümmert. Dafür fahren Sie die Einkäufe heran. Wenn sie nun denkt, sie wollten sich bei dieser Aufgabenteilung vor der Küchenarbeit drücken – Brötchen schmieren, Würstchen kochen, Kuchen backen, Gemüse putzen und Salate anrichten? Da wäre es Ihnen lieb, wenn sie Ihnen diesen Vorschlag selbst unterbreitet. Daher sprechen Sie über die Probleme, die entstehen, wenn Sie beide einkaufen und das Essen zubereiten. Und deuten den Ausweg an: «Ich habe ein Auto zur Verfügung, und der Supermarkt ist praktisch bei mir um die Ecke. Zwei Stunden müssen wir für das Einkaufen schon rechnen. Und dann nochmal zwei Stunden, um die Sachen zuzubereiten. Vielleicht sogar länger. Das wird verdammt knapp. In der Küche ist es außerdem ziemlich eng. Hoffentlich behindern wir uns da nicht gegenseitig.»

Nennen Sie Vorteile für den Partner, bezweifeln aber die Durchführbarkeit. Sie haben Ihren Gedanken mittendrin abgebrochen. Statt ihn abzuschließen, lassen Sie ein paar Bemerkungen fallen, was die Sache Ihrem Gegenüber einbringen würde – aber leider sei Ihre Idee unausgereift und wahrscheinlich nicht zu realisieren.

Sie setzen Ihre Andeutungen fort: «Ich vermute, dir wäre es lieber, wenn dir niemand in der Küche auf die Füße tritt. Tja, wenn wir gleich, wenn du von der Arbeit heimkommst, mit dem Kuchen und den Salaten anfangen könnten. Aber vor drei komme ich auch nicht zum Einkaufen. Und schließlich möchtest du sicher gern dabei sein. Nein, wir müssen uns etwas anderes einfallen lassen.»

Rückfrage und Zuhören. Sie bitten den Partner, seine Meinung zu sagen. Weiß er nicht einen Ausweg? Wenn Sie ihm geschickt die Worte in den Mund legen, wird er mit Ihrem Vorschlag herausrücken. Dann brauchen Sie nur noch zuzuhören und nachdenklich zu nicken. Wenn er etwas schwer von Begriff ist und nicht wie erwartet reagiert? Entwickeln Sie in diesem Fall Ihre Variante selbst zu Ende und fügen Sie hinzu: «Ich gebe zu, richtig durchdacht ist das nicht. Ich verstehe, dass dir diese Idee nicht gefällt. Was ist dein Vorschlag?»

Wenn Ihre Freundin auf Ihre halbe Idee anspringt, wird sie antworten: «Sag mal, kannst du nicht allein einkaufen und die Sachen herfahren? Wenn ich dabei bin, geht es auch nicht schneller. Ich würde dafür schon mal in der Küche anfangen.» Wenn nicht, sagen Sie: «Natürlich könnte jeder eines allein übernehmen, ich das Einkaufen, du die Küche. Dann würde die Zeit reichen.» Und hängen obige Abschlussformulierung an: «Ich gebe zu, richtig durchdacht ist das nicht ...»

Der Partner übernimmt Ihren Vorschlag. Wenn er Ihre Idee für sich übernimmt, wird er sie nun gegen Sie verteidigen. Melden Sie ruhig noch einige Zweifel an. Umso stärker wird er sich für den Vorschlag einsetzen. Sie brauchen die Zweifel nicht zu begründen. Es genügt, wenn Sie den Kopf nachdenklich hin und her wiegen und sagen: «Ich weiß nicht so recht.» Schließlich geben Sie zögernd nach. Ist der Partner sehr begeistert von «seinem» Einfall, können Sie sogar noch ein weiteres Zugeständnis für sich herausschlagen: «Okay, einverstanden, aber unter einer Bedingung ...»

Sie geben Ihrer Freundin zu bedenken, dass Sie, wenn Sie allein einkaufen, vielleicht die eine oder andere falsche Zutat anschleppen. Oder dass sie sich während des Kochens und Backens im Alleingang im Stich gelassen fühlen wird. Sie wird Sie beruhigen: «Wir werden das schon schaffen.» Das ist wichtig, weil sie so die Mitverantwortung für die Folgen der Entscheidung übernimmt.

Wann es lohnt, auf halbem Weg innezuhalten

Eine Schwierigkeit könnte Ihnen als Neuling der diplomatischen Kunst zu schaffen machen: Wie viel Andeutung ist notwendig, damit mein Partner die Schlussfolgerung sieht, ich sie aber nicht schon zum größten Teil selbst ausspreche? Wann ist die halbe Wegstrecke abgeschritten, nach der ich innehalten soll?

Auch dafür gibt es einige Faustregeln:

Formulieren Sie Ihre Idee als Syllogismus und lassen Sie die Konklusion weg. Als Syllogismus bezeichnet man in der Logik eine Schlussfolgerung, die nach folgendem Muster, das von dem griechischen Philosophen Aristoteles stammt, zustande kommt:

P1: Alle Menschen sind sterblich.
P2: Sokrates ist ein Mensch.

K: Also ist Sokrates sterblich.

Die beiden ersten Sätze, die Voraussetzungen, heißen Prämissen, die Schlussfolgerung Konklusion. Das Prinzip ist immer das gleiche. Sie haben eine allgemeine Regel und eine spezielle Tatsache. Sie schlussfolgern, dass für Ihre spezielle Tatsache die allgemeine Regel gilt. Und genau diese Schlussfolgerung lassen Sie den Partner ziehen.

Sie sagen zum Beispiel:

P1: «Hier steht, dass ab morgen die Benzinpreise um durchschnittlich 2 Cent steigen.»

P2: «Sag mal, ist der Tank in deinem Wagen nicht fast leer?»

Vielleicht reagiert der Angesprochene nicht sofort. Aber Sie können sich darauf verlassen, dass er sich schon im Stillen überlegt, ob es nicht eine Geld sparende Idee wäre, heute noch die nächste Tankstelle aufzusuchen.

Bauen Sie eine «Hängebrücke». Sie sprechen Ihren Satz ungefähr bis zur Mitte, vollenden ihn aber nicht. Spätestens nach drei Sekunden Schweigen wird Ihnen Ihr Partner zu Hilfe kommen, indem er für Sie weiterspricht.

«Wir könnten Zeit sparen, indem wir die Aufgaben aufteilen. Du könntest ... hm ...»

«... ich könnte die Küche übernehmen und du die Getränke einkaufen.»

Listen Sie die Nachteile aller Varianten auf – außer bei Ihrer Lieblingsidee. Mehrere Lösungsvorschläge stehen zur Auswahl. Sie wissen, welche Sie bevorzugen. Sie fürchten aber, sich offen für diese Idee auszusprechen, weil Ihr misstrauischer Partner dann prompt einer anderen den Vorzug geben könnte. In diesem Fall gehen Sie die Ideen der Reihe nach durch und nennen die Konsequenzen, die für Ihren Partner damit verbunden sind. An allen finden Sie mindestens ein Manko für ihn. Nur an Ihrer Lieblingsidee nicht. Am Ende sagen Sie: «Nach Abwägung aller Für und Wider, welche würdest du bevorzugen?»

Entnehmen Sie die Lösung den Ideen des Partners. Wenn es Ihnen nicht gelingt, den Partner dazu zu bringen, Ihre Schlussfolgerung an Ihrer Stelle zu ziehen, bleibt Ihnen folgender Ausweg. Sie nennen Ihre Idee selbst, aber nur als eventuell in Betracht zu ziehende Variante. Und fügen hinzu, dass die Worte Ihres Partners Sie erst darauf gebracht haben: «Also, vielleicht wäre noch Folgendes möglich ... Ich komme darauf, weil du gesagt hast ...»

Wenn Sie den Anstoß für Ihre Einigung Ihrem Partner zuschreiben, gewinnen Sie ihn nicht nur leichter für Ihre Lieblingsidee. Sie heben auch sein Vertrauen und seine Bereitschaft, sich für die Realisierung einzusetzen. Sie entspannen heikle Beziehungen:

- Aus einem Konkurrenten wird jemand, mit dem Sie kooperieren.
- Ihr Chef wird Ihr Förderer.
- Ältere Kollegen spüren, dass ihre langjährige Erfahrung gefragt ist.
- Jüngere Kollegen sehen ihre moderne Ausbildung und ihren Veränderungswillen anerkannt.
- Männer entfalten sich als Fachleute und Experten.
- Frauen bringen ihre Kompetenz in Gefühlsangelegenheiten und sozialen Beziehungen zur Geltung.

GESETZ 18

BEGLÜCKWÜNSCHEN SIE IHR GEGENÜBER ZU SEINEM SIEG, AUCH WENN SIE DIE NASE VORN HABEN

Wenn Sie Ihr Ziel taktisch klug durchgesetzt haben, dann dürfen Sie eines niemals tun: sich in einer schwachen Stunde Ihres Erfolges brüsten. Sagen Sie nie: «Na bitte, nun hast du doch getan, was ich wollte. Siehst du jetzt ein, dass ich von Anfang an die bessere Idee hatte?» Nur ein Medienheld wie der einstige Boxweltmeister Muhammad Ali konnten es sich leisten zu behaupten: «Ich bin der Größte.» Mit seiner rebellischen Selbstgefälligkeit erregte er Aufmerksamkeit, keine Frage. Er wurde geschmäht und bewundert. Achtung und Mitgefühl gewann er freilich erst, als er – von der Parkinson'schen Krankheit gezeichnet – sich für Hilfsprojekte für andere Opfer dieses Leidens engagierte.

Kreuzzug ohne Schwert und Feuer

Anfang des 13. Jahrhunderts tobte in Europa ein erbitterter Machtkampf zwischen Kirche und Kaiser. Die Päpste wollten nicht länger nur geistliche Oberhirten, sondern auch weltliche Herrscher der Christenheit sein. Otto IV., Kaiser seit 1209, widersetzte sich und lieferte der Kirche einen erbitterten Machtkampf. Papst Innozenz III. zog daraus die Lehre: Wir brauchen eine schwache Persönlichkeit auf dem Kaiserthron, die wir nach unserem Willen lenken können. Er setzte unter den deutschen Fürsten die Wahl des Enkels des legendären Staufers Barbarossa zum Kaiser durch. Friedrich war minderjährig, lebte im fernen Sizilien, besaß weder eine Armee noch sonst einen Rückhalt im Norden, sprach kein Wort Deutsch – der würde der Kurie kaum in die Quere kommen.

Doch Friedrich, hoch gebildet und mit einem seltenen Gespür für menschliche Stärken und Schwächen begabt, fand einen Weg, um seinen bloßen Titel in reale Macht zu verwandeln. Sein erster Schachzug: Bei seiner Krönung gab er das feierliche Versprechen, einen Kreuzzug zur Befreiung Jerusalems vom Islam zu unternehmen. Freilich war er nur mit Unterstützung der Kirche in der Lage, seinen Schwur einzulösen. Für einen Kreuzzug benötigte er eine Armee, Geld und den Propagandaapparat Roms, um Freiwillige zu gewinnen. Der Papst konnte ihm die Hilfe für ein so gottgefälliges Werk nicht verweigern. Friedrich dachte aber nicht daran, sein Versprechen bald wahr zu machen. Er nutzte seine Ankündigung als Rechtfertigung, um sich in den nächsten Jahren erst einmal eine respektable Hausmacht aufzubauen – von der Kirche argwöhnisch beobachtet. Der Papst geriet in eine Zwickmühle. Einerseits hinderten ihn die starken Truppen des Kaisers, eigene Eroberungszüge durchzuführen. Andererseits musste er die kaiserliche Macht fördern, statt sie zu bekämpfen, denn sie sollte ja einen Kreuzzug ermöglichen.

1227 setzte sich mit Gregor IX. ein tatkräftiger, zu allem entschlossener Papst auf den Heiligen Stuhl. Hatte der Kaiser nicht vor Jahren einen Kreuzzug versprochen? Der Heilige Vater stellte ihm ein Ultimatum: unverzüglicher Abmarsch Richtung Jerusalem oder Kirchenbann. Der Bann war die schärfste Waffe der Päpste. Alle gläubigen Christen waren aufgerufen, jeglichen Umgang mit dem Gebannten zu vermeiden.

Die Frist war mit Absicht so knapp gesetzt, dass Friedrich sie gar nicht erfüllen konnte. Gregor IX. sprach die feierliche Exkommunikation aus. Auf eine Konfrontation wollte es Friedrich nicht ankommen lassen. Er brach 1228 mit seinen Truppen zu dem überfälligen Kreuzzug auf. Der Entschluss fiel ihm schwer, denn er war kein Feind der Moslems. Auf Sizilien hatte er als Kind muslimische Ärzte und Wissenschaftler kennen gelernt. Er sprach Arabisch und wusste, dass im Orient mehr Kultur und Bildung zu finden war als unter seinen rauen Landsleuten im Norden. Aber als diplomatisches Genie fand er einen raffinierten Ausweg. Sein Auftrag war, Jerusalem für die Christenheit zu erobern. Aber keiner schrieb ihm vor, auf welche Weise. Wer zwang ihn, wie seine Vorgänger mordend und brandschatzend nach Jerusalem zu ziehen und eine Spur der Verwüstung zurückzulassen? Er ließ seine Truppen im Hinterland Kleinasiens lagern und stattete dem Sultan Malik al-Kamil eine Reihe höflicher Besuche ab.

Der Sultan befand sich in keiner einfachen Lage. Er hatte gerade alle Hände voll mit der Bändigung aufständischer Vasallen zu tun. Ein Großteil seines Heeres belagerte Damaskus. Feindliche Christen kamen ihm da höchst ungelegen. Der Kaiser und der Sultan schlossen einen Vertrag. Friedrich bekam Jerusalem, Bethlehem und Nazareth. Seinen Landsleuten erklärte der Sultan, er habe Friedrich nur ein paar unbedeutende Ruinen überlassen, während die wertvollen Moscheen des Islam nun vor allen christlichen Attacken sicher wären. Damit hatte al-Kamil freie Hand, seine aufständischen Vasallen zu bändigen. Damaskus und das reiche Syrien erschienen ihm wichtiger als das wirtschaftlich schwache Jerusalem.

Friedrich meldete die Eroberung der heiligen Stätten nach Rom. Die Christenheit dürfe frohlocken. Seine Heiligkeit könne sich freuen. Das Grab des Messias stehe wieder unter der Oberhoheit der Kirche. Gregor IX. war irritiert. Das Grab Jesu befreit? Ohne Feuer und Schwert? Durch Diplomatie, durch bloße Gespräche? Mit den Heiden? Verstieß dieses Vorgehen nicht gegen die Kreuzzugsidee? Andererseits ließ sich nicht leugnen, dass der gebannte Kaiser ihm Jerusalem faktisch auf dem Silbertablett serviert und seinen Schwur erfüllt hatte. Gregor blieb gar nichts anderes übrig, als den Bann aufzuheben und den Staufer mit offenen Armen zu empfangen.

Friedrich fiel es leicht, seinen diplomatischen Erfolg der Kirche zu schenken. Mochte der Papst glauben, seine Politik der Gewalt und des Kirchenbanns habe den Sieg errungen. Jeder wusste ja, wer ins Morgenland gezogen und wer in Rom geblieben war. Wer errang den größeren Sieg: der Papst, der das Königreich Jerusalem geschenkt erhielt? Oder der Kaiser, der den Papst mit seiner Gabe zwang, sich von seinem Feind zu seinem Verbündeten zu wandeln? Nach seiner Rückkehr aus dem Orient stand der Staufer Friedrich auf dem Höhepunkt seiner Macht.

Das Wir-Prinzip

Sehen wir den Tatsachen ins Auge. Das Bündnis, das Sie mit diplomatischem Geschick ausgehandelt haben, beruht möglicherweise auf Zwang, auch wenn Sie keinen direkten Druck ausgeübt haben. Der Sultan Malik al-Kamil hätte kein Abkommen über den Verzicht auf Jerusalem unterzeichnet, wenn Friedrich nicht mit einer starken Armee an der Küste gelandet wäre. Die Unterstützung, die Sie erhalten, kann freiwillig oder unfreiwillig erfolgen, aufrichtig oder vorgetäuscht sein. Vielleicht war Ihr Partner unter dem Druck der Umstände gezwungen, sich mit Ihnen zu einigen. In diesem Fall müssen Sie damit rechnen, dass er die Vereinbarung kündigt, sobald sich die Umstände zu seinen Gunsten bessern. Es hat dann wenig Sinn, auf die Abmachung zu pochen und zu sagen: «Du hast es versprochen!»

Wie halten Sie Ihren Partner bei der Stange? Die einfachste Variante wäre: Sie räumen ihm mehr Vorteile ein als jeder mögliche Konkurrent. Das erfordert von Ihnen jedoch einen hohen Grad an Selbstlosigkeit und Opferbereitschaft. Manche Firmen gehen diesen Weg. Sie bieten ihren Kunden Dumpingpreise und kostenlose Zusatzleistungen. Da dieses Vorgehen schnell an die Grenze der Wirtschaftlichkeit stößt, wählen die meisten Unternehmen eine andere Strategie. Sie werben mit den besonderen Qualitäten ihrer Erzeugnisse und beglückwünschen ihre Kunden, dass sie sich gerade für ihr Produkt entschieden haben.

Sie mögen ein Konsumgut noch so günstig erwerben – immer bleibt der Verdacht, Sie hätten woanders Vergleichbares noch günstiger bekommen können. Das ist auch die Crux jeder Verständigung. Egal, wie viele Punkte Ihr Partner gemacht hat: Ihm wird ein Restzweifel bleiben, ob er nicht noch mehr hätte erreichen können. Deswegen brüstet sich der kluge Diplomat niemals seines Erfolges. Er sagt nie: «Seht her, was für ein tolles Abkommen ich erreicht habe.» Auch nicht gegenüber Dritten. Die Gerüchteküche würde sein Selbstlob doch an seinen Verhandlungspartner gelangen lassen. Und der würde sich pikiert mit der Forderung melden, den einen oder anderen Punkt neu zu verhandeln.

Deshalb wählt der Diplomat genau die entgegengesetzte Taktik:

Er beglückwünscht seinen Gegner. «Sie haben mir ganz schön zugesetzt. Sie haben mir mehr abgerungen, als ich gewähren wollte. Ich hoffe nur, mein Chef segnet die Vereinbarung in dieser Form ab.»

Er betreibt Understatement. Auch gegenüber seinen eigenen Leuten: «Das war ein schweres Stück Verhandlungsarbeit. Ich bin froh, dass ich überhaupt so viel für uns herausholen konnte.» Wenn Sie sich dagegen loben würden, wie leicht Sie ans Ziel kamen? Ihr Chef würde sich fragen, wieso Sie dann nicht versucht haben, noch stärker zu punkten. Und Ihr Gegner bekäme den Eindruck, er hätte Ihnen mehr zugestanden als nötig.

Er äußert sich nur halb zufrieden. Obwohl er erreicht hat, was er wollte. «Ich bin froh, dass Sie mit dem Resultat glücklich sind. Aber ich hätte mehr für mich erreichen müssen. Können Sie mir nicht noch einen Punkt nachgeben?» Mit etwas Glück bekommen Sie das zusätzliche Zugeständnis sogar. Denn auch Ihrem Gegner ist daran gelegen, dass Sie glücklich sind und sich an das Abkommen halten. Wenn nicht, haben Sie wenigstens die Gewissheit, dass er glaubt, bei der Unterhandlung äußerst günstig weggekommen zu sein.

Die Unsitte, sich ihrer Siege zu brüsten, überließen Diplomaten ihren Feldherren, Königen und Präsidenten. Wenn ihre Führer unbedingt Gelüste auf Revanche wecken wollten, bitte sehr! Wenn sie unbedingt den Sturz riskieren mussten, nur ihrem Nachruhm zuliebe! Der französische Polizeiminister Fouché hatte von seinem Büro aus fünf Staatsoberhäupter kommen und gehen sehen. Er blieb. Ob sie sich König, Vorsitzender des Wohlfahrtsausschusses, Erster Konsul, Kaiser und dann wieder König nannten – die Sucht, sich ihrer Größe, ihrer Überlegenheit und Unbesiegbarkeit zu rühmen, war allein gemeinsam.

Nicht nur beim Vertragsabschluss, auch danach sollte sich Ihr Partner als Gewinner fühlen. Dann wird er nicht nur hoch motiviert sein, seinen Teil der Abmachung einzuhalten – schließlich bekommt er dafür von Ihnen eine seiner Meinung nach mehr als gleichwertige Gegenleistung –, er wird auch nicht versuchen, nachträglich das Ergebnis zu seinen Gunsten zu revidieren.

Deshalb achten Diplomaten auf zwei Dinge:

1. Sie stellen die Vorteile, die das Abkommen dem Partner bietet, in den Vordergrund. Ihren eigenen Nutzen behandeln sie als unwesentliche Vorbedingung, die halt zu erfüllen ist, damit der Partner seine Vorteile auch in Anspruch nehmen kann.
2. Sie berufen sich sooft es geht auf die Gemeinsamkeiten, die

das Abkommen geschaffen hat. Auch wenn beide in Wirklichkeit ein tiefer Graben trennt, den sie mit einem befristeten Zweckbündnis überbrücken.

Beides bringen Sie in einer einzigen Formulierung unter. In Ihrer Grundform lautet sie: «Sie ... (sein Vorteil), dann werden wir ... (Ihre Gemeinsamkeit).» Ihren eigenen Vorteil brauchen Sie nicht zu nennen. Sie verstecken ihn in der Gemeinsamkeit, an die Sie im zweiten Teil des Satzes erinnern. Einige Beispiele:

Zu einem Großkunden: «Möchten Sie den vereinbarten Rabatt in Anspruch nehmen? Dann werden wir das bei der Rechnung berücksichtigen.»

Ein Bürgermeister zu Umweltaktivisten: «Sie könnten unseren Tag der offenen Tür nutzen, um Ihr Projekt vorzustellen. Wir werden Ihnen unsere Technik und unsere Kanäle für die Öffentlichkeitsarbeit zur Verfügung stellen.»

Zum langjährigen Partner: «Es gibt noch Karten für ‹Schwanensee›. Möchtest du am Samstag mit mir die Vorstellung besuchen? Dann wären wir, wie du dir das gewünscht hast, in diesem Monat zweimal ins Theater gegangen.»

Einladung zum ersten Rendezvous: «Möchtest du morgen mit mir essen gehen? Wir werden einen wunderschönen Abend zusammen verbringen.»

Undiplomatisch und deshalb unbedingt zu vermeiden sind Spannungssätze, die vom Partner irgendein Eingeständnis fordern. Sie läuten einen Machtkampf ein. Beispiele:

Sie müssen doch zugeben...

Sie müssen doch einsehen ...

Sie haben mich nicht richtig verstanden ....

Sie können mir nicht erzählen ...

Die Wirkung entspricht genau dem Gegenteil des Erwarteten. Statt das Verlangte einzugestehen, beharrt er nun erst recht auf seinem Standpunkt.

Besonders gefährliche Spannungssätze haben die Form des

«Doppel-Sie»: «**Sie** haben unterschrieben, also machen **Sie** mal.» Das «Doppel-Sie» kennen Sie aus eigener Erfahrung. Sie bekommen es jedes Mal zu hören, wenn ein Beamter oder ein Verkäufer, den Sie wegen einer Reklamation aufsuchen, sich hinter seinen Vorschriften verschanzt. Mit jedem Einkauf, und wenn es sich nur um ein Stück Butter handelt, schließen Sie ja einen Kaufvertrag ab. Sie tauschen Geld gegen Ware. Der Ärger über ein ranziges Stück Butter, das man Ihnen untergejubelt hat, unterscheidet sich nur in der Größenordnung von der Enttäuschung über eine Versicherung, die sich im Schadensfall mit dem Hinweis auf Kleingedrucktes aus der Verantwortung stiehlt. Ihre Reaktion? Sie werden sich andere Vertragspartner suchen.

Wenn zwei sich streiten, freut sich der Diplomat

Eine besonders elegante Methode, den Gegner zu seinem Sieg zu beglückwünschen, aber selbst den Hauptgewinn einzustreichen, steht Ihnen zur Verfügung, wenn Ihre Gegenpartei aus mindestens zwei Personen besteht. Wenn Sie Widersprüche und verdeckte Uneinigkeiten innerhalb Ihrer Gegenpartei zu Ihrem Vorteil ausnutzen. Nach Napoleons Sturz vollbrachte Talleyrand als Gesandter Frankreichs auf dem Wiener Kongress damit sein diplomatisches Meisterstück.

So viele Fürstentümer auch ihre Botschafter schickten – letztlich wurde der Machtkampf zwischen Russland, Preußen, Österreich und England entschieden. Frankreich galt nur als zu zerreißende Beute. Es sollte der Rache der Sieger anheim fallen. Seinen Botschafter wollte man anfangs nicht einmal zu den Beratungen zulassen. Talleyrand war fest entschlossen, dieses Spiel zu durchkreuzen. Zum einen, indem er wie ein strahlender Sieger und nicht wie ein geduckter Verlierer auftrat. Als Zweites aber erkannte er, dass die Mächte nichts miteinander verband außer ihrem Hass auf Napoleon. Sie waren wie vier Hunde, die sich um denselben riesigen Knochen balgten.

In Metternich, dem Staatskanzler Österreichs, fand Talleyrand einen ebenbürtigen Gegner, der es wie er verstand, hinter die Fassade aus Freundlichkeit und Eleganz zu schauen. Gerade dieses zweite diplomatische Genie, das Europa zu jener Zeit besaß, suchte er sich als Verbündeten aus. Er sah, dass Österreich vor einem noch mehr Angst hatte als vor einer Wiederkehr der napoleonischen Großmacht: vor Russland. Die Kosakenheere hatten Napoleon besiegt und waren bis Paris marschiert. Gestützt auf ihren Erfolg, hatte Zar Alexander I. sich bereits Polen einverleibt und auf alle Proteste nur geantwortet: «Ich bin in Polen, wir wollen einmal sehen, wer mich von dort vertreibt.»

Der Zar unterstützte das befreundete Preußen in seinem Bestreben, Sachsen (das im Krieg an der Seite Napoleons gekämpft hatte) zu schlucken. Österreich, das an Preußen und Sachsen grenzte, gefiel dieser Drang nach Westen überhaupt nicht. Allein konnte Metternich aber nicht dagegenhalten. Er verbündete sich zunächst mit den Engländern. Aber das genügte nicht, um Sachsen gegen Preußen zu stärken. Also blieb ihm nichts anderes übrig, als auf Talleyrand einzugehen, auch wenn er sich über dessen eigennützige Absichten vollkommen im Klaren war. London, Wien und Paris unterzeichneten ein geheimes Bündnisabkommen. Das Ergebnis: Talleyrand trat mit Metternich und dem englischen Gesandten Lord Castlereagh für die Unabhängigkeit Sachsens ein. Es verlor zwar einen Teil seines Territoriums – das war ein unvermeidliches Zugeständnis an Preußen –, blieb jedoch als Pufferstaat zwischen Preußen und Österreich bestehen. Als Gegenleistung vereitelten Wien und London alle Pläne der Berliner Regierung, sich ein Stück von Frankreich abzuschneiden. Erst Wilhelm I. gelang es 56 Jahre später, seine Hand auf Elsass-Lothringen zu legen.

Talleyrand meldete seinem König Ludwig XVIII. nach Paris: «Frankreich ist in Europa nicht nur nicht isoliert, sondern Eure Majestät sind Teilnehmer eines Systems von Bündnissen, das auch fünfzig Jahre Verhandlungen nicht hätten zustande bringen können.»

Wenn Sie es mit zwei oder mehr Partnern zu tun haben, die untereinander in den meisten Fragen zwar einig, in einigen Punkten jedoch verschiedener Meinung sind, gehen Sie so vor:

Sammeln Sie alle Informationen, die Sie über unterschiedliche Interessen der Partner auftreiben können.

Bieten Sie ihnen zur Auswahl eines von zwei möglichen Zugeständnissen an. Das eine interessiert den einen, das zweite den anderen Partner. Sagen Sie, was Sie dafür haben möchten. Bieten Sie den beiden an, ihre Entscheidung untereinander zu beraten.

Sind Ihre Gegner untereinander vorwiegend einig, werden Sie Ihnen gemeinsam entgegentreten und versuchen, beide Zugeständnisse zu bekommen. Dafür dürften Sie natürlich auch doppelt so viel fordern. Lehnen Sie ab. Sie könnten beim besten Willen nur das eine oder das andere geben. Halten Sie daran fest, bis man Ihnen das Drei- oder Vierfache bietet.

Sind Ihre Gegner untereinander stärker uneins, als Sie vermuteten, wird einer von ihnen (oder beide für sich) versuchen, mit Ihnen ein Sonderabkommen zu treffen, bei dem der andere draußen bleibt. Sie können entweder für Ihre Zustimmung zu diesem nicht ganz koscheren Verfahren ein Zugeständnis extra einfordern. Oder Sie bitten sich Bedenkzeit aus und informieren den anderen über das Angebot hinter seinem Rücken und münzen bei ihm Ihre Ehrlichkeit in einen Vorteil um.

Wie die Sache auch ausgeht: Für Sie ist keine Gefahr dabei. Sie sind nicht schuld an der Uneinigkeit innerhalb der Gegenpartei. Im ungünstigsten Fall verzichten Ihre Gegner auf Ihre separaten Zugeständnisse. Haben Sie jedoch damit Erfolg, halten Sie es wie Talleyrand. Sie beglückwünschen die Gegenseite zu ihrem Ergebnis, obwohl Sie der wahre Gewinner sind.

GESETZ 19
ÜBEN SIE SICH IN DER KUNST DER KLEINEN GESTEN

Am nasskalten Morgen des 7. Dezember 1970 nimmt Willy Brandt, damals Bundeskanzler und auf Staatsbesuch in Polen, einen Routinetermin wahr. Kranzniederlegung am Mahnmal für die Opfer des Aufstands im Warschauer Ghetto. Er wirkt nachdenklich und ein wenig gedankenverloren. Plötzlich fällt er zur Überraschung der versammelten Journalistenschar und seiner eigenen Berater vor dem Denkmal auf die Knie und verharrt in dieser demütigen Pose.

Ein Moment Ratlosigkeit – dann beginnt ein Blitzlichtgewitter. Im Ausland steigt das Ansehen Willy Brandts, er erntet viel Bewunderung und erhält 1972 für seine Ostpolitik den Friedensnobelpreis. Nicht so im Inland: Der Kniefall von Warschau spaltet die Nation. Eine Woche nach dem Ereignis ergibt eine Umfrage, dass 41 Prozent die Geste für angemessen halten, aber 48 Prozent für übertrieben.

Setzen Sie ein Zeichen

In seinen Erinnerungen schrieb Willy Brandt, dass sein Kniefall nicht geplant war: «Am Abgrund der deutschen Geschichte und unter der Last von vielen Millionen ermordeten Menschen tat ich, was viele Menschen tun, wenn ihnen die Sprache versagt.» Er lieferte ein perfektes Beispiel, welch große Wirkung mit einer kleinen Geste erreicht werden kann. Viele Zeitungen feierten im

Jahre 2000 den dreißigsten Jahrestag des Kniefalls von Warschau. Die Polen benannten einen Platz in Sichtweite des Mahnmals nach Willy Brandt.

Symbolische Handlungen zeugen eher von Großmut und Vertrauenswürdigkeit als noch so große Worte. Einer der ältesten Berichte dazu stammt aus der Frühzeit Roms aus dem Jahre 393 v. Chr. Das römische Heer belagerte die süditalienische Stadt Falerii, war aber nicht in der Lage, sie einzunehmen. Ein Lehrer in der bedrohten Stadt witterte die Chance seines Lebens. Er entschloss sich, den Feinden die Stadt durch Verrat zu übergeben. Er führte seine Schüler vor das Tor und in das Lager der Römer mit den Worten: «Ich übergebe euch die Söhne der Herren von Falerii. Ihre Väter werden nun nicht wagen, euch länger zu widerstehen.»

Doch der Verräter erlebte eine Überraschung. Statt ihn zu belohnen, rief der römische Feldherr Camillus empört: «Wir gebrauchen unsere Waffen gegen Soldaten, nicht gegen Kinder!» Er befahl, dem Verräter die Hände auf den Rücken zu binden, und hieß seine Schüler, ihn mit Ruten in die Stadt ihrer Väter zurückzujagen. Diese ehrenhafte Geste löste einen Stimmungsumschwung in der Bürgerschaft aus. Die Falisker forderten Friedensverhandlungen, in deren Folge sie die Oberherrschaft Roms akzeptierten.

Zwischen den Gesten des Camillus und Willy Brandts liegen mehr als zweitausend Jahre. Doch sie beruhen auf demselben Prinzip: bedingungsloser Großmut. Ein unerwartetes öffentliches Entgegenkommen durch eine einzige beherzte Tat. Beide Gesten haben einen Meinungsumschwung eingeleitet, der durch Kämpfen und Verhandeln allein nicht zu erreichen war. Hier wirken zwei Gesetzmäßigkeiten:

1. Bloßes Reden kann kein Vertrauen schaffen. Sie können zwar fragen: «Meinst du es ehrlich?», und werden ein Ja zur Antwort erhalten. Ob die Beteuerung stimmt, kann aber nur das

Verhalten zeigen. Camillus verhielt sich wie ein Ehrenmann. Daher konnten die Falisker hoffen, die Römer würden sich nach Recht und Gesetz verhalten. Solange sie Mord und Plünderung fürchteten, wären sie lieber verhungert, als sich zu ergeben.

2. Sobald Sie mit Fremden in Kontakt treten, eröffnen Sie ein Beziehungskonto. Sie zahlen Vertrauen, Interesse und Leistungen ein, die Sie für Ihren neuen Bekannten erbringen: geopferte Zeit, Einladungen, Informationen, die Sie über sich preisgeben, und vieles mehr. Im Gegenzug erhalten Sie ähnliche Leistungen, die er einzahlt. Unter Freunden ist das Beziehungskonto ausgeglichen. Er hilft Ihnen beim Renovieren, Sie stehen ihm in einer schwierigen Situation mit Rat und Tat zur Seite. Sie kümmern sich um seine Katze während seines Urlaubs, er lässt während Ihrer Jubiläumsfeier vier Ihrer Gäste bei sich übernachten. Mit einer symbolischen Geste verschaffen Sie sich vorübergehend ein Plus auf Ihrem Beziehungskonto. Dieses Plus können Sie bei nächster Gelegenheit abheben. Willy Brandt verminderte mit seinem Kniefall das Misstrauen zwischen Ost und West. Dem Römer Camillus zahlten die Falisker seine Ehrentat mit dem sofortigen Frieden zurück.

Die große Wirkung kleiner Gesten beruht auf drei Effekten:

Positiver Überraschungseffekt. Die Tat geschieht unerwartet. Sie zeigen sich generös, obwohl niemand damit gerechnet hat. Das bedeutet auch, die Kunst der kleinen Gesten sparsam einzusetzen als Ausnahme von der Regel. Großzügigkeit allein genügt jedoch nicht. Jedes Verhalten, das Ihr Partner schon erwartet hat, ist für eine Überraschung ungeeignet. Wenn Sie mit einer Geste verhärtete Fronten schlagartig aufweichen wollen, müssen Sie über Ihren eigenen Schatten springen. Tun Sie etwas, das Ihnen von Ihrem Charakter her niemand zutraut.

Aufrichtigkeit. Die Geste muss von Herzen kommen. Sie sieht selbstverständlich und unaufdringlich aus. Wenn Sie sich verbiegen müssen, verzichten Sie lieber darauf, Ihre Mimik und Gestik würde Sie verraten. Wenn nur der leiseste Verdacht aufkommt, Sie mimten den Großzügigen aus wohlberechnetem Eigennutz, verspielen Sie das Vertrauen.

Mäßigkeit. Alles Übertriebene, Protzige erzielt die gegenteilige Wirkung. Sündhaft teure Geschenke verfehlen ihren Zweck genauso wie das Fallenlassen aller Forderungen, nur um sich bei der Gegenpartei einzuschmeicheln. Am meisten überzeugen Sie, wenn Sie eine Schwäche, die Ihr Gegenüber zeigt, nicht ausnutzen. Helfen Sie ihm vielmehr, ohne viel Aufhebens die Blöße zu bemänteln.

Symbolik. Ihre Geste offenbart, verdichtet in einer kurzen Handlung, den moralischen Wert, den Sie vertreten. Bei Camillus war es die Einhaltung von Recht und Anstand gegenüber dem Feind, bei Willy Brandt die Demut vor den Opfern. Einige symbolische Gesten, die häufig und immer wieder mit Erfolg gebraucht werden:

- Sie stellen Ihren neuen Liebhaber schon bald Ihren Freunden und Eltern vor als Zeichen, dass Sie auf eine beständige Beziehung aus sind.
- Nach einem heftigen Streit bitten Sie mit einem kleinen Geschenk zu seinem Hobby um Versöhnung.
- Sie lassen einen wichtigen Termin, den Sie bisher immer wahrnahmen, spontan sausen, um Ihre Partnerin, die sich nicht wohl fühlt, aufzumuntern.
- Sie verzichten kurzerhand auf eine zwischen Ihnen ausgemachte Gegenleistung.

Die hohe Kunst der kleinen Gaben

Das berühmteste Geschenk der Weltgeschichte war das Trojanische Pferd. Mit einer List beendeten seine Konstrukteure einen zehnjährigen unentschiedenen Krieg zu ihren Gunsten. Die Trojaner hielten das hölzerne Riesentier für eine Abschiedsgabe der Griechen, die endlich eingesehen hatten, dass Troja uneinnehmbar war – ein tödlicher Irrtum. Nachdem die Einwohner das Pferd auf den Marktplatz gezogen hatten, feierten sie den Abzug der Angreifer. Tief in der Nacht, als die Trojaner ihren Rausch ausschliefen, kletterten die griechischen Krieger aus dem hohlen Bauch des Tieres, stießen die wenigen Wachen nieder und öffneten die Tore für ihre Landsleute. Ein Morden und Brennen fing an, die Feier endete in einem Blutbad.

Geschenke gelten als symbolische Gesten der Zuneigung. Dieses Gefühl verkörpert sich in einem Gegenstand. Manchmal ist die Zuneigung vorgetäuscht, wie im Fall Trojas. Manchmal will der Gebende den Kontakt festigen. Als Udo Lindenberg im Blitzlicht der Journalisten Erich Honecker die Lederjacke aus seinem Lied «Sonderzug nach Pankow» überreichte, wollte er sich ein Plus auf seinem Beziehungskonto bei der Staatsführung der DDR verschaffen. Ihm ging es um die Erlaubnis für eine Tournee durch den Osten. Vergebens. Es blieb bei einem Kurzauftritt im Palast der Republik. Stattdessen zog sich Honecker mit einem Gegengeschenk aus der Affäre, einer Schalmei.

Udo Lindenberg warb für einen Abbau der trennenden Grenzen, Honecker ignorierte die Bitte und reagierte distanziert. Dennoch wurde die Lederjacke ein voller Erfolg. Kein anderes Geschenk über die Mauer hinweg erregte so viel Aufsehen. Es erfüllte alle Anforderungen an eine kluge Geste:

POSITIVER ÜBERRASCHUNGSEFFEKT: Zwar hatte die englische Queen einst die Beatles mit dem höchsten Orden des Britischen Empire geehrt. Aber die Umkehrung «Rocksänger beschenkt Staatschef» – das war neu.

AUFRICHTIGKEIT: Normalität ohne Misstrauen – selbst Lindenbergs Gegner zweifelte nicht an der Ehrlichkeit seines Anliegens.

MÄSSIGKEIT: Bei offiziellen Staatsempfängen verschenkte die DDR-Führung Meißener Porzellan oder wertvolle Jagdgewehre aus Suhl. Dagegen wirkten Lederjacke und Schalmei bescheiden.

SYMBOLIK: Udos Lederjacke stand für die Botschaft seines Liedes und den Lebensstil des Rockmusikers. Mit der Schalmei stellte Honecker die von ihm bevorzugte Musik dagegen.

Mit kleinen Geschenken große Wirkungen herbeizuzaubern ist wahrlich nicht einfach. Jedes Jahr vor Weihnachten und Geburtstagen setzen Millionen ihre Hirnwindungen unter Strom: Was könnte ich schenken, das meinen konsumverwöhnten Angehörigen noch eine Freude bereiten könnte? Und wie oft folgern sie: «Ich muss etwas finden, was sie sich nicht selbst leisten oder beschaffen können.» Dahinter stehen drei unheilvolle Motive:

Tradition und Gewohnheit. Schon meine Eltern hatten zu Weihnachten tief in die Tasche gegriffen. Alle Verwandten und Bekannten machen es so. Ehe sie mich für geizig und lieblos halten, halte ich es lieber wie sie.

Zuneigung kaufen. Ich vermisse Interesse und Wärme bei meinen Angehörigen. Sie werden ihre Gleichgültigkeit überwinden, wenn ich mit meinem Geschenk alle anderen übertrumpfe.

Versäumnisse kompensieren. Ich habe mich zu wenig um meine Familie gekümmert. Zu viel Arbeit, selbst zu Haus war ich mit meinen Gedanken dauernd im Büro. Wenigstens an meinen Geschenken sollen sie sehen, wie viel sie mir wert sind.

Pflicht-Geschenke ziehen Pflicht-Dankschreiben nach sich.

Das mechanische Hin- und Herbewegen von Waren erreicht längst nicht mehr die Herzen. Ist das Geschenk als Symbol der Beziehungspflege ausgereizt? Im Gegenteil. Die diplomatische Geschenkkunst beteiligt sich nicht an der alljährlichen Materialschlacht. Sie schwimmt gegen den Strom:

Notieren Sie jeden Wunsch, den einer Ihrer Bekannten äußert. Während Sie alle Informationen über Ihre Mitmenschen sammeln und aufschreiben, die Sie bekommen können (siehe Gesetz 5), kennzeichnen Sie gesondert jede Äußerung über unerfüllte Wünsche. Oft sind das Kleinigkeiten. Ein hübsches Armband, das Ihrer Freundin im Schaufenster gefiel. Ein praktisches Küchengerät, das einem befreundeten Paar noch fehlt. Oder ein Lied, das im Moment im Radio läuft – und Ihr Kollege fragt nach dem Titel. All dies liefert Ideen für Überraschungsgeschenke. Wer den Wunsch ausspricht, vergisst oft nach wenigen Minuten, was ihm da gerade gefallen hat. Welch eine Freude, wenn Sie nach einigen Tagen eine CD überreichen, die genau jenes hübsche Lied enthält.

Auch wenn Sie beim Blättern in Katalogen und Zeitschriften denken: «Das da sieht schick aus» – Ihre beste Freundin könnte den gleichen Gedanken haben, wenn Sie ihr diesen Gegenstand beim nächsten Besuch mitbringen.

Das ganze Jahr ist Einkaufszeit. Zerbrechen Sie sich nicht erst den Kopf über Geschenke, wenn Geburtstage und Weihnachten nahen. Auch wenn erst Januar ist – der nächste Heilige Abend kommt bestimmt. Wenn Sie etwas Stilvolles sehen, das genau den Geschmack Ihrer Schwester trifft, greifen Sie zu! Ein kleiner Vorrat, im Laufe von Monaten angesammelt, schafft ein beruhigendes Polster, wenn der Schenktermin naht. Vorsicht ist lediglich angebracht bei Dingen, die der Mode oder einem Preisverfall unterliegen. Ein Markenpullover, den Sie im Winterschlussverkauf erstehen, könnte Ihnen nächstes Weihnachten nicht mehr gefallen. Computer veralten innerhalb von

Monaten. Bücher, CDs oder Antiquitäten behalten dagegen ihren Wert.

Außer der Reihe schenken. Zu den offiziellen Anlässen halten Sie sich zurück. Sie begnügen sich mit einer bescheidenen Gabe. Ein wertvolles Geschenk würde unter der Masse der vielen anderen untergehen. Stattdessen schenken Sie ein- bis zweimal im Jahr eine Kleinigkeit außer der Reihe. Zu einem Anlass, der nur Ihnen auffällt:

- als Lob für eine erfolgreich beendete Arbeit,
- als Trostpflaster nach einem Verlust,
- zu einem Jubiläum, das nicht als Geschenkanlass gilt.

Die meisten Berufe verfügen zum Beispiel über eigene Gedenktage: Tag des Eisenbahners, Tag des Lehrers, Tag des Buches und so weiter. Wer einen Beruf in diesem Feld ausübt, kennt oft seinen eigenen Ehrentag nicht. Umso größer die Überraschung, wenn Sie an seinem Tag an ihn denken.

Ideelle Geschenke. Gaben, die nichts kosten, bilden eine preiswerte Alternative für die kleine Aufmerksamkeit zwischendurch. Dazu zählen

- schnelle Hilfen bei einem Engpass,
- ein aufmerksames Ohr für Sorgen und Nöte,
- ein Insider-Tipp für die Abkürzung einer langwierigen Angelegenheit,
- die Vermittlung eines wichtigen Kontakts über Ihr Netzwerk.

Ihre Botschaft mit einem Geschenk ausdrücken. Sie haben ein konkretes Anliegen. Sie wollen als Paar mehr gemeinsam unternehmen und schenken ihm und sich zwei Theaterkarten mit anschließender Tischreservierung in einem französischen Lokal. Sie würden gern den nächsten Urlaub in Florenz verbringen und schenken ihm einen Bildband über die Toskana und ihre Hauptstadt. Diese Taktik erfordert allerdings Fingerspitzengefühl. Sie eignet sich nur, um Vorschläge zu unterbreiten. Nutzen Sie diese Methode nicht, um Kritik auszudrücken. Wenn Sie finden, Ihr Partner sollte mehr für seine Attraktivität tun, und schenken ihm ein Buch über Styling und Kosmetik, könnte er sauer reagieren.

Geschenke Marke Eigenbau? Kein Geschenk ist individueller als eines, das Sie selbst angefertigt haben. Wer selbst originelle und nützliche Dinge herstellen kann, braucht sich nie zu sorgen, ein anderer könnte das Gleiche schenken. Vorsicht jedoch mit eigenen Kunstwerken! Ihre Freunde könnten sich moralisch verpflichtet fühlen, Ihrem Werk einen Ehrenplatz in ihrer Wohnung einzuräumen. Einer Kollegin aus meiner Universitätszeit ist das passiert. Ihre beste Freundin Anita hatte auf einer Vernissage einen Maler kennen gelernt. Stolz brachte sie ihn zur Geburtstagsparty meiner Kollegin mit. Er bedankte sich für die Einladung mit einem seiner Gemälde, einer impressionistischen Ansicht des Kölner Doms.

«Malt er nicht großartig? Häng es doch gleich mal auf!», rief Anita begeistert und strahlte ihren Künstler mit verliebten Augen an. Hilfsbereite Gäste nahmen die Reproduktion von van Goghs Kornfeld mit Zypressen von der Wand über dem Sofa ab und ersetzten sie durch das Geschenk.

Als die Party vorbei und alle Gäste fort waren, fragte der Ehemann meiner Kollegin: «Was machen wir damit?»

«Pack es hinter den Kleiderschrank!» Nachdenklich fügte sie hinzu: «Hoffentlich kommt Anita nicht mal unangemeldet zu Besuch.»

Einige Wochen später klingelte es. Wer stand vor der Tür? Anita. Extra laut rief meine Kollegin durch den Flur Richtung Arbeitszimmer ihres Mannes: «Stell dir vor, Anita ist zu Besuch gekommen.»

Der kapierte sofort. Er sprang auf und tauschte geistesgegenwärtig van Goghs Landschaft gegen den Kölner Dom aus, während sie ihre Freundin Anita an der Garderobe aufhielt, bis er aus dem Wohnzimmer ein Zeichen gab.

Als Anita das Zimmer betrat und das Bild erblickte, knurrte sie: «Du kannst es verbrennen. Er hat eine andere.»

Ich fragte meine Kollegin, nachdem sie mir die Geschichte erzählt hatte: «Und? Hast du es verbrannt?»

«Um Himmels willen, nein!», antwortete sie. «Wenn Anita sich mit ihm nun wieder verträgt!»

Vorsicht, bestechende Angebote!

Was tun, wenn Sie eine Geschmackskatastrophe überreicht bekommen? Ein Riesenkissen mit Simpsons-Aufdruck, ein schreiend buntes Plüsch-Ungetüm oder eine künstliche Palme? Zeigen Sie sich selbstlos: «Meine Nichte wird begeistert sein! Sie sammelt so etwas!» Damit können Sie den peinlichen Gegenstand verschwinden lassen, ohne den Geber zu beleidigen.

Egal ob ein Geschenk für Sie von Nutzen oder eine Last ist – nicht nur Sie verschaffen sich mit einer kleinen Geste ein Plus auf Ihrem Beziehungskonto, sondern auch Ihre Freunde. Erhalten Sie unverhofft ein Geschenk, akzeptieren Sie eine Verpflichtung zu Dankbarkeit und Gegenleistung. Statt mit einem Gegengeschenk das Gleichgewicht wiederherzustellen, lohnt es in privaten Beziehungen manchmal, dem anderen einen Vorsprung zu gönnen. Gute Freunde und nahe Verwandte werden Sie gerade deshalb sympathisch finden, weil Sie ihnen gestatten, die Rolle des großzügigeren Parts zu übernehmen.

Bei allen übrigen Kontakten achten Sie auf ein Gleichgewicht oder, wenn möglich, auf ein leichtes Übergewicht zu Ihren Gunsten. Sie geben etwas mehr, als Sie erhalten. Das betrifft insbesondere Berufskontakte und private Beziehungen, die erst im Entstehen begriffen sind. Sie schützen sich damit vor Leuten, die mit Geschenken eine Gunst von Ihnen erkaufen möchten. Sie lernen zum Beispiel einen netten Menschen auf einer Firmenparty kennen, der Sie mit Aufmerksamkeit überschüttet. Er ruft Sie an, lädt Sie zum Mittagessen ein, um mit Ihnen nett zu plaudern – kurz, er zeigt sich als guter Freund. Bis er Sie eines Tages bittet, von Ihrem Chef eine Zusage außer der Reihe zu erwirken. Wenn Sie jetzt Nein sagen, haben Sie nicht nur einen falschen Freund verloren. Er kann sich leicht in einen rachsüchtigen Feind verwandeln, der Sie bei Ihren übrigen Kunden verleumdet und böse Gerüchte über Sie ausstreut.

Also Vorsicht, wenn entfernte Bekannte mit Geschenken überaus großzügig sind. Geschenke sind ein Machtmittel, um sich Menschen geneigt zu machen. Der Frauenverführer Casanova behauptete einst: «Eine echte Frau wird unfehlbar von einem Mann erobert werden, der sie zur Dankbarkeit zu nötigen weiß.» Um eine junge Turiner Tänzerin namens Agata für sich zu gewinnen, die ihm hartnäckig widerstand, überreichte er ihr ein paar hübsche Ohrringe aus Strass. Sie akzeptierte die Gabe zwar als Zeichen der Verehrung, ließ ihn aber keinen Millimeter näher an sich heran. Als Agata am Abend auf einen Ball ging, erfuhr sie erst aus der ehrfürchtigen Bewunderung anderer Frauen, dass das, was sie da an den Ohren trug, kein billiger Modeschmuck, sondern echte Diamanten waren. Ihr Herz schmolz dahin, und einen Abend später gewährte sie Casanova alles, was die Liebe wünschen kann.

GESETZ 20
PFLEGEN SIE IHREN GUTEN RUF ALS STARKER, VERSTÄNDNISVOLLER PARTNER

Dem französischen Polizeiminister Fouché hing während seiner langen Karriere ein unauslöschlicher Makel an. Auf dem Höhepunkt der Französischen Revolution hatte er mit anderen seine Unterschrift unter den Hinrichtungsbefehl für König Ludwig XVI. gesetzt. Alle seine Versuche, sich nach dem Sturz Napoleons zu rehabilitieren, blieben vergeblich. Als Ludwig XVIII., der Enkel des hingerichteten Monarchen, die Macht seiner Vorväter übernahm, bestand eine seiner ersten Amtshandlungen darin, Fouché in die Wüste zu schicken. Anfangs konnte Fouché noch einen Botschafterposten in Dresden für sich herausschlagen. Doch auch dort erhielt er nach kurzer Zeit seine Entlassungspapiere. Seine letzten Lebensjahre verbrachte er ohne Einfluss und vergessen im Exil in Triest.

Chamäleon mit Prinzipien

Talleyrand handelte klüger. Er wusste, dass ein einmal verdorbener Ruf nicht mehr zu reparieren ist. Als die Französische Revolution immer radikaler wurde und sich anschickte, Tausende von Adligen, aber auch unschuldige Bürger mit der Guillotine zu ermorden, verzog sich Talleyrand zuerst nach England und dann nach Amerika. Dass ihn Revolutionsführer Robespierre aus der Ferne als Verräter beschimpfte, juckte ihn wenig. Talleyrand brauchte nur abzuwarten, bis Robespierre selbst unter dem

Fallbeil endete, das er so fleißig in Gebrauch genommen hatte. Als danach eine gemäßigte, großbürgerliche Regierung die Macht übernahm, kehrte Talleyrand zurück. Er war einer der wenigen fähigen Politiker, die ihre Hände nicht mit Blut befleckt hatten, seiner glänzenden Karriere als Außenminister stand nun nichts mehr im Wege.

Zwar erhielt auch er wie Fouché 1815 seine Entlassung. Doch sein Ruf blieb intakt. Anders als der berüchtigte Polizeiminister konnte Talleyrand im Lande bleiben und sich zum Führer der liberalen Opposition aufschwingen. Nach der Julirevolution von 1830 brachten ihn die siegreichen Liberalen zurück an die Schalthebel der Macht.

Diplomatisches Geschick öffnet Ihnen Türen und Herzen, wenn ihre Besitzer meinen, dass Sie aufrichtig ihre Interessen vertreten. Kommt nur der leiseste Verdacht auf, Sie verfolgten geheime Absichten, wird das aufkommende Misstrauen Ihre Bemühungen vereiteln. Ob Ihre Handlungen als freundlich oder hinterlistig beurteilt werden, hängt von Ihrem Ruf ab.

Ihr Ruf ist die Summe Ihrer Handlungen. Am Anfang einer Bekanntschaft erhalten Sie einen Vertrauensvorschuss. Wer Sie noch nicht kennt, wird zunächst davon ausgehen, dass Sie genauso denken und fühlen, wie Sie auftreten. Doch diese Annahme wird sofort auf ihre Richtigkeit überprüft. Ihr neuer Bekannter schaut auf Ihre Worte, Gesten und Taten. Wie viel Sympathie und Vertrauenswürdigkeit kann er daraus ablesen? Was Sie wirklich denken, was Ihre wahren Motive sind, kann er nicht erkennen, Ihre Gedanken bleiben unsichtbar. Was jemand über Sie denkt, reimt er sich folglich aus Ihren äußerlich sichtbaren Handlungen zusammen. Der Ruf ist kein Brandmal auf der Stirn: Er entsteht aus dem, was Sie tun.

Der erste Eindruck bestimmt die Beurteilung aller späteren Taten. Wie Sie sich am Anfang eines neuen Kontakts verhalten, ist wichtiger als alles, was Sie später unternehmen. Innerhalb der ersten vier Minuten bilden wir uns ein grundsätzliches Urteil über eine Person, die wir gerade getroffen haben. Fallen uns später Merkwürdigkeiten auf, die unserem ersten Eindruck widersprechen, sind wir nur noch zu einer begrenzten Korrektur bereit. Habe ich jemanden als warmherzig und offen kennen gelernt und höre nun, dass er schon ein paar Mal wegen tätlicher Angriffe verurteilt wurde, frage ich mich unwillkürlich: Vielleicht ist er provoziert worden? Wirkt ein anderer auf mich von Anfang an wie ein Schleimer und Heuchler, werde ich die spätere Mitteilung, dass er sich ehrenamtlich in einer Organisation gegen Hunger in der Dritten Welt engagiert, mit Misstrauen aufnehmen. Bei wem will er sich lieb Kind machen? Schielt er nach einem Bürgermeisterposten? Will er die Reputation seiner Firma verbessern? Oder bloß keine Steuern zahlen?

Spalten Sie sich nicht in private und öffentliche Person. Kleine menschliche Fehler machen Sie sympathisch. Selbst mit größeren Ecken und Kanten werden Sie Freunde finden, die genau das an Ihnen bewundern. Nur eines ist tödlich für Ihren Ruf: Wenn Sie auf zwei Hochzeiten tanzen. Wenn Sie privat eine andere Person sind als in Ihrem Beruf. Auch wenn Sie Ihren häuslichen Bereich und Ihre Firma noch so strikt trennen: Unterschätzen Sie nicht die Querverbindungen Ihrer Kontaktpersonen untereinander. Wenn durch einen dummen Zufall jemand erfährt, dass Sie daheim ganz anders sind als im Job, ist Ihr Ruf dahin. Man wird sich fragen: Wo zeigt er seinen wahren Charakter, bei mir oder bei den anderen? Die großen Diplomaten waren in dieser Hinsicht von einer erfrischenden Offenheit. Sie griffen zwar zu Intrigen, führten Leute hinters Licht und vernebelten ihre Winkelzüge, gaben aber unumwunden zu, dass genau diese Taktiken ihr Lebenselixier darstellten.

Balance zwischen Geradlinigkeit und Wandelbarkeit. Menschen, die wie aus einem Guss wirken, geben nicht viele Rätsel auf. Wer sich immer gleich verhält, gewinnt leicht Vertrauen. Seine Mitmenschen wissen, woran sie bei ihm sind. Wer allerdings gar keine Schwankungen und Überraschungen bietet, erwirbt den Ruf, ehrlich, aber auch langweilig zu sein. Wer unberechenbar ist, also heute so, morgen aber anders reagiert, wirkt interessanter. Aber er genießt auch weniger Vertrauen. Weiß ich, ob er sich an sein Versprechen morgen noch erinnert? Ob er seine Komplimente in einer Stunde nicht schon vergessen hat? Sind die Gründe für die Sprunghaftigkeit nicht zu erkennen, entsteht ein widersprüchlicher Eindruck. Einerseits Faszination, andererseits Misstrauen vor unberechenbaren Reaktionen.

Flexibel und verlässlich

Die Helden der Diplomatie fanden einen Ausweg. Sie zeigten sich flexibel in ihrem Verhalten. Sie wandelten sich je nach den Umständen. Doch zugleich besaßen sie Stabilität. Sie hielten an ihren Zielen fest und taten, was ihren Zwecken entsprach. Sie zeigten keine Scheu vor Kurven, Um- und Rückwegen, behielten aber den Endpunkt im Auge. Damit schließt sich der Kreis wieder zum ersten Gesetz der diplomatischen Kunst: Die sanften Sieger zeigen sich hart in der Sache, aber nachgiebig im Stil.

Der Ruf eines Diplomaten besteht nicht unbedingt aus lauter edlen Tugenden. Im Gegenteil, Richelieu und Co. galten als verschlagen, listig und eigennützig. Sie hielten keine Predigten über menschliche Ideale. Sie bewegten sich in den Niederungen der Realität, wo Rivalitäten, Misstrauen und materielle Begehrlichkeiten an der Tagesordnung sind. Dennoch wurden sie bewundert und umworben. Ihr Ruf als menschliche Chamäleons umgab sie mit einem Nimbus. Hunderte bemühten sich um ihre Gunst. Dass wichtige Personen, die im Rang über ihnen standen, auf ihre Freundschaft Wert legten, zeigt, dass sie ihnen als verlässlich galten – zwar nicht absolut und in jedem Fall, aber unter bestimmten Bedingungen. Geschlossene Vereinbarungen hielten sie penibel ein. Sogar auf ehrenrührigen Gebieten. Seinen Gegnern galt Talleyrand als personifizierte Lüge. Einer seiner Chefs, das Direktoriumsmitglied Carnot, erklärte voll Verachtung, Talleyrand wechsle seine Prinzipien wie die Wäsche. Doch wer mit Talleyrand Umgang pflegte, wusste es besser. Sogar wer ihn bestach, konnte sich auf eines verlassen: Er bekam geliefert, was er sich mit einem teuren Geschenk erkaufte. Ja, Talleyrand zahlte sogar das Bestechungsgeld zurück, wenn er ausnahmsweise nicht liefern konnte – obwohl keine Quittung existierte und niemand die Korruption hätte nachweisen können. 1807 zahlten polnische Edelleute an Talleyrand 4 Millionen, damit er sich bei Napoleon für einen eigenständigen polnischen Nationalstaat einsetzte. Bis dahin war Polen zerstückelt und unter Preußen, Russland und Österreich aufgeteilt gewesen. Talleyrand verfasste einen Bericht für Napoleon, indem er vorschlug, die polnische Sache im Interesse Frankreichs zu fördern. Doch ein halbes Jahr später schloss Napoleon mit dem russischen Zaren ein Bündnis. Damit war der Plan, den Russen ihre polnischen Gebiete zu entreißen, hinfällig. Polen blieb aufgeteilt. Prompt zahlte Talleyrand die 4 Millionen zurück.

Wandelbarkeit ist also nicht unbedingt von Nachteil, wenn sie dort mit Verlässlichkeit einhergeht, wo man sie beim Wort nimmt. Seit einigen Jahren hat auch die Wirtschaft die Vorteile flexibler Arbeitsnehmer erkannt. Sie stellen sich leichter auf Neuerungen ein. Als einst ein Abgeordneter Adenauer vorwarf, er wechsle dauernd seine Meinung, antwortete dieser: «Ja, es kann mich doch niemand hindern, jeden Tag klüger zu werden!»

Flexibilität gepaart mit Verlässlichkeit ist vor allem auf einem Gebiet von Vorteil, das geradezu als Domäne diplomatischen Geschicks gilt: der Vermittlung zwischen streitenden Parteien. Personen, die Gegner an einen Tisch bringen können, sind gefragt wie nie zuvor. Sie sind hoch bezahlte Spezialisten. Ihre Tätigkeit bezeichnet man als Mediation.

Mediation: Vermittler gesucht

Nichts festigt Ihren Ruf als diplomatisches Talent so sehr wie eine gelungene Aussöhnung. Auch TV-Moderatoren und alle Leute, die von Berufs wegen Gesprächsrunden zwischen Meinungsgegnern leiten, benötigen diese Fähigkeit. Die Grundregeln der Mediation kann jeder lernen.

Erst anhören, dann Vermittlung anbieten. Wenn zwei Personen oder Gruppen miteinander im Clinch liegen, hören Sie erst einmal genau zu. Bieten Sie nicht sofort Ihre Vermittlerdienste an. Lassen Sie sich lieber erklären, wie der Konflikt aus der Sicht der einen streitenden Partei entstanden ist, warum sie auf ihrem Standpunkt beharrt, was sie dem Gegner vorwirft und warum sie ihrer Meinung nach zu keiner Einigung findet. Erkundigen Sie sich nach den Hintergründen. Führen Sie das gleiche Gespräch mit der Gegenpartei. Sagen Sie, Sie hätten von dem Konflikt gehört und würden gern ihren Standpunkt kennen lernen. Erst wenn Sie beide gehört haben, bieten Sie beiden Ihre Vermittlung an. Vielleicht handeln Sie sich zunächst eine Ablehnung ein. Wenn sich der Konflikt jedoch weiter zuspitzt, bestehen gute Chancen, dass eine Seite auf Ihr Angebot zurückkommt. Melden Sie sich dann sofort bei der Gegenseite, sagen Sie, dass Sie um Vermittlung gebeten worden sind, und bitten Sie sie um ihr Einverständnis.

Keinen eigenen Standpunkt beziehen. Beide Seiten werden von Anfang an um Ihre Zustimmung werben. Sie möchten, dass Sie ihnen Recht geben. Geben Sie dieser Versuchung auf keinen Fall nach! Ein einziges «Du hast Recht» genügt, und

Sie sind als Vermittler für die Gegenseite nicht mehr glaubwürdig. Der, dem Sie Recht gegeben haben, würde dem Gegner Ihre Zustimmung bei der ersten Gelegenheit triumphierend unter die Nase reiben. Was Sie dagegen ausgiebig dürfen, ist Verständnis zeigen für die Probleme, die der Konflikt hervorruft.

Gefühlsbotschaften und Spiegeln. Eine Lösung müssen die Gegner selbst finden. Ihre Aufgabe besteht in sanfter Führung. Sie beschränkt sich darauf, ein konstruktives Gespräch in Gang zu bringen, Schweigen und gegenseitige Beschuldigungen zu überwinden. Nutzen Sie die Fragetechniken und Gefühlsbotschaften, die Sie in diesem Buch kennen gelernt haben. Bitten Sie die Gegner, statt zu widersprechen den Standpunkt der anderen Partei mit eigenen Worten zusammenzufassen. Erst wenn die Gegenseite diese Spiegelung ihrer Position als korrekt ansieht, darf der Erste zur Entgegnung ausholen.

Mitschreiben und Zwischenergebnisse festhalten. Führen Sie die Gegner nach den Regeln dieses Buches zu einer Annäherung. Sie sollen aussprechen, worin sie übereinstimmen und wo sie Verständnis für die besonderen Standpunkte des anderen haben. Schreiben Sie mit. Damit beugen Sie der Gefahr vor, dass eine Seite eine Einigung blockiert, indem sie ständig ihre eigenen Worte zurücknimmt. Wer möchte schon immer wieder von vorn anfangen! Erzielen Sie zu Anfang möglichst rasch ein, zwei Teileinigungen, und sei es in unwesentlichen Fragen. Die Erfahrung, dass überhaupt ein Aufeinanderzugehen möglich ist, motiviert alle Beteiligten, bei den kniffligen Fragen, die noch kommen werden, nicht zu schnell die Flinte ins Korn zu werfen.

Erfolgskontrollen vereinbaren. Damit beide Seiten sich auch an das verhandelte Ergebnis halten, vereinbaren Sie eine Überwachung des Abkommens. In der Regel wird man Sie als Vermittler auch beauftragen, Schiedsrichter bei kommenden Streitigkeiten über die Auslegung der Vereinbarung zu sein. Legen Sie Wert darauf, Ihre Kompetenzen vorher genau festzulegen. Die Gefahr ist groß, dass sich sonst beide gegen Sie einig werden, Sie für all den Ärger büßen zu lassen, den sie miteinander haben. Sorgen Sie von Anfang für Klarheit, was die Aufgabenverteilung betrifft. Sie vermitteln das Gespräch. Für den Inhalt der Vereinbarung sind Sie nicht verantwortlich. Die Gegner müssen selbst entscheiden, wo sie zustimmen und wo nicht.

Von einer glücklichen Vermittlung profitieren nicht nur die einstigen Gegner, sondern auch Sie. Ihr Ruf, diplomatisches Geschick zu besitzen, macht Sie zu einem Experten in zwischenmenschlichen Angelegenheiten. Wer möchte nicht gern Leute um sich haben, die im Ernstfall Konflikte beilegen, statt sie zu verschärfen? Daran hat sich seit Richelieu und Metternich nichts geändert. Sie erwerben sich also eine gesuchte Fähigkeit, die Ihnen Beliebtheit und Anziehungskraft verschafft.

LITERATUR

Beaumarchais, Pierre Augustin Caron de: Figaros Hochzeit. Frankfurt a. M. 1976

Berne, Eric: Spiele der Erwachsenen. Reinbek 2002

Bonneau, Elisabeth: Vorsicht, Fettnäpfchen! Knigge ABC. Stuttgart 2002

Brandt, Willy: Erinnerungen. Berlin 1989

Casanova, Giacomo: Geschichte meines Lebens. 12 Bände. Weimar 1983–88

Gloger, Bruno: Richelieu. Berlin 1989

Greene, Robert: Power. Die 48 Gesetze der Macht. München 1999

Herodot: Historien. Stuttgart 1971

Hertslet, William Lewis: Der Treppenwitz der Weltgeschichte. Berlin 1925

Kissinger, Henry A.: Großmacht Diplomatie. Von der Staatskunst Castlereaghs und Metternichs. Berlin 1982

Livius, Titus: Die Hand im Feuer. Berlin und Weimar 1980

Martin, Jean-Claude: Le guide du face-à-face. Paris 2001

Mucchielli, Roger: Das nicht-direktive Beratungsgespräch. Salzburg 1972

Naumann, Frank: Die Kunst des Smalltalk. Reinbek 2001

Naumann, Frank: Die 10 Geheimnisse ewiger Liebe. Frankfurt a. M. 2003

Plutarch: Leben und Taten berühmter Griechen und Römer. Berlin und Weimar 1986

Richardson, Joanna: Die Kurtisanen. Die französische Demimonde im 19. Jahrhundert. Frankfurt a. M. 1968

Rogers, Carl: Die klientenzentrierte Gesprächspsychotherapie. München 1972
Schank, Stefan/Friedrich, Ina (Hrsg.): Die besten Anekdoten. Genf 1997
Schneider, Wolf: Die Sieger. Wodurch Genies, Phantasten und Verbrecher berühmt geworden sind. München 1996
Schwarzmüller, Theo: Otto Bismarck. München 1998
Seiwert, Lothar: Wenn du es eilig hast, gehe langsam. Frankfurt a. M. und New York 2001
Seiwert, Lothar: Das Bumerang-Prinzip. München 2002
Seward, Desmond: Metternich, der erste Europäer. Zürich 1993
Tarlé, Eugen: Napoleon. Berlin 1959
Tarlé, Eugen: Talleyrand. Leipzig 1989
Truchanowski, W. G.: Churchill. Berlin 1972
Weissbach, Christian-Rainer: Professionelle Gesprächsführung. München 1994
Wickler, Wolfgang/Seibt, Uta: Das Prinzip Eigennutz. Hamburg 1977
Wies, Ernst W.: Friedrich II. von Hohenstaufen, Messias oder Antichrist. München, Esslingen 1994
Zweig, Stefan: Joseph Fouché. Frankfurt a. M. 1977

Im Internet:
http://www.ego-net.de
http://www.allgaeu-web.de/imbolc/Biographien/c/cagliostro_2.htm
http://www.bad-bad.de/gesch/t_lachmann.htm
http://www.welt.de/daten/2000/12/07/1207eu207488.htx

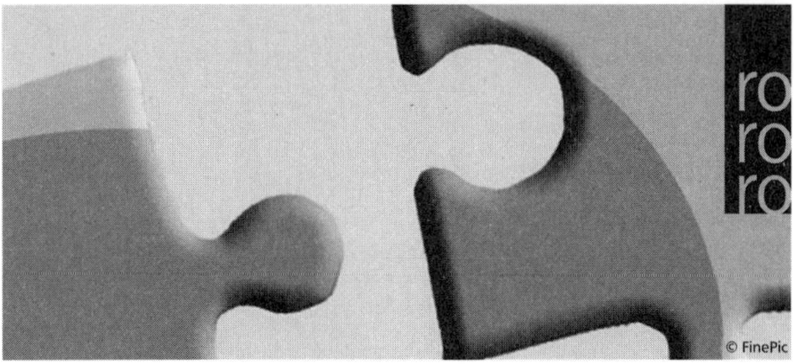

S 45/2

Beruflicher Erfolg mit rororo

Optimal organisiert, erfolgreich und sozial kompetent

Frank Naumann
Die Kunst des Smalltalk
Leicht ins Gespräch kommen, locker Kontakte knüpfen
3-499-60847-2

Frank Naumann
Die Kunst der Diplomatie
Zwanzig Gesetze für sanfte Sieger
3-499-61570-3

Cornelius Buchmann/
Herbert Künzel
Freiberuflich arbeiten
Wie sie als Selbständiger ihre Finanzen optimal organisieren und sich sozial absichern
3-499-60570-8

Maren Fischer-Epe
Stark im Beruf – erfolgreich im Leben
Persönliche Entwicklung und Selbst-Coaching 3-499-61695-5

Margit Hertlein
Präsentieren – vom Text zum Bild
3-499-61571-1

Hans-Georg Huber/
Hans Metzger
Sinnvoll erfolgreich
Sich selbst und andere führen
Sinn und Erfolg driften immer mehr auseinander: Dabei müssen sich Karriere und «Mensch-Sein» keineswegs ausschließen, wie die Autoren nachweisen.

3-499-61936-9

Weitere Informationen in der Rowohlt Revue oder unter www.rororo.de

rororo
Foto: VCL/Bavaria